张居正 讲评

资治通鉴

陈生玺等 注评

皇家读本

中

上海世纪出版股份有限公司
上海古籍出版社

卷之十二

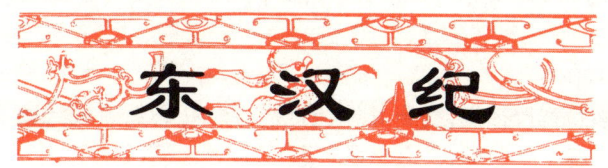

东汉纪

章　帝

名炟,是明帝之子。在位十三年,庙号肃宗。

章帝(58—88):汉明帝第五子,名炟(dá)。公元75—88年在位。即位后,废除明帝苛政,重视儒学和礼仪;注意农桑,平徭简赋;经营西域,打通了丝绸之路。在位十三年,先后以建初、元和、章和为年号。

慝(tè):奸邪。

　　是时承永平故事,吏政尚严切,尚书决事,率近于重。尚书陈宠以帝新即位,宜改前世苛俗,乃上疏曰:"臣闻先王之政,赏不僭,刑不滥;与其不得已,宁僭无滥。往者断狱严明,所以威惩奸慝;奸慝既平,必宜济之以宽。夫为政犹张琴瑟,大弦急者小弦绝。陛下宜隆先王之道,荡涤烦苛之法,轻薄棰楚以济群生,全广至德以奉天心!"帝深纳宠言,每事务于宽厚。

　　永平,是明帝年号。棰,是竹片;楚,是荆条;这两件都是刑具。明帝性喜苛察,俗吏争尚严切以称其意。至章帝即位之初,此时承永平年间故事。吏治还尚严切,尚书官决断众事,科罚人罪,大率务近于重,不肯从轻。尚书陈宠以帝新即位,宜改前世苛刻之俗,乃上本说道:"臣闻先王之政,赏必当功,而不至于僭差;刑必当罪,而不至于滥及。这二者都不可过,然与其不得已而过,则宁可赏有僭差,不可刑有滥及。盖过于赏,犹不失为忠厚之心,而过于刑,则遂至伤生灵之命。故赏可过,刑不可过也。往时朝廷断狱,每过于严明者,盖以法度久弛,奸慝未平,故特用刑威以惩治之,所谓政宽民慢,则纠之以猛者耳。今奸慝既平,必宜轻省刑罚,而济之以宽,然后政为得中,人无冤滥。岂可复循前世之政,而以猛济猛哉?夫为政者,譬如张琴瑟一般,张琴瑟之弦,须缓急得宜,大小相调才好。若大弦忒紧则各弦都要紧以应之,那小弦微细,必至断绝矣。然则为政者,上严密,则下何所容?上急促,则下必扰乱,其弊亦犹是也。今陛下宜隆尚先王宽仁之道,荡涤近世烦苛之法。将笞杖等刑一一轻减其数,以济活百姓每生命;推广好生之德,以奉顺上天之心。救时之政莫切于

章帝

此。"章帝览陈宠所奏，深嘉纳之。于是除钳钻之刑，罢妖恶之禁，每事务从宽厚，而汉之法自是称平矣。盖人君之治天下，以宽仁为本，而其仁天下，尤以刑狱为要。汉家法网，既伤于密，而永平之间，有司又承望上旨，争以酷刻为事。观楚王英一狱，株连者至数千人，则当时之刑，冤滥可见。故章帝承其后，不得不济之以宽也。光武、明帝以明作振之于前，章帝以敦大养之于后，此东汉之治所以为盛欤。

今评 用法必须宽严相宜，罚当其罪，若过于严刻，必然造成冤案，陈宠的上奏切中时弊，言之确凿有理，所以被章帝采纳了。

二年，太后兄卫尉马廖，虑美业难终，上疏劝成德政，曰："夫改政移风，必有其本。传曰：'吴王好剑客，百姓多创瘢；楚王好细腰，宫中多饿死。'长安语曰：'城中好高结，四方高一尺；城中好广眉，四方且半额；城中好大袖，四方全匹帛。'斯言如戏，有切事实。"太后深纳之。

"传曰"以下四句：见《墨子·兼爱》和《荀子·君道》。

张居正讲评 卫尉，是官名。创字与疮字同。结字与髻字同。章帝之母马太后，天性俭朴，内外从化，永平建初之间，助成朝廷美业，天下称其贤。至建初二年，太后的兄卫尉马廖，恐其富贵既极，不能久持，盛美之业难以克终，乃上一疏，劝成德政。说道："夫政出于朝廷，风行于郡国，或美或恶，改变移易，都有个本原，不可不慎也。古书说道：'昔日吴王阖闾喜好击剑的武士，以其善斗也。此风一倡，那百姓每都去学剑，往往为剑刃所伤，身上多有疮痕。楚灵王喜好细腰的女子，以其善舞也。此风一倡，那宫中妇人，或减食以求腰细而多至于饿死。'盖上有好者，下必有甚焉者也。今京师中也有俗语说道：'京城之好尚，乃四方所观法，若城中喜用高髻，则四方之髻必至于一尺，比城中又高矣；城中喜画阔眉，则四方之眉必至于半额，比城中又阔矣；城中喜着大袖的衣服，则四方之袖必至于用全匹丝帛为之，比城中又大矣。'这样言语虽似戏谑，其实上行下效，理势必然，切于事理，非虚谈也。今诚能常持俭朴，无变初心，则德政可成，而美业可终矣。"太后闻其言，深加听纳，故终太后之世二十余年，俭朴如一日；诸舅兢兢，不敢少逾法度，朝廷政化大有裨益；而外家恩宠亦得保全。若马廖者，可谓识明而虑远者矣。

今评 凡事开头容易，坚持到底难；口头上说说容易，身体力行难。本节所引各俗语，后世广为流传而成为警句。

四年，校书郎杨终建言："宣帝博征群儒，论定《五经》于石渠阁。方今天下少事，学者得成其业，而章句之徒，破坏

章帝

大体。宜如石渠故事,永为后世则。"帝从之。诏太常:"博士、郎官及诸儒会白虎观,议《五经》同异。"帝亲称制临决,作《白虎议奏》,名儒丁鸿、楼望、成封、桓郁、班固、贾逵及广平王羡皆与焉。

张居正讲评 石渠阁,是藏秘书的去处,在未央宫北。白虎观,是白虎门的楼观,在北宫。章帝建初四年,校书郎杨终建议说道:"先朝孝宣皇帝曾广招众儒生每,就石渠阁上讲论《五经》同异,亲赐裁定,使诸说有所统一,学者知所遵守,其后稍稍以衰乱废业。中兴以来,天下治平无事,学者趁此时,正好从容讲求,以成就学业。而浅陋之徒各主其师说,章分句析,穿凿附会,以破坏大体;异说纷纷,都失了圣经的本意,学者不知所从。今宜如宣帝石渠故事,会集诸儒,与之论定,垂示永久,以为后世法则。"章帝依杨终所奏,就命太常官,率所属五经博士及各署郎官与众儒生每,会集在北宫白虎观里面,讲论《五经》中注释同异,将那诸家所说的参酌其是非。章帝亲自览诸家之说,传旨裁决务求至当,以归于一,使天下学者依此诵习,而不惑于异说。于是作《白虎议奏》凡四十篇,引经断义,即今所传《白虎通》是也。当时名儒如侍中丁鸿、太常楼望、少府成封、屯骑校尉桓郁、玄武司马班固、卫士令贾逵,与明帝第三子广平王刘羡,都在其中。自是五经训诂赖以仅存。其后宋儒得有所据,以为注释而发明大义,羽翼圣真,亦汉世诸君之力也。大抵人君亲儒臣,讲经义,为益甚多。记诵博,则闻见广;思索勤,则智识开。专心致志,则内无放逸;体验扩充,则外有资助。审学术之邪正,可以辨人才;察事理之当否,可以决政务。以胜嗜欲,则养寿命之源;以希圣贤,则垂明哲之誉。其视声色玩好、射猎逸游之娱无益而有损者,万不侔矣。故曰:"明君以务学为急,治天下者,岂可以为粉饰太平之具,而不加之意哉?"

今评 东汉的白虎观会议在我国经学史以及思想史上有很重要的地位,它是继西汉进一步确定儒家思想和儒家经典定于一尊的会议,但亦杂有当时流行的谶纬之说。因为当时儒家的经典有今古文之争,同一经书,解说不同,白虎观会议的目的,就是由官家来进行统一,确定今文为官方认可的标准经典。

八年,中郎将窦宪恃宫掖之势,以贱直请夺沁水公主园田。发觉,帝大怒,召宪切责曰:"深思前过夺主田园时,何用愈赵高指鹿为马乎!久念使人惊怖。国家弃宪,如孤雏腐鼠耳!"宪大惧,皇后为毁服深谢,良久乃得解。

指鹿为马:此事载《史记·秦始皇本纪》。
毁服:降低服饰等级。

张居正讲评 章帝八年,有中郎将窦宪,是窦皇后的亲兄。那时章帝宠厚外戚,把窦宪兄弟都擢居贵近之职,亲幸无比。因此窦宪就倚恃皇后的声势,把贱价强买沁水公主的庄田。公主畏其势,不敢与他论价。章帝

资治通鉴

207

也被他瞒了，只说是两平交易，到后来这事发觉，才知他倚势强买。章帝大怒，召窦宪入官，切责他说道："昔赵高欺秦二世皇帝，当面指鹿为马，蔽主行私，而秦以之亡。如今你自家想前日欺谩着朝廷，强夺公主家庄田，比赵高指鹿为马之事相去几何？仔细思量起来，使人十分惊怕。想你所恃的，不过说你是皇亲外戚，不好行法耳，不知王法无亲，若将我祖宗的法度行起来，便弃舍了你一个窦宪，也只当孤雏腐鼠一般，何足介意！"窦宪闻帝之言，始大惶惧。皇后乃脱了冠服，替他再三谢罪，许久才得解释，姑饶了他。观章帝此一事，可谓能裁抑贵戚矣。然竟不能加罪而宠任之如故，则为窦宪者将何所复惮乎？故其后窦氏专恣愈甚，势倾天下，几致大祸，实章帝之姑息，有以养其乱也。古人论君德，以刚为尚。若章帝者，岂非短于刚德之为累哉！

今评 张居正所论君德以刚为尚，非迂儒所能见。

悃愊(kǔn bì)：至诚。

二年，诏曰："夫俗吏矫饰外貌，似是而非，朕甚厌之，甚苦之。安静之吏，悃愊无华，日计不足，月计有余。如襄城令刘方，吏民同声谓之不烦，虽未有他异，斯亦殆近之矣！夫以苛为察，以刻为明，以轻为德，以重为威，四者或兴，则下有怨心。吾诏书数下，冠盖接道，而吏不加治，民或失职，其咎安在？勉思旧令，称朕意焉！"

张居正讲评 章帝留心吏治，于元和二年，下诏书说道："夫国家设立官长，本以为民，故为官的，必能爱养斯民，方为实政。如今世俗做官的，不务本等职业，只去粉饰那虚文外貌之间，要取名誉，虽若可喜，而其实无益于民，这等的官我甚厌之，甚苦之。若那安静之吏，只是诚心爱民，朴朴实实的做去，不事矫饰，外面全无才华可观，眼前虽不见他有赫赫的功绩，到久后与百姓相安，却受他的利益处甚多。课其治效，以日计之，虽若不足，以月计之，实为有余。这等的才是好官。如襄城县令刘方，吏民每与他相安，众口一词，都说他刑清事简，安静不烦。看他行政，虽未有别样卓异，然拟诸悃愊无华之吏，亦庶几近之矣，此我之所甚喜者也。夫俗吏之弊有四：以行事苛细，显他精察；以问事深刻，显他聪明；以轻出人罪，市他恩德；以重入人罪，逞他威严。若只这等做将去，那下民必被其害，而有愁怨之心。为民父母者，岂宜如此？我诏书累下，惓惓以四事为戒。赍诏的使者，冠盖相接于路，晓谕不为不勤矣。而为吏者，不见加修其政治，百姓每或至不遂其生理，其过安在？无乃视诏令为虚文，而不肯奉行之故欤？自今其勉思向来的诏令，加意奉行，以称我爱民望治之意焉。"夫俗吏伤化，而能要显名；良吏便民，而类鲜近效。今章帝乃厌苦矫饰之为，而崇尚悃愊之政。如刘方无他异能，特以不烦之故，至蒙褒奖，可谓深知民生之休戚，灼见吏治之是非者矣。百世之下，读其诏令，犹可想见温厚恻怛之意，虽古之仁君，何以过哉！

今评 汉章帝考察官员有无德能,越过官吏们的表面工夫,看老百姓是否受到实益进行评判,很值得今天借鉴。

博士鲁国曹褒上疏,以为"宜定文制,著成汉礼"。太常巢堪以为"一世大典,非褒所定,不可许"。帝知诸儒拘挛,难与图始,朝廷礼宪,宜以时立,乃拜褒侍中。玄武司马班固以为"宜广集诸儒,共议得失"。帝曰:"谚言:'作舍道旁,三年不成。'会礼之家,名为聚讼,互生疑异,笔不得下。昔尧作《大章》,一夔足矣。"

挛(luán):手脚蜷曲。
玄武司马:官名,掌管南宫玄武门。
夔(kuí):上古时尧的乐官。

张居正讲评 《大章》,是帝尧所作之乐名。夔,是后夔,尧时典乐之官。东汉自光武中兴,崇尚经术,然天下初定,日不暇给,明帝虽曾临幸辟雍,讲学行礼,而仪文制度尚多缺略,未经裁定。到章帝时,博士中有个鲁国人曹褒,上疏奏说:"宜及时裁定文制,以著成汉家一代的典礼。"当时太常官巢堪奏说:"制礼作乐,乃是一朝的大典,量曹褒一人之见,如何便定得?不可听从。"章帝晓得那众儒生每拘泥故常,无通达之见。起初创立时,难与他谋议,而朝廷上礼文宪典,委宜及时建立,不可因循,就拜曹褒为侍中之官,使他日直禁中,讲求礼制。那时玄武门司马班固也奏说:"这事体重大,还该遍征诸儒,会集一处共议得失,方可裁定。"章帝说:"今俗语有云:'若人家盖造房屋,在大路边,使往来的人各出意见,议论可否,纷纭不决,就造三年也成不得。'如今聚会着讲礼的,人自为说,家自为论,往往相争不定,就如告状对理的一般,这叫做聚讼。此以为是,彼以为非;此以为非,彼以为是。互生疑异,可否相持,徒使执笔主议的停阁而不得下,此与道旁作舍的何异?古时帝尧作《大章》之乐,止用一个后夔已自毂了,何必多人?"章帝此言,盖亦有见天下的事功,所以不得成就者,其失只在议论太多。如舜之好问好察,何尝不谋之于人?至于执两端而取中,则出于一心之独断,初未尝徒徇人言也。后世人臣,既无揆事之定见,又无任事之实心。每朝廷有大议,浅陋者,掇拾以塞其责;刚愎者,悠戾以执其偏;趋时者,承望而不尽其情;泥古者,迂阔而不适于用。或甲可乙否,而不肯相下;或前非后是,而不能坚持。诸说混殽,徒乱观听,以致朝廷的事,或方行而遽止,或已罢而复行,一切纷纷,有损无益。故申公谓:"为治不在多言,顾力行何如。"议论多而成功少,此宋之所以亡也,图治者尚鉴兹哉。

今评 "作舍道旁,三年不成"是至理名言。张居正举舜事为例,谓好察好问,固是必须,但"执两端而取其中"仍要有独断,则更全面。要之即今所谓"民主集中制"。篇末又谓"议论多而成功少,此宋之所以亡也"尤可深思。

和 帝

名肇,是章帝第四子。在位十七年。

和帝:刘肇(zhào)(79—105),章帝第四子。89—105 年在位,以永元、元兴为年号。

四年,窦氏父子兄弟充满朝廷。是时,宪兄弟专权,帝以朝臣上下莫不附宪,独中常侍郑众谨敏有心几,遂与众定议诛宪。帝以太后故,不欲名诛宪,迫令自杀。

张居正讲评 和帝永元四年,此时国舅车骑将军窦宪,既将兵出塞,北破胡虏,成功而归,拜大将军,封武阳侯,威名益盛。他家父子兄弟都做显官,有权势。如叔窦霸为城门校尉,窦褒为将作大匠,窦嘉为少府;弟窦笃封郾侯,位特进;窦景封汝阳侯,为执金吾;窦环封夏阳侯,为光禄勋。其余为侍中等官的,尚不计其数。一门亲属,权贵显赫,充满朝廷。而窦宪兄弟,倚宫闱之势,挟征伐之劳,专擅朝权,肆无忌惮,遂生逆谋。和帝心里思量要处治他,但当时在朝大小官员都是党附窦宪的,没有可与商议此事者。独有个中常侍内官郑众,他平日却谨慎明敏,有心计,多智策。和帝就与他密定谋议,诛戮窦宪,把他朋谋为恶的人尽数拿了。只缘他是太后的亲兄,恐伤母心,不欲明正典刑。先收其大将军印绶,发遣就国,使人到国中,勒令自尽,而窦氏遂此败矣。按和帝此举,制外戚,收威权,似有孝文诛薄昭、宣帝除霍氏之风。惜当时不得忠臣智士与之图谋,而独使中贵得以参帷幄之议。故贵戚虽除,而宦官之势遂盛,驯至十常侍专恣乱政,而汉竟以亡。上失其道,大柄下移,以乱救乱,不败不止,有天下者可不戒哉!

今评 去了外戚专权,又进入宦官干政时期。张居正说得好,这是"以乱救乱,不败不止"。东汉政权开始走下坡路了。

安 帝

名祜,是章帝孙,清河王庆之子。在位十九年。

安帝(94—125):延平元年殇帝死,以清河王刘庆子刘祜为和帝嗣,继位,年仅十三。太后邓氏临朝。107—125 年在位。

尚书郎樊准以儒风浸衰,上疏曰:"人君不可以不学。光武皇帝受命中兴,东西诛战,不遑启处,然犹投戈讲艺,息马论道。孝明皇帝庶政万几,无不简心,而垂情古典,游意经艺。每飨射礼毕,正坐自讲,诸儒并听,四方欣欣。又多征名儒,布在廊庙,每宴会则论难衎衎,共求政化,期门、羽林介胄之士,悉通《孝经》,化自圣躬,流及蛮荒,是以议者每

卷之十二 东汉纪

称盛时,咸言永平。今学者益少,远方尤甚,博士倚席不讲,儒者竞论浮丽,忘謇謇之忠,习诶诶之辞。臣愚以为宜下明诏,博求幽隐,宠进儒雅,以俟圣上讲习之期。"太后深纳其言。

张居正讲评 衎衎,是和乐的意思。謇謇,是直言。诶诶,是巧言。安帝之初,尚书郎樊准见当时儒风渐衰,欲朝廷加意振作,乃上疏说道:"为人君者,必亲近儒臣,讲明经典,庶几有益身心,有裨政治。若不知学问,则义理无所发明,兴亡无所鉴戒。先朝光武皇帝,承王莽篡汉之后,受天命而中兴。那时群雄四起,光武东征西战,连岁只在兵间,虽坐止之安,亦有不暇,这是何等扰攘的时节。然犹好学不倦,才投下干戈,就去讲解文艺;才歇下鞍马,就去谈论治道,而况于从容暇豫之时乎?孝明皇帝具英睿过人之资,庶政万几,无不亲自听断,一一简择于帝心,这是何等勤劳。然且留情于古人之训典,加意于六经之文艺,每次行飨老、大射礼毕,辄正坐自讲经书,诸儒辈皆环侍而拱听之。四方之人,传闻朝廷这等好学,都欣欣喜悦,有慕学之志。明帝又多征聘名儒,不次擢用,布列在廊庙之上。那时群贤满朝,便是遇着饮宴聚会,只相与论难讲习,衎衎然情意款洽,以共求治化之术,下至期门羽林介胄的武士,也都能通知《孝经》大义。惟其化导之本,倡自圣躬,故其风教所流,不但中国从化,而且远及于蛮夷荒服之外,至使匈奴遣子就学。所以论者,每称盛时,都说永平年代,我祖宗列圣崇儒,劝学之效如此。近年以来,稍稍衰废。如今学者渐少,在远方尤甚。博士之官,本以讲授为职,今则空倚着讲席,全无生徒听讲。纵是号为儒者的,亦不复以通经学古为事,只去工些文字,雕章琢句,争论浮华,忘謇謇正直之忠言,而习诶诶巧好之虚辞,是何益于身心?何裨于政治?今圣上讲学有期,须用名儒为之辅导。臣愚以为宜早下明诏,广求山林幽隐之贤,宠进儒学博雅之士,置诸朝廷,以待圣上讲习之期。如此,则圣学既有所资,而儒风亦有所劝矣。"此时安帝尚幼,邓太后览疏,深加听纳。于是海内名儒稍稍响用矣。大抵光武、明帝之时,人多务实,学为有用;其后士皆习尚浮华,徒务口耳,无益于身心。故樊准此疏,谓儒风浸衰,非为学者之寡也,乃实用者之寡也。人主欲得贤以图治者,宜留意焉。

今评 张居正所论以"人多务实,学为有用"为要归。

顺　帝

名保,是安帝长子。在位十九年。

顺帝(115—144):名保,后宫李氏所生,即位时年仅十一岁。126—144年在位。立梁氏为皇后,重用外戚梁商、梁冀父子,朝政日非。

顺帝

墨绶：本为结在印环上的黑色丝带，此处指县令。

汉安元年八月，遣杜乔、周举、周栩、冯羨、栾巴、张纲、郭遵、刘班分行州郡，表贤良，显忠勤；其贪污有罪者，刺史、二千石驿马上之，墨绶以下便辄收举。乔等受命之部，张纲独埋其车轮于雒阳都亭，曰："豺狼当路，安问狐狸！"遂劾奏大将军冀、河南尹不疑："以外戚蒙恩，居阿衡之任，而专肆贪饕，纵恣无极，以害忠良，谨条其无君之心十五事，斯皆臣子所切齿者也。"书御，京师震竦。时皇后宠方盛，诸梁姻族满朝，帝虽知纲言直，不能用也。

【张居正讲评】 二千石，是郡守、国相。绶，是悬带印信的组绶。古时官员印信都悬带在身上，其绶有紫的、绿的、黑的不同，各照品级。这县令郡丞等官，他的绶该用黑色，故叫做墨绶。都亭，即今驿馆。汉时分天下为十二州，每州设一个刺史，以督察郡守、国相、县令等官。其后刺史多非其人，举劾不得其当，奸豪横行，盗贼并起，到顺帝汉安元年八月，又选侍中杜乔、周举，守光禄大夫周栩、冯羨、栾巴、张纲、郭遵、刘班这八个人，都是素有风力的，着他分投出去，巡行州郡，督察官吏。有贤能循良的，便旌表他；有忠实勤敏的，便显扬他，都荐来擢用。其贪污暴虐、罪状显著的，若是刺史二千石这等大官，使臣虽不敢擅处，许他差人驰驿到京劾奏，请旨黜免。其余墨绶以下县令等官，听从拿问，径自处置，然后奏闻，就是如今抚按官一般。于是杜乔等七人各领了敕旨，前往所属地方去讫，独有张纲不去，却将所乘的车轮埋在雒阳县公馆里面，以示不行。说道："朝廷要我等访察奸贪，搏击豪强，必将那大奸臣恶处治得几个，然后人知畏法。如今贵戚纵横，专权擅政，朝纲不振，时事日非，就如豺狼猛兽据了要路，放着这样人不能驱逐，却远去四方搜寻那贪官污吏，而问此区区狐狸之辈，岂不谬哉！"于是遂劾奏"皇后之兄大将军梁冀，及冀弟河南尹梁不疑，俱以外戚之故，荷国厚恩，身处阿衡之任，朝廷倚以取平，乃不务循理守法，而专肆贪饕，招权纳贿，纵恣无极，阴行刺杀，枉害忠良，他们心里全不知有朝廷。谨开列梁氏兄弟欺上无君的事迹一十五件，都是举朝臣子所切齿痛恨者，愿陛下察之。"书既奏进，一时京师臣民以张纲所言皆人所不敢言者，无不震动悚栗。然当是时，皇后宠眷方盛，诸梁姻族满朝，顺帝心里虽知道张纲的言语切直，而内牵于宫闱，外怵于邪党，毕竟不能从也。夫人主总揽乾纲，威福在己，乃不胜其宠幸之私，而至于掣肘如此，亦可叹矣。卒之养成其祸，以至桓帝之世，梁氏竟以专恣诛，中外亲族无长少，皆戮于市，资产三十余万尽没入官，亦今日之宠幸误之也，待外戚者可不戒哉！

【今评】 "豺狼当道，安问狐狸？"真一语道破症结。然而虽有胆有识而终无声无息者，不是不报，时机未到也。

顺帝 冲帝 质帝

是时，二千石长吏有能政者，有洛阳令任峻，冀州刺史苏章，胶东相吴祐。章为冀州刺史，有故人为清河太守。章行部，欲案其奸赃。乃请太守为设酒肴，陈平生之好甚欢，太守喜曰："人皆有一天，我独有二天。"章曰："今夕苏孺文与故人饮者，私恩也，明日冀州刺史案事者，公法也。"遂举正其罪，州境肃然。

【张居正讲评】 顺帝时，天下刺史、守、相，秩二千石的，及各县的长吏，其搏击豪强，摘发奸宄，以才能见称者，有洛阳县令任峻，冀州刺史苏章，胶东国相吴祐。这三人都是有才能的官。苏章做冀州刺史，有个相知的故人，做清河郡太守，属他管下，那太守平日贪赃坏法，苏章按临所属地方，考察官吏之时，要查究他枉法赃私。以故人之情，不可遽绝，乃先请他相会，摆设酒肴，与叙述平生交好之情，甚是欢洽。那太守见苏章这等厚待他，不胜喜幸感激，说道："众人头上都只顶戴一个天，我今幸遇故人做上司，凡事有所庇覆，是我比众人独有两个天矣。岂非我之至幸乎。"苏章自称其字说："人有私情，官有公法，今夜苏孺文与故人饮酒，极其款洽者，私情也。明日是冀州刺史行事，止知有朝廷的公法，顾不得私情了。"到明日遂尽发其赃私，而明正其罪。于是一州境内，凡贪残之吏，豪强之家，知苏章之无私，莫不望风惧法，为之肃然。按古刺史，即今巡按御史之职，御史若能奉公守法，则有司官岂敢放纵为非，有司清廉，则百姓自然安乐矣。朝廷选差御史，都得苏章这样人用之，天下何患不太平哉。

【今评】 苏章之所以能为廉吏者，就是不循私情。从政者要作一个廉吏，必须始终严格要求自己，才能不为人情所动，大义凛然。

冲　帝

名炳，顺帝之子，在位一年。

冲帝：汉顺帝虞贵人之子，二岁时立为皇太子，建康元年(144)八月顺帝死，冲帝即皇帝位。改元永嘉，梁太后临朝，大将军梁冀专政。元年(145)正月死，年方三岁。

质　帝

名缵，是章帝玄孙，渤海孝王鸿之子，在位一年。

质帝：永嘉元年，冲帝死后，大将军梁冀与梁太后定策，迎缵即位。时年方八岁。即位一年被梁冀毒死。

桓　帝

是章帝第六子河间王开之孙，名忠[志]，在位二十一年。

> 桓帝（132—167）：名志，公元146—167年在位。外戚梁冀掌握朝政，桓帝与宦官单超合谋诛梁冀，政权又转到宦官手里。世家豪族与太学生联合反对宦官，引起党锢之祸。

元嘉元年十一月，诏百官举独行之士，涿郡举崔实，诣公车，称病，不对策。退而论世事，名曰《政论》。其辞曰："凡天下所以不治者，常由人主承平日久，俗渐敝而不悟，政浸衰而不知。为天下者，自非上德，严之则治，宽之则乱。何以明其然也？近孝宣皇帝，明于君人之道，审于为政之理，故严刑峻法，破奸究之胆，海内清肃，天下密如，算计见效，优于孝文。及元帝即位，多行宽政，卒以堕损，威权始夺，遂为汉室基祸之主，政道得失，于斯可鉴。昔孔子作《春秋》，褒齐桓，懿晋文，叹管仲之功，夫岂不美文、武之道哉？诚达权救敝之理也。故圣人能与世推移，而俗士苦不知变，以为结绳之约，可复治乱秦之绪；干戚之舞，足以解平城之围。夫熊经鸟伸，虽延历之术，非伤寒之理；呼吸吐纳，虽度纪之道，非续骨之膏。盖为国之法，有似治身，平则致养，疾则攻焉。夫刑罚者，治乱之药石也；德教者，兴平之粱肉也。夫以德教除残，是以粱肉治疾也；以刑罚治平，是以药石供养也。方今承百王之敝，值厄运之会，自数世以来，政多恩贷，驭委其辔，马骀其衔，四牡横奔，皇路险倾，方将拑勒鞭辀以救之，岂暇鸣和鸾，清节奏哉！昔文帝虽除肉刑，当斩右趾者弃市，笞者往往至死。是文帝以严致平，非以宽致平也。"山阳仲长统尝见其书，叹曰："凡为人主，宜写一通，置之坐侧。"

> 熊经鸟伸：古代导引养生之法。状如熊攀树而自经，类鸟飞空而伸脚。见《庄子·刻意》。

【张居正讲评】公车，是收天下文书的所在。结绳之约，是上古时风俗，古时未有文字，凡立契约，只用绳子打结为记。干戚之舞，是虞舜的乐舞。舜尝舞干羽于两阶，而有苗来格。平城之围，是汉高祖的事，高祖尝被匈奴围于平城，七日乃得脱。熊经鸟伸，是修养家导引之术。呼吸吐纳，是修养家炼气之术。骀（dài）字，解做脱字。衔，是马勒。牡，是牡马，古时以四马驾一车，呼做四牡。皇路，是大路。辀（zhóu），是车前曲木，钩衡以驾马者。和鸾，都是铃名。和在车轼，鸾在马镳。马走则马鸾鸣，鸾鸣则和应而有节奏。东汉自和帝以后，主威陵替，国纪不张，外戚中官，擅权用事，到桓帝元嘉元年十一月，诏百官举天下独行之士，涿郡以崔实应诏，荐举将来，崔实诣公车，自称有疾，不能对策，退而作论一篇，讥切时事，叫做《政论》。说道："自昔人君，孰不欲常治而无乱，然天下所以不治者，常由人君承继先世，坐享太平，为日已久，遂生骄逸，风俗渐以

敝坏,而上不悟,政事渐以衰废,而上不知,因循苟且,玩愒颓惰,不务讲求所以因时达变,振衰起敝的道理,以至于乱亡而不可救。夫为天下者,其道止有二端,不是宽,便是严。惟至德之世,无宽严之名,自非上德,则宽不如严,往往严的便治,宽的便乱。盖天下人心,全在这纪纲法度,以维持其涣散。而继世之后,多优游姑息,养成祸乱,所以常要励精振作,以严治之,而后不至于乱。怎见得是如此?但看本朝孝宣皇帝,明于君人之道,审于为政之理,综核名实,责任考成。有功的必赏,而卑贱不遗;有罪的必罚,而贵势不免。故严刑峻法,儆惕人心,内外奸宄,震慑破胆,都有所惩创。不敢为非,而海内清肃,天下宁静,如今算计他的明白效验,比于文帝之躬修玄默,与民休息者,反似过之,这便是严之则治。及元帝即位,多行宽政,优游姑息,或知其贤而不能用,或知其恶而不能去。嬖宠用事,贵威擅权,遂致纪纲陵替,威福下移,人主操柄,始为奸臣所夺。至于王莽,遂篡汉室,究其祸原,实由于此。这便是宽之则乱。夫严莫如宣帝,而天下愈治;宽莫如元帝,而天下愈乱。由是观之,政道之得失,不必远求。近观二帝,亦可为明鉴矣。昔周之衰,齐桓公、晋文公以兵威纠合诸侯,其去文王、武王之道远矣。然孔子作《春秋》,常褒称齐桓公,嘉美晋文公,又叹管仲之功,以为民到于今受其赐。夫孔子岂不知美文武之道哉。亦以周道既衰,王纲不振,夷狄内侵,诸侯莫制,而齐桓、晋文能尊周室,攘夷狄,以明上下之分,故孔子犹有取焉。诚达于权宜,救平时敝之理也。故圣人能与世推移,因时立政,而世俗之士,每苦于泥古,不识变通,以为上古结绳之约,可复用之以治乱秦之绪,虞廷干戚之舞,可复用之以解平城之围,岂不迂哉。然则当衰乱之世,而惟欲德教之是用,宽政之是行者,何以异此。今以养身喻之,夫屈伸俯仰,如熊之经,如鸟之伸,以调其形,这虽是延寿之术,却不是治伤寒的方法;一呼一吸,吐故纳新,以调其气,这虽是引年之道,却不是接骨的药膏。若不问其病势之所急,但以此为良方,而概用之,则误矣。那为国之道,也如养身一般,当身子和平的时节,常常用粱肉以致养,若卒然有疾病,少不得用药石以攻之。这两件都各有所宜。夫为政者之有刑罚,即是治衰乱的药石,德教,是养太平的粱肉。粱肉虽不可以一日缺,而以之治病,则非所宜。药石虽可以疗病,而平居不可以常服。若用德教去除残贼,则过于姑息,是犹以粱肉治病,病不可除矣;用刑罚去治太平,则伤于惨刻,是犹以药石养生,反戕其生矣。所以善养身者,贵识攻补之宜;善为政者,贵审宽严之用。知用宽而不知用严者,犹知有补而不知有攻也。岂达权救敝之理哉。且自古及今,天运人事,相为循环,历代帝王,起初立法无有不善,到后来不免有敝。如今正承百王之敝,又遇着天运厄塞的时节,自和帝、安帝、顺帝,数世以来,朝政不纲,主威日替,权倖之臣,有罪不坐;豪猾之民,犯法不诛。多以恩贷,惟事姑息,就似乘车的一般。这纪纲法度,庆赏刑威,乃人君御天下之衔辔也。今国政废弛于上,人心纵恣于下,如驭马的人,失了缰辔,驾车的马,脱了衔口,以致四牡横奔,无可控制。纵是大路,亦成倾险,势必倾覆。到这时节,方将约结其衔勒,缠束其鞘衡以救之,尚恐不及,又何暇鸣和銮,清节奏,雍容如平日哉!今当纪纲废坠,上下陵夷之时,必须用严,方可救济,若复从宽纵,将至于长恶容奸,国势衰替而不可复振矣。昔文帝之世,号称治平,人见他除去古时肉刑,只说是一切从宽,不知那时肉刑虽除,然罪该斩截右趾的,改为弃市,杀于市曹。该斩左趾及割鼻的,改为笞五百、

答三百，笞数既多，往往至死。名虽轻刑，其实杀之，盖将使人不敢轻易犯法，以全其命。是文帝之治平，乃以严致之，非以宽致之也。今欲致文帝之治，乃不法其严，而法其宽，岂善学文帝者哉。"那时山阳郡人，姓仲长名统者，见了崔实这书，喜其识达时务，叹息说道：凡为人主的，宜将这书全写一通，置于坐侧，时常省览，庶不蹈衰世之风，而可保治平之盛也。按崔实论治，主于尚严，固一时救敝之言，非万世通行之道。但后世之论治者，不明于宽严二字之义，故其论各有所偏，而不能无弊。夫所谓宽非纵弛之谓也，包含敦大，赦过误，蠲烦苛，这个叫做宽。严非暴戾之谓也，厉精明作，振纪纲，齐法度，这个叫做严。宽中有严，严中有宽，如春生秋杀，相代而成岁功，雨露雪霜，并效而行化育。二者阙一不可，故《中庸》论圣德，以发强刚毅，宽裕温柔并言，这是尧舜以来相传的治体。世儒不知此义，才说要宽，便因循姑息而流于纵弛；才说要严，便严刑峻法，而伤于暴戾。而人之常情，每乐放纵而惮绳检，乃又创为宁可过于宽，不可过于严之说，是谓天道可使阳过乎阴，昼多于夜，春夏长于秋冬也，将何以成岁功而行化育乎！昔周公之告成王曰："敦大成裕，明作有功。"必如是而后无弊，论治者审于斯。

今评 崔实认为汉政之失，乃由于宽，所以他主张严则治，宽则乱。张居正是主张以法治国的，所以他同意崔实的论点。但司马光则认为汉政之失，非由于宽，而是末世之君，惟知姑息，有罪不能罚，有功不能赏，致使奸宄得志，纪纲不立。由此可见，治国的关键在于立法平允、严格贯彻。

卷之十二 东汉纪

灵帝（156—189）：公元168—189年在位。桓帝死，无子，校尉窦武与窦后议立，时年十二岁。宦官继续专政，党锢之祸复起，于中平元年（184）爆发了黄巾大起义。

灵　帝

名宏，是河间孝王之曾孙。桓帝无子，迎而立之，在位二十二年。

献帝（181—234）：即刘协，公元190—220年在位。即位时东汉政权已名存实亡，先为军阀董卓的傀儡，建安元年（196）被曹操迎入许都（今河南许昌）成为曹操的傀儡。延康元年（220）为曹丕所废，称山阳公。

刘备（161—223）：即蜀汉昭烈帝，亦称刘先主，公元221—223年在位。字玄德，东汉远支皇孙。幼贫。与母以贩鞋织席为生。后参加镇压黄巾起义，先后投靠公孙瓒、陶谦、袁绍、刘表等，后据有荆州和蜀地益州，在成都称帝，国号汉，史称蜀汉。

献　帝

名协，是灵帝次子，强臣董卓废少帝辩而立之，在位三十年。

初涿郡刘备，中山靖王之后也。垂手下膝，顾自见其耳。有大志，少语言，喜怒不形于色，尝与公孙瓒同师事卢植，由是往见瓒，瓒以为平原相。备少与河东关羽、涿郡张飞相友善，以羽、飞为别部司马，分统部曲。备与二人，寝则同床，恩若兄弟。而稠人广坐，侍立终日，随备周旋，不避艰险。

张居正讲评 涿郡，即今涿州。平原，即今德州。河东，即今平阳府解州等地方。这一段是记刘先主的事迹。说先主姓刘名备，是涿郡人，乃汉景帝子中山靖王刘胜的后代子孙，流落在民间，他生有异相，手臂垂下过膝，自家回顾，便看见其耳。平日有大志，要安定天下，简默沉静，无多言语，心有喜怒，不发露在颜色上。当初曾与辽西人公孙瓒，同拜涿郡卢植为师。东汉之末，董卓擅权，天下大乱，豪杰并起，此时公孙瓒为降虏校尉，屯军在右北平，先主既与他有旧，就去投他，瓒收留他做平原国相。先主少时与河东解县人关羽、涿郡人张飞相好，结拜为兄弟。先主既为平原相，就着关羽、张飞做别部司马，分管其众。先主与这两人情意绸缪，就是睡卧时，也不相离。同在一个床榻上，其恩爱如至亲兄弟一般。他二人也一心尽忠于先主，却不以兄弟结义之情，失了上下相临之礼，平居虽是这等忘形相爱，若是公庭聚会，在稠人广众之中，便终日侍立在旁，不少息倦；出去时跟随着来往，一步不离，虽在艰难险阻之中，未尝辞避，其忠义如此。今世俗相传桃园结义，即此是也。夫先主本帝室之胄，而有英雄之姿，关羽、张飞皆万人之敌，而负忠义之气，然又情投意合，誓同死生，上下一心，至诚无间，此所以能跨有荆、益，而兴蜀汉之业也。

今评 "不以兄弟结义之情，失了上下相临之礼"是张居正论刘关张的点睛之语。

初，操壮关羽之为人，而察其心神无久留之意，使张辽以其情问之。羽叹曰："吾极知曹公待我厚，然吾受刘将军恩，誓言共死，不可背之。吾终不留，要当立效以报曹公乃去耳。"辽以羽言报操，操义之。及羽杀颜良，拜书告辞而奔刘备于袁军，左右欲追之，操曰："彼各为其主，勿追也。"

操：即曹操（155—220），字孟德，沛国谯（今安徽亳县）人。三国时的政治家和军事家。东汉末镇压黄巾起义后，据有兖州。后迎汉献帝于许都（今河南许昌），借用天子名义，发号施令，官渡之战大破袁绍。死后其子曹丕称帝，建魏。

张居正讲评 初时曹操曾破刘先主于徐州，擒获关羽以归。曹操见关羽英雄出众，每壮其为人，礼待之甚厚，要重用他，但察他心神动静，还缱绻恋旧主，似未肯久留为用，以其将张辽素与他相好，乃使往见之，以试探其意如何。关羽叹息，从实对张辽说："我极知曹公待我甚厚，非不感激，奈我先受刘将军厚恩，与他发过誓盟，愿同生死，不可负背他，更事别主，我终不留于此，但曹公之恩，我岂肯遽忘，须要立些功效，以报答曹公，方才辞去耳。"张辽把关羽的言语，回报曹操，曹操见关羽这等忠义，越发敬重他。及袁绍遣大将颜良来攻曹操，其锋甚锐，关羽替曹操迎敌，单刀匹马，刺杀颜良于万众之中，既以此报曹操的恩，遂写一封书，拜辞曹操。那时闻刘先主正在袁绍军中，就径自奔寻去了。曹操的左右人等，多欲领兵追赶，曹操止他说："人各有主，他也是各恋其主，终强留他不得，不必追也。"俗说关公千里独行，便是这件事。夫刘先主之在当时，

献帝

兵破势穷,寄身河北,其视曹操之势,安危成败,相去何如。然关羽宁为故主死,而不肯为曹氏留,艰险不避,始终一心。此所以忠义贯于古今,精灵充于宇宙,而后世有叛君事仇,自托于去就之智者,视此可以深愧矣。

今评 知人善任,这是曹操的长处。关羽无久留曹营之意,曹操看到这一点,知道若勉强留下他,最终无益,这正是曹操爱才的表现。

十二年初,琅琊诸葛亮,寓居襄阳隆中,每自比管仲、乐毅。时人莫之许也,惟颖川徐庶与崔州平谓为信然。刘备在荆州,访士于襄阳司马徽。徽曰:"儒生俗士,岂识时务?识时务者在乎俊杰,此间自有伏龙凤雏。"备问为谁,曰:"诸葛孔明、庞士元也。"徐庶见备于新野,备器之,庶谓备曰:"诸葛孔明,卧龙也,将军岂愿见之乎?"备曰:"君与俱来。"庶曰:"此人可就见,不可屈致也。将军宜枉驾顾之。"备由是诣亮,凡三往,乃见。

张居正讲评 献帝建安十二年,此时天下扰乱,曹操挟天子以令诸侯,孙权藉父兄之业,据有江东。刘先主新败于曹兵,往荆州依刘表。这里有个贤士,姓诸葛名亮,他本是琅琊郡人,寓居在荆州襄阳县隆中地方,他常自比做管仲、乐毅。管仲,是齐桓公的谋臣,能九合诸侯,一匡天下。乐毅,是燕昭王的谋臣,能复燕国,报齐仇。诸葛亮自负有王佐之才,若遇着齐桓、燕昭这等君,知而用之,也能匡济天下,兴复汉室,做得这两人的事业,故以自比。当时众人莫有能知他的。见他自比管、乐,都不信许,只有颖川郡徐庶与崔州平,这两人认得他是奇才,果然干得管仲、乐毅的事,非是浪说。及先主在荆州时,访问这地方的贤士于襄阳人司马徽。徽对说:"那儒生俗士们,徒事章句,岂能通达世故?要求通达世故的,须是英俊豪杰,非常之人才可。这里自有伏龙、凤雏,两个俊杰。"先主问是谁,司马徽对说:"诸葛孔明乃伏龙,庞士元乃凤雏。"孔明是诸葛亮的字,士元是庞统的字。其后徐庶来见先主于新野县中,先主深器重他,徐庶也说:"诸葛孔明是个卧龙,虽在潜藏,实能变化,将军可要见此人否?"先主说:"既如此,你可与他同来。"徐庶说:"这人只可到他家里就见,怎么呼唤得他来,将军还该枉驾去求见他才是。"先主依徐庶的言语,便亲自到亮家里,连去三次,才得相见,就与先主谋据荆、益二州,结好孙权,同拒曹操,以次平定天下。后来行事,一一如其所言,真可谓识时务之俊杰矣。观此,可见孔明在草庐中,都把那天下的事,先在心上经画得停当了,故蜀汉四十年之业,与孔明相为始终。有孔明,则日兴,无孔明,则日废,是汉室不可无孔明也;然遇先主,则建三分鼎足之业,不遇先主,将终为南阳之耕夫,是孔明不可无先主也:其两相成如此。而又必本于相知,盖主能知臣,然后信之而不疑,任之而不贰,虽亲密如关羽、张飞,不能间其交。臣能知主,故感激而驰驱,尽瘁以图报,虽富强如曹操、孙权,不能移其志。惟相知，故相得；惟相得，故相成。此三代而下，言君臣之契，鱼水之投者，必称先主、孔明，而至于今，犹以为美谈也欤。

今评 刘备三顾茅庐，成为古今尊重人才，求贤若渴的美谈。张居正即此发为君臣"相知"之论："惟相知，故相得；惟相得，故相成。"可称善于论古。

曹操密遣蒋干往说周瑜，干乃布衣葛巾，自托私行诣瑜。瑜出迎之，立谓干曰："子翼良苦，远涉江湖，为曹氏作说客邪？"因延干与周观营中，行视仓库军资器仗讫，还饮宴。因谓干曰："丈夫处世遇知己之主，外托君臣之义，内结骨肉之恩，言行计从，祸福共之。假使苏、张更生，能移其意乎！"干但笑，终无所言。还白操，称瑜雅量高致，非言辞所能间也。

张居正讲评 孙权的大将周瑜，既破曹操之兵于赤壁，曹操大惧，他帐下有个宾客，姓蒋名干，是周瑜的旧交，乃密遣他往见周瑜，说他来降。蒋干乃穿布袍，戴葛巾，只托做故人自来相访，使吴人不疑。周瑜已知他来意了，出营相迎，立便呼蒋干的表字说道："子翼好生受苦，远涉江湖，不避风波之险，莫非是替曹氏做说客邪。"周延入蒋干，与他遍观营寨中的军马，又行看仓库钱粮，及刀兵器械等物，以示其严整，夸其富贵。既一一看了，乃请他回到帐中饮宴。因对蒋干说："君臣相遇，自古为难，丈夫处世，幸遇知己之主，外面虽托为君臣之分，内里情意相结，实与骨肉之恩一般，以言则必用，以计则必从，上下一体，休戚利害，无不同之。遇主如此，自当感恩图报，有死无二，莫说常人离间不得，便是苏秦、张仪那样舌辩能言的人此时再生，亦岂能反移其意乎？"周瑜此言，所以拒绝蒋干者至矣。蒋干既被周瑜说破，只得笑应，终不敢露出一言而去。回报曹操，盛称周瑜识量弘雅，志趣甚高。君臣义重，非言辞所能离间也。夫以周瑜之才，不思为汉家出力，扶衰持危，而乃事窃据之孙权，固为不得其正矣。然能报恩于知己，尽心于所事，不以祸福动其心，亦人臣之大节也。而所以使周瑜若是者，又孙权言行计从，骨肉之恩，有以结之。吴之君臣如此，其卒成鼎足之业，不亦宜乎。

今评 蒋干在周瑜面前无言以对，回去向曹操称赞周瑜胸襟开阔，志气远大，可见世传周瑜气量狭窄，是不符合历史事实的。

昭烈帝

即刘先主,名备,在位三年。此时天下三分,曹操据中原,为魏,孙权据江东,为吴。先主在益州蜀地,闻曹操子曹丕篡汉,遂即位于蜀。纲目以其本帝室之胄,而仗大义以讨汉贼,功虽未成,名义甚正,故以接汉家正统。

诸葛亮佐备治蜀,颇尚严峻,人多怨叹者,法正谓亮曰:"昔高祖入关,约法三章,秦民知德。今君假借威力,跨据一州,初有其国,未垂惠抚,且客主之义,宜相降下,愿缓刑弛禁,以慰其望。"亮曰:"君知其一,未知其二。秦以无道,政苛民怨,匹夫大呼,天下土崩。高祖因之,可以弘济。刘璋暗弱,德政不举,威刑不肃,蜀土人士,专权自恣,君臣之道,渐以陵替。宠之以位,位极则贱;顺之以恩,恩竭则慢。所以致敝,实由于此。吾今威之以法,法行则知恩;限之以爵,爵加则知荣。荣恩并济,上下有节,为治之要,于斯而著矣。"

诸葛亮佐先主治蜀,颇尚严刑峻法,蜀人法度久废,骤见严峻,多有怨叹者。蜀郡太守法正谏说:"昔日汉高祖破秦入关,与秦人相约,法令只有三章,尽除烦苛,秦民以此感恩归服。今君假借威力,跨据一州,才有了蜀地,未垂恩惠,抚恤百姓,而先以严急,何以使蜀人知德乎?且我兵初至蜀地为客,蜀土人士为主,以客临主,凡事且宜将就,以相降下乃可。今蜀人当兵戈之后,正望我能抚恤他,愿且轻缓刑罚,宽弛禁令,以慰安蜀人仰望之心。"诸葛亮答说:"治有时宜,不可执一。你说高祖入关,崇尚宽大,只知这一件

道理,不知又有一件道理。如今与高祖时不同,当初秦始皇暴虐无道,其政苛刻,其民怨苦,故戍卒一呼,天下响应,如土崩坏,不可收拾。是秦本以苛急失了天下,高祖承其后,便当反其所为,用宽弘以济大业。今蜀主刘璋,昏暗懦弱,每事姑息,德政废而不举,威刑玩而不肃,蜀土人士不畏法度,专权恣意,各行其私,君反受制于臣,臣不听命于君,上下之道,日渐陵替。虽以爵位宠荣他,然官或冒滥,到那极处,无复可加,他反看得轻贱了,不以为荣;虽以恩赉随顺他,然赏或容易,到那尽处,无复可施,他反骄慢怨望起来,不以为恩。夫刑赏者,人主之操柄,失其操柄,何以为国,所以致敝,实由于此。是刘璋本以宽纵坏了国家,我今承其后,亦当反其所为,用严峻以救之。明敕法纪,示以威严,使刑当其罪,不可幸免,然后察其情理,或赦宥,或旌赏,他才知得是恩泽而不敢骄慢;爱惜爵赏,都有个限制,使赏当其功,不可妄觊,然后量其勤劳,或序迁,或超擢,他才知得是宠荣,而不敢轻贱。可见有威严然后有荣恩,有恩威,然后有上下,荣恩并济,上下有节,则操柄在我,不至下移,纪纲正而名分尊,为治之要,于斯显著矣。"诸葛孔明此言,诚为识时务知政体者,然所以行之,则有本焉。夫水至平,而邪者取法;鉴至明,而丑者忘怒。孔明开诚心,布公道,集众思,广忠益。既有此平明之心,故其用法虽严,乃能使廖立垂泣,李平致死,贤愚佥忘其身,而人心无不服也,真可为万世相天下者之法矣。

今评 以刘备居汉纪之末,是张居正正统观念的表现。诸葛亮崇尚法治,而以开诚心,布公道,集众思,广众益为本,甚有见地。而法正片面强调用宽政收拾人心,是不明时世的书生之见。

　　刘备以零陵蒋琬为广都长。备尝因游观,奄至广都,见琬众事不治,时又沉醉,备大怒,将加罪戮。诸葛亮请曰:"蒋琬社稷之器,非百里之才也。其为政以安民为本,不以修饰为先,愿主公重加察之。"备雅敬亮,乃不加罪。仓卒,但免官而已。

张居正讲评 　　零陵,是郡名,即今湖广永州府。广都,是县名,即今四川成都府双流县。刘先主用零陵郡人蒋琬做广都县长。先主曾一日因出行游观,忽然到广都县,看见他县中众事都废阁不治,那时蒋琬又正值沉醉,先主大怒,怪他好酒废事,将加刑戮。诸葛亮素知蒋琬之才,乃请于先主说道:"蒋琬志量远大,他日可当重任,乃是社稷的伟器,却不是治百里为县令之才也。且其为政,专以安民为本,但民得安便了,不去修饰虚文,以求名誉,愿主公重加察,未可以其事之不治,而遽罪之也。"先主平素敬信诸葛亮,乃因其言,不加蒋琬以罪,仓卒之间,姑且罢免其官而已。后来蒋琬果能继诸葛亮为相,镇抚中外,汉之社稷赖之。可见人才大小,各有所宜。若以大才而小任,则不尽其用,或因小过而轻弃,则终泯其能。使蒋琬不遇孔明,将不免于罪戮矣,岂不深可惜哉。所以用人者,当因才授任,舍短取长,勿以一切律人,亦勿以一眚弃人,然

昭烈帝　后帝

后贤才无遗滞之忧，而职事有各称之效也。治一国且然，而况于治天下者乎？

今评 刘备虽以尊重人才为时人所称，但他未能识别蒋琬的真正才能，并且差一点要治以死罪，可见知人之难。任人者当以此为戒。

后　帝

名禅，昭烈之子，在位四十一年。蜀汉先后共四十四年，而为魏所并。

后帝（207—271）：名禅，字公嗣，小名阿斗。公元 223—263 年在位。在位期间由诸葛亮辅政，亮死，信任宦官黄皓，朝政腐败。炎兴元年（263）魏军迫近成都，出降，封安乐公。本节所录均诸葛亮《前出师表》文。

"先帝创业未半，而中道崩殂。今天下三分，益州疲敝，此诚危急存亡之秋也。然侍卫之臣不懈于内，忠志之士忘身于外者，盖追先帝之殊遇，欲报之于陛下也。诚宜开张圣听，以光先帝遗德，恢弘志士之气；不宜妄自菲薄，引喻失义，以塞忠谏之路也。亲贤臣，远小人，此先汉所以兴隆也；亲小人，远贤臣，此后汉所以倾颓也。先帝在时，每与臣论此事，未尝不叹息痛恨于桓、灵也。臣本布衣，躬耕南阳，苟全性命于乱世，不求闻达于诸侯。先帝不以臣卑鄙，猥自枉屈，三顾臣于草庐之中，谘臣以当世之事，由是感激，遂许先帝以驱驰。后值倾覆，受任于败军之际，奉命于危难之间，尔来二十有一年矣。先帝知臣谨慎，故临崩寄臣以大事也。受命以来，夙夜忧惧，恐付托不效，以伤先帝之明。故五月渡泸，深入不毛。今南方已定，兵甲已足，当奖率三军，北定中原，庶竭驽钝，攘除奸凶，兴复汉室，还于旧都，此臣所以报先帝而忠陛下之职分也。至于斟酌损益，进尽忠言，则攸之、祎、允之任也。愿陛下托臣以讨贼兴复之效，不效，则治臣之罪，以告先帝之灵。责攸之、祎、允等之慢，以彰其咎。陛下亦宜自谋，以谘诹善道，察纳雅言，深追先帝遗诏。臣不胜受恩感激。今当远离，临表涕零，不知所言。"遂行。

张居正讲评 南阳，是郡名，即今河南南阳府。泸，是水名，在今四川泸州，春夏有瘴气，人不敢渡。不毛，是蛮夷中不生草木之地。汉后主建兴五年，丞相诸葛亮出军汉中，欲伐魏以图中原，临行时上表说道："先帝与臣，本图恢复中原，削平僭乱，重兴汉室，这事业未曾做得一半，便中道崩殂了。如今天下三分，北有曹魏，东有孙吴，未能混一，我止得益州一隅之地，又当百姓疲敝，强不如魏，富不如吴，他这二方都思量吞并我，这是何等危迫存亡不能自保之际。然内而左右侍从之臣，不懈其志，外而忠义志节之士，不顾其身，以图转危

为安,易亡为存者,盖先帝平日优礼贤士大夫,深得其心,至今犹追想其恩遇之隆,图报无由,以陛下是先帝亲子,都要就陛下身上,效些功劳,以报答先帝之殊恩,故内外同心有如此耳。今陛下当思基业之重,时势之艰,内外旧臣所以报效之意,正该信任不疑,凡一切官府的事,都与他谋议,务开广圣听,以光显先帝遗下的恩德,益成其所未成。且以恢弘志士之气,使他无所疑虑,尽心竭力,智者为之谋,勇者为之死,才不负贤士大夫仰望的本意。岂可妄以爱憎,自处菲薄,引喻不当,违忤正言,以闭塞忠谏之路哉。且国家之兴衰,系于君子小人之进退,这二者相为消长,不可并立,能亲信贤臣,斥远小人,用舍停当,则政事自然修举,此先汉高祖、文、景、武、宣诸帝所以兴隆也;若亲近小人,疏远贤臣,用舍颠倒,则政事必然昏乱,此后汉桓、灵二帝所以倾颓也。追思桓、灵之时,如单超、曹节等,专权擅政,浊乱海内,本是小人所当疏远者,他反尊信之,惟言是听。如李固、陈蕃等,刚方正直,忠于国家,本是贤臣所当亲信者,他反诛戮之。又立为党禁,残害善良,以致群小得志,窃弄朝权,董卓乱之于前,李傕、郭汜乱之于后,曹操、孙权等遂乘时窃据,把天下都败坏了,深可叹恨。先帝在时,每与臣论此事,未尝不叹息痛恨于桓、灵二帝也。今可不以为鉴戒哉!臣本是布衣贫贱之士,遭世之乱,隐居南阳,以耕田为业,但求苟活性命于乱世而已,并不求声名闻达于诸侯,以希图富贵。不意先帝偶闻臣名,不以臣为卑贱鄙陋,乃轻自妄屈,三次访臣于草庐之中,必求相见。及一见,即问臣以当世之事,情投意合,言听计从,臣因此受知感激,遂许身先帝,愿与戮力驱驰。未几值曹操南破荆州,先帝仓皇逃避,几至倾覆,臣于此时,受委任于败军之际,奉使命于危难之间,往说孙权,共拒曹操,驱驰艰险,不敢自爱,幸而竟济大难,以报先帝知遇之恩。自此以来,二十有一年矣。臣事先帝既久,先帝察臣益深,知臣平素谨慎,任事不苟,故临崩顾命,特把讨贼兴汉的大事,付托与臣,非轻授也。臣自受命以来,夙夜忧惧,恐才小力弱,有负委任,不见功效,以伤先帝知人之明。故勉强奋厉,不敢惮劳,五月渡泸,当炎暑,冒瘴气,提军深入塞外不毛之地,七擒孟获,遂平南夷,收其地所出金漆牛马等物以给军资。今南方已定,兵甲已足,正当乘此时,奖劝率励三军之众,北伐曹魏,平定中原,庶竭臣驽钝之力,攘除奸凶之徒,兴复汉室,仍还洛阳旧都,此臣所以报答先帝之恩遇,而尽心于陛下之职分当如此也。至于宫中府中,一切事务,刑赏与夺,斟酌停当,损其太过,益其不及,归于平明,进尽忠言,献可替否,匡辅主德,这乃是侍中郭攸之、费祎,侍郎董允等的责任。三人任其内,以佐主治民;臣任其外,以讨贼兴复。各当专责,以佐其成。臣愿陛下专托臣以讨贼兴复之效,若不能诛灭曹魏,兴复汉室,是臣上负先帝,罪何可辞,则当治臣之罪,以告先帝之灵。若攸之、祎、允等,不能尽忠斟酌,慢弃职业,是其仰负陛下,咎将谁诿,亦当责诸臣之慢,以明著其失职之咎。然有言而不尽,其过在臣,尽言而不听,其过在君,陛下亦宜反己自谋,以谘诹善道,察纳雅言,无塞忠谏之路,深追先帝遗诏,所以付托于臣,及简拔攸之、祎、允等的意思,使皆得以尽其职,此又臣之望于陛下者也。臣不胜受恩感激之至。今当远离,临表涕零,不知所言。"表既上,于是率师前往汉中伐魏。观孔明此表,惓惓忠爱之意溢于言外。后儒谓其言与《伊训》《说命》相表里,良不为过。至论君子小人之用舍,关乎先汉后汉之兴亡,于君德治道,尤为切要。其后孔明既没,蒋琬、董允亦相继以亡,而黄皓、陈祇等用

事，遂亡其国。然后知孔明之言，深中后主之病，实万世之龟鉴也。

今评 诸葛亮的《出师表》被认为是千古文章，真是气充于内而文溢于外。一片忠心，满怀安内攘外之志。可惜时运不济，后主暗弱，诸葛亮无法实现他兼并曹魏、统一中原的宏愿。

卷之十二 后汉纪

卷之十三

武　帝

姓司马,名炎。其祖懿,父昭,世执魏政,至炎遂篡魏平吴而有天下。初封晋王,故国号晋,在位十一年。

武帝(236—290):即晋朝的建立者司马炎。字安世,河内温县(今河南温县西南)人。咸熙二年(265),继其父司马昭为相国、晋王,随即代魏称帝,公元265—290年在位。咸宁六年(280)灭吴,统一全国。

晋初置谏官,以傅玄为之。玄以魏末士风颓敝,上疏曰:"臣闻先王之御天下,教化隆于上,清议行于下。近者魏武好法术而天下贵刑名,魏文慕通达而天下贱守节,其后纲维不摄,放诞盈朝,遂使天下无复清议。陛下龙兴受禅,弘尧、舜之化,惟未举清远有礼之臣以敦风节,未退虚鄙之士以惩不恪,臣是以犹敢有言。"晋主嘉纳其言,然亦不能革。

恪(kè):谨慎,恭敬。

武帝既代魏而有天下,乃广开求言之路,初置谏官,使之专论朝政得失。选择群臣中,以傅玄素称刚直,遂用他为此官。傅玄见魏朝末年教化不明,士风颓败,思有以救正之,乃上疏说道:"臣闻先王统御天下,以教化为急务,倡天下以礼义之风,而养之以廉耻之节,教化既崇于上,则清议自行于下。人人皆知重名教,畏清议,而败礼伤化之士自无所容,治隆俗美,皆繇于此。近者魏武帝不知教化之务,只好用法术以制天下,所进用的都是刑名之吏,于是天下之人都尚刑名以应之。文帝又喜慕通达,不拘拘于小节,所进用的都是浮薄之士,于是天下之人都以放达相高,反以谨守名节者为贱,而教化之具尽废。所以后来朝廷上,纪纲法度不复管摄,而放诞不简,如何晏、王弼之流,满于朝野,谈论虚无,遗弃礼法,遂使天下之人争慕效之,以名教为不足贵,以清议为不足恤,而教化之衰,风俗之败,至此极矣。今陛下圣德龙兴,受魏之禅而有天下,能力行恭俭,以求广尧舜之化，固可谓得其要矣。但好恶用舍之间，乃人心之劝戒所系，陛下即位以来，不曾见举一个清操远识以礼自守之臣，以敦尚风节，也不曾见退一个虚名鄙行之士，以惩戒人臣之不恪者，好恶未彰，而劝戒无法，然则人心风俗安能遽变乎！臣所以犹敢有言，愿陛下留意于此。"晋武帝嘉纳其言，以为切于时务，但当时承魏之敝，习俗已成，帝亦不能痛革之。其后晋世士大夫皆崇尚玄虚，清谈废事，荡然放纵于礼法之外，以为旷达，遂以亡国。可见教化诚国家之急务，风俗为治忽之所关，而欲行教化以移风俗，又在人主。但率之于上，立之以表仪，示之以好恶，而后天下可渐化也。今武帝之初，虽矫情于恭俭，未几自恃升平，荒于游宴，而忘经国之远虑矣。虽欲移风易俗，其可得乎！此图治者之所以贵端在其本也。

今评 一纸诏书又如何能改革积弊？晋武帝平吴之后，不以国事为重，纵情享乐，后宫姬妾近万人；又倡导奢侈，卖官鬻爵。所以西晋初的繁荣有如昙花一现，西晋也成为历史上短命的王朝。

卷之十三 晋纪

刺史：西汉武帝始设刺史，西晋时为一州最高行政长官。
韬戢(jí)干戈：韬，掩藏。戢，收藏、止息。即将兵器收藏起来。
州牧：西汉成帝改刺史为州牧，以后废置不常，为州最高行政长官。
仆射(yè)：中央负责国务最高行政长官的副职。

诏曰："昔在汉末，四海分崩，刺史内亲民事，外领兵马。今天下为一，当韬戢干戈，刺史分职，皆如汉氏故事；悉去州郡兵，大郡置武吏百人，小郡五十人。"交州牧陶璜上言："州兵未宜约损，以示单虚。"仆射山涛亦言："不宜去州郡武备。"帝不听。及永宁以后，盗贼群起，州郡无备，不能禽制，天下遂大乱，如涛所言。然其后刺史复兼兵民之政，州镇愈重矣。

张居正讲评 交州，即今广东雷州、廉州及安南一带地方。仆射，是官名。晋武帝太康元年，此时吴国既平，天下混一，武帝便说太平无事了，因思汉末董卓、曹操等，皆以州兵强盛，胁制朝廷，欲矫其弊。乃下诏说道："汉家初置刺史，只着他督察郡县官吏，到东汉末年，四海分裂，各州刺史把郡县的职事都自专制，内既亲理民事，外又统领兵马，各据一方，朝廷不能制，遂致乱亡。如今天下僭乱尽平，合为一家，岂可复蹈其弊，正该韬戢干戈，偃武修文。凡刺史分职，只主督察官吏，如汉家故事，尽除去州郡兵马，大郡只置武吏百人，小郡五十人，刺史都不得管领。"于是交州牧陶璜上言："交州与广州东西数千里，与诸夷接界，此二州兵马恐不该减损，以示单薄虚弱，而生蛮夷之心。"那时仆射山涛也说："不独交、广二州，天下州郡的兵马，乃是国家的武备，若无武备，万一盗贼窃发，何以制之？恐乱繇此起，都不该裁革。"武帝不听，毕竟都革了。其后才过得三十余年，到惠帝永宁以后，内则诸王相残，外则五胡纷扰，盗贼纷纷，乘时并起，这州郡中兵马既撤，都无准备，虽有武吏百数十人当得甚事，看着那盗贼横行，莫能擒捕制御，天下由此大乱，果如山涛所言。到后来诸州刺史又复兼领兵马，而州

镇之权越发偏重，海内分裂又甚于东汉之末，仅及百五十余年而晋亡矣。此武帝贻谋不善之所致也。古语云："天下虽安，忘战必危。"又云："人无远虑，必有近忧。"其晋武之谓乎。

今评 武帝决策错误在于缺乏"居安思危"的远见，其结果与武帝愿望完全相反，天下再度兵戎相见，各州郡统兵数目更多，而州镇权力也更重。

三年，帝问司隶校尉刘毅曰："朕可方汉之何帝？"对曰："桓、灵。"帝曰："何至于此？"对曰："桓、灵卖官钱入官库，陛下卖官钱入私门，以此言之，殆不如也。"帝大笑曰："桓、灵之世，不闻此言，今朕有直臣，固为胜之。"

> 司隶校尉：官名，掌察举京城官民及所辖附近各郡的一切犯法者。

张居正讲评 太康三年，晋武帝亲祀南郊。礼毕，从容访问司隶校尉刘毅说："卿试看朕可比汉朝那一个皇帝？"武帝自负是开创之君，或比得高祖、光武，次亦不出文、景、明、章之下。刘毅平生直戆，适见武帝平吴之后，怠于政事，任用外戚杨骏，交通请谒，公行贿赂，就对说："陛下可比汉家桓帝、灵帝。"武帝惊骇说："这两个昏乱亡国之君，朕虽不德，何至如此？"刘毅对说："臣非妄言，有所指证。昔桓帝、灵帝自家把朝廷的官爵卖与人做，得钱以入官库，为国家的公用；今陛下却被那贵戚权臣把朝廷的官爵卖与人做，得钱以入私门，为他的私用。这等看来，还似不如桓、灵。"武帝乃大笑说："桓、灵之世，君昏政乱，在朝都是面谀的人，几曾闻有这等言语！今刘毅面折朕过，是朕有直臣。主明则臣直，岂不远过于桓、灵之世乎。"尝观晋史，武帝恭俭明达，足称贤主，虽其末年任用匪人，岂可遽以桓、灵为比？刘毅此言，指斥太甚，常情所不堪，而武帝乃能优容，略无怒色，传之当时，益见其圣德，载在史册，至今为美谈。此后世人主之所当法。然于卖官一事，竟置而不问，卒亦未见其疏杨骏，抑私门，彼复何惮而不为也？徒有纳谏之虚名，而无用谏之实意，虽美何益！此又后世人主之所当戒。

今评 晋武帝宽容刘毅的指责，但无心认真纳谏，因为以武帝为首的西晋统治集团已日益贪婪和腐败。

惠　帝

名衷，是武帝第二子，在位十七年。

> 惠帝（259—306）：即司马衷，武帝子。公元290—306年在位。昏愚无法掌管朝政，沦为傀儡皇帝。

惠帝

三公：东汉时以太尉、司徒、司空合称三公，为共同负责军政的最高长官。晋沿此称。
僚宷(cài)：僚属。
牙筹：象牙或兽骨制的计算用具。
名教：以正名定分为主的封建礼教。
咨嗟(jiē)：叹息、赞叹。
掾(yuàn)：古代属官的通称。

七年九月，以尚书右仆射王戎为司徒。戎为三公，与时浮沉，无所匡救，委事僚宷，轻出游放。性复贪吝，园田遍天下，每自执牙筹，昼夜会计，常若不足。家有好李，卖之恐人得种，常钻其核。凡所赏拔，专事虚名。阮咸之子瞻，尝见戎，戎问曰："圣人贵名教，老、庄明自然，其旨同异？"瞻曰："将无同。"戎咨嗟良久，遂辟之。时人谓之"三语掾"。

【张居正讲评】惠帝七年九月，升尚书右仆射王戎为司徒，居三公之任。那时贾后专政于内，贾谧等擅权于外，王戎虽为三公，只随波逐流，与时上下，以图容身保位而已，并不曾直言正色有所匡救，把府事都委与僚属管理，常轻身出去遨游放荡，无复拘简。其性又贪婪鄙吝，所置园庄田产遍于天下，每自家执着牙筹，日夜算计帐目，常如不足。家中有一种好李，发卖与人，恐人得了这种，分夺其利，临卖时常钻破李核，使人再种不得，其贪吝至于如此。三公以荐贤为职，他凡所称赏荐拔的，专一采取虚名，不论实行。有阮咸之子阮瞻，尝谒见王戎。王戎问他说："历代圣人，崇尚名教，要人遵守礼法；老子、庄周却发明自然无为之教，只要任意率真，不以礼法自拘束。这两样教门，其旨意同乎？异乎？"此时放达之士祖述老、庄，而礼法之士每深嫉之，两家各争是非，故王戎发问如此，有混同儒、老之意。那阮瞻正是个尚老庄的人，会得王戎的意思，乃含糊答说："这两家道理得无相同。"王戎甚喜其言，叹美良久，就举他做三公府中的掾属。当时人见他因这"将无同"三字便得了美官，遂号他做"三语掾"，其轻于取人又如此。盖自魏晋以来，士大夫祖尚老、庄，崇奖浮薄，其自处则抑名教而贵玄虚，其取人则采虚名而略实行。至于惠帝之时，其风益盛，其习愈靡，以不拘名分者为旷达，不修职务者为高雅；丧容止之仪，纵耳目之欲，则谓之任真；托虚无之论，悖哀乐之情，则谓之忘累。废时失事，败礼伤化，无所不至，甚者以国家之治乱兴亡亦举而委之自然之数焉。驯至五胡乱华，中原板荡，王戎诸人，不但得罪于名教，抑且倾覆人国家，诚万世之所当鉴戒也。

【今评】王戎身居要职，不重国事，热衷名利，贪鄙无耻，偏又崇尚老、庄虚无之学，摆出超脱世俗的"高逸"姿态，力图用玄学理论来辩护自己的腐败堕落行为。清谈玄学的日益流于空谈、放诞、狂达、不务世事，加速了西晋的灭亡。

洗马：晋时为图籍管理官。
要(yāo)荒：要，要服；荒，荒服。古称王畿外极远的地方。
叙：排定次序。
稽(qǐ)颡(sǎng)：古时一种跪拜礼，屈膝下拜，以额触地。**执贽(zhì)**：执，拿。贽，旧时初次求见人时所送的礼物。

九年，太子洗马江统以为戎狄乱华，宜早绝其原，乃作《徙戎论》以警朝廷曰："夫夷、蛮、戎、狄，地在要荒，禹平水土而西戎即叙。其性气贪婪，凶悍不仁。四夷之中，戎狄为甚，弱则畏服，强则侵叛。当其强也，以汉之高祖而困于白登，孝文军于霸上。及其弱也，以元、成之微而单于入朝。此其已然之效也。是以有道之君牧夷、狄也，惟以待之有备，御之有常。虽稽颡执贽而边城不弛固守，强暴为寇而兵革不加远征。期令境内获安，疆场不侵而已。魏兴之初，与蜀分隔，疆场之戎，一彼一此。武帝徙武都氏于秦川，欲以弱寇强国，捍御蜀虏，此盖权宜之计，非万世之利也。今者当之，已受其敝矣。夫关中土沃物丰，帝王所居，未闻戎、狄宜在此土也。非我族类，其心必异。而因其衰敝，迁之畿服，士庶玩习，侮其轻弱，使其怨恨之气毒于骨髓；至于蕃育众庶，则坐生其心。以贪悍之性，挟愤怒之情，候隙乘便，辄为横逆；而居封域之内，无障塞之隔，掩不备之人，收散野之积，故能为祸滋蔓，暴害不测，此必然之势，已验之事也。犬马肥充，则有噬啮，况于夷、狄，能不为变！但顾其微弱，势力不逮耳。夫为邦者，忧不在寡而在不安，以四海之广，士民之富，岂须夷虏在内然后取足哉！此等皆可申谕发遣，还其本域，慰彼羁旅怀土之思，释我华夏纤介之忧。'惠此中国，以绥四方。'德施永世，于计为长也！"朝廷不能用。

畿服：古代京都所在处周围千里之内的地区。
蕃(fán)：繁殖。

噬(shì)啮(niè)：咬。

羁旅：在外作客。
纤介：细微。

【张居正讲评】武都，是郡名，即今陕西巩昌府阶州地方。秦川是地名，即今陕西西安凤翔等府地方。晋惠帝元康九年，此时秦雍氐、羌齐万年反，将军孟观始讨平之。太子洗马江统因思汉、魏以来，氐、羌、胡、羯、鲜卑来降的，都杂处在中原地方，以致扰乱我华夏，这乃是腹心之患。宜趁此时，驱遣出塞，以早绝其原。乃作《徙戎论》一篇，以警动朝廷。说道："夫东夷、南蛮、西戎、北狄，古时列在四方远处，叫做要服、荒服，言但以约束羁縻之，而荒忽无常也。昔夏禹平水土，而于西戎，止就而序之。盖以诸夷性气贪婪、好利，凶悍不仁，本与中国不同。而四夷之中，惟戎、狄在西北者，其贪悍尤甚，从来叛服不常，顾其势力强弱何如耳。有时衰弱则畏服来降，有时强盛则侵叛为患。我中国帝王遇着他强盛的时节，就是汉高祖这等英武也被他诈诱，围困于白登；汉文帝这等仁明也被他侵犯，出军于灞上。及至遇着他衰弱的时节，就是汉元帝、成帝这等衰微，而匈奴酋长如呼韩邪之类，也都称臣来朝。可见戎、狄之叛服，不足为我中国之重轻，历观往事，其明验如此。所以有道之君，其牧夷、狄也，如畜禽兽。欵待他必有准备，不因其服而纵弛；制御他必有常法，不因其叛而穷黩。他虽稽颡执贽畏服于我，而边城不废固守，待之有备也；他虽强暴为寇，侵叛于我，而兵革不烦远征，御之有常也。其意只要峻出入之防，明要荒之制，使中国自为中国，夷、狄自为夷、狄，境内之民获安，疆场无所侵扰便了。何可幸戎、狄之来服，便容他居我内地，以启乱华之阶，而忘中国之备哉！至魏朝初兴，天下未一，西边与蜀国隔界，那时内附的西戎，如羌、氐之类，有在彼界上的，有在此界上的。魏武帝恐蜀人招引武都氐、戎，助兵入寇，乃迁徙他入居秦川，散居关中地方。其意欲以外弱寇敌之党援，内壮国家之藩屏，藉此氐戎，以扞御蜀虏。此盖一时权宜之计，实非万世经人之利也。武帝只以御寇为急，不暇远虑，而祸本实种于此。到如今蜀国既亡，天下混一，这祸患却是我国家当之，往年杀害官吏，近日反叛朝廷，已受其敝矣！夫关中土地肥饶，物产丰盛，乃自古帝王建都之所，未闻戎、狄之类可居此土也。盖戎、狄犬羊，原非我的族类，则其心决然与我不同，岂肯安心帖服我中

惠帝

国。只因其衰敝，迁入畿甸内地，以为不足复虑。百姓每与他杂居既久，也有玩忽之心。又见其寡弱，或从而欺侮之，使他怨恨之气深入于骨髓。到后来生育众多，渐渐强盛，遂坐生叛乱之心。以其贪悍之性，怀挟愤怒之情，一旦候隙乘便，辄为横逆。而又居封疆之内，无边塞之隔，从而掩袭我素不防备之人，收掠我散在四野之积，故能为祸滋长蔓延，暴害发于不测，此必然之势，而亦已验之事也。今可不深监而预防之哉！宜徙诸羌于先零、罕幵之地，徙诸氐于阴平、武都之界，庶几华夷不杂而祸原可绝也。且戎之当徙，不止氐、羌，今并州之胡，分为五部，户至数万。幽州句骊，户落孳息，且以千计。譬如犬马，豢养太过，至于肥充，其气骄盈，则有噬啮之患，况于夷狄居我内地，能不为变乎？但顾其初衰微寡弱，势力不逮耳。今日渐蕃盛，将不可测。夫为国家者，其所忧患不在人民寡弱，而在社稷不安。今天下一统，土地这等广大，士民这等殷富，本自众盛，何须那夷虏在内，然后取足哉？此等既无益于中国，而适足贻患，都该再三晓谕，著有司发遣，给以行粮，使还旧土。在彼客居此地，不无怀土之思，既有以慰其心；在我华夷杂处，不无纤芥之隙，又有以释其忧。保惠此中国，以安靖彼四方，绝将来之祸，贻永世之德，其为计不亦长便乎？"当时朝廷上下，只苟安目前，都无忠谋远虑，虽江统之论深切著明如此，毕竟不能用也。前此郭钦亦尝言于武帝之时，而不见听。夫武帝自其身艰难开创，尚虑不及远，况后世乎！其后仅一再传，而胡酋刘渊，果以五部倡乱，羯则石勒、氐则苻洪、羌则姚弋仲、鲜卑则慕容廆，迭起乱华。终晋之世，海内纷扰，以至于亡。郭钦、江统之言，于是乎验矣。

今评 江统、张居正都不可能认识到各族内迁和杂居是历史长期发展的结果，因而不可能强制改变。且少数民族人民的反抗和起义不是使晋朝衰弱的原因，而是晋朝衰弱和对少数民族人民压迫的结果。

卷之十三 晋纪

乾坤：《周易》中的两卦名，指阴阳两种对立势力。阳性为乾，乾之象为天；阴性为坤，坤之象为地。天圆而地方。

鲁褒作《钱神论》以讥之曰："钱之为体，有乾坤之象，亲之如兄，字曰孔方。无德而尊，无势而热。排金门，入紫闼。危可使安，死可使活，贵可使贱，生可使杀。是故忿争非钱不胜，幽滞非钱不拔，怨仇非钱不解，令闻非钱不发。洛中朱衣，当涂之士，爱我家兄，皆无已已。执我之手，抱我终始。凡今之人，惟钱而已！"

张居正讲评 晋惠帝昏愚，政在臣下。权势贵戚之家，皆交通贿赂，凡事非钱不行，于是南阳人鲁褒作《钱神论》以讥笑之。其文说道："铜钱之为物虽微，而其形体外圆内方，有乾坤之象，世人亲爱之如亲兄一般，以钱孔四方，遂字之曰'孔方'。这物虽无道德而极其尊，人皆贵重之；虽无权势而极其热，人皆趋附之。他能排进天子的金门，直入公卿的紫闼。事之危急的，有了钱去营求，则危者可安也；人之该死的，有了钱去营求，则死者可活也；虽是尊贵的人，要摆布他也不难，只有了钱，则贵者亦可贱矣；虽是生活的人，要杀害他也

不难,只有了钱,则生者亦可杀矣。忿怒争讼的事,不论是非,若非钱则必不取胜;幽晦淹滞的人,不论贤否,若非钱则必不超拔。怨恨仇雠,非钱则不能和解;令名美誉,非钱则不能自发。钱之功用,其大如此。如今洛阳城中,穿朱衣、当要路的贵人,都爱我孔方家兄,无有止极。执他之手,怀抱他终始,不肯相离。其爱钱如此。大抵凡今之人,也不管甚么道理,也不知甚么法度,惟知有钱而已,此钱之所以为神也。"自古观人国者,但见纪纲整肃,上下清白,便知其国之盛;但见权势恣横,贿赂公行,便知其国之衰。古人有云:国家之败,由官邪也,官之失德,宠赂章也。今观鲁褒之论,晋之朝贵,惟钱是爱,而钱得以移其贵贱死生之权,则其国事可知矣。欲不亡得乎!

今评 西晋统治阶级极端多欲和自私自利,他们爱钱如命,致使纲纪不整,清浊不分,一切失去是非标准。鲁褒是一位难得的头脑清醒的人。

初,太弟颖表匈奴左贤王刘渊为冠军将军。渊子聪,骁勇绝人,博涉经史,善属文,弯弓三百斤;弱冠游京师,名士莫不与交。颖以聪为积弩将军。渊从祖右贤王宣谓其族人曰:"自汉亡以来,我单于徒有虚号,无复尺土;自余王侯,降同编户。今吾众虽衰,犹不减二万,奈何敛手受役,奄过百年!左贤王英武超世,天苟不欲兴匈奴,必不虚生此人也。今司马氏骨肉相残,四海鼎沸,复呼韩邪之业,此其时也!"乃相与谋,推渊为大单于。

刘聪(?—318):一名载,字玄明。十六国时汉国国君,匈奴族。刘渊子。永嘉四年(310),刘渊死,他杀兄刘和夺取帝位。次年派刘曜率军破洛阳,俘怀帝。又于建兴四年(316)破长安,俘愍帝,西晋亡。怀、愍二帝后均被杀。
奄:忽然,急遽。

张居正讲评 左右贤王,都是匈奴的官名。冠军、积弩,都是将军的官号。弱冠,是二十岁。匈奴称单于,即中国称天子的意思。这一段是记五胡乱华之始。初,惠帝弟成都王颖镇邺时,奏荐匈奴降人居晋阳的,有左贤王刘渊可用,以他为冠军将军,监五部军事,领兵在邺。渊有子名聪,生性骁勇,远过常人,又博涉经史书籍,善作文词,有气力,弯弓重三百斤,才兼文武。弱冠时,游于京师,凡有名的士大夫都与他交游。颖又以聪为积弩将军,父子都被亲用。渊的从祖右贤王刘宣对他族人说:"我匈奴本与汉家约为兄弟,何等尊宠,其后呼韩邪单于降汉。自汉亡以来,徙居塞内,曾为单于的,如今空有名号,实无尺寸之地,其余王侯都无封爵,下与平民同编户籍,以供差役,其屈辱如此。今吾部落虽衰,犹不减二万,足以自奋,岂可束手受制于人听其役使?奄忽之间,过了百年,与草木同朽乎!吾观左贤王英姿武略,超绝一世,天若无意兴起我匈奴,必不虚生此人,既生此人,便是天意有在。今晋室诸王自相屠戮,骨肉相残,内难既作,海内纷纷,盗贼并起,就似鼎中沸汤一般。天下祸乱乃英雄之资,我等当同心协力,推戴左贤王,兴复呼韩邪的故业,正在此时,岂可坐失机会而甘心于人下哉!"遂相与谋议,共推刘渊为大单于,使其党诣邺告之。渊乃设计辞颖,脱身北归,至左国城,自立为汉王,未几又僭称大号,其子刘聪继之,日益猖獗,以至

洛京不守，怀、愍蒙尘，而晋室遂东矣！按刘渊父子虽是枭雄，然在武帝时，羽翼未成，诚如郭钦、江统之言，申谕而发遣之，使还其旧土，后虽为患，不过侵犯我边境而已。失此不图，使二百年余孽安处中国，包藏祸心，习知我虚实强弱，一旦乘隙，相扇而动，千百成群，遂不可制，以成滔天之祸。驯至北魏、辽、金，以极于有元，而天下胥为夷矣。盖刘渊之乱，其滥觞也，后之处降胡者，尚思履霜坚冰之戒，而防其渐哉。

今评 晋武帝死，大乱从宫廷政变开始，又经历十六年的"八王之乱"，晋廷面临崩溃，少数民族贵族便乘机起兵争夺政权。这些问题，不是郭钦、江统"徙戎"主张所能解决的。

怀　帝

> 怀帝（284—313）：即司马炽，公元306—311年在位。是武帝最小的儿子，即位后东海王越擅权，他无所作为。永嘉五年（311），刘曜攻陷洛阳，他被掳，不久遇害。
> 方伯：古代称诸侯中的领袖为方伯，意即一方之长。此处指刺史。

名炽。是武帝第二十五子，惠帝之弟。在位六年，为匈奴刘聪所虏。

十一月，以王衍为司徒。衍说太傅越曰："朝廷危乱，当赖方伯，宜得文武兼资以任之。"乃以弟澄为荆州都督，族弟敦为青州刺史，语之曰："荆州有江、汉之固，青州有负海之险，卿二人在外而吾居中，足以为三窟矣。"

张居正讲评 荆州，即今湖广等处地方。青州，即今山东等处地方。怀帝永嘉元年十一月，此时东海王司马越为太傅，专擅朝政，以王衍素有重名，就用衍为司徒。王衍因劝太傅越说道："今朝廷危乱，正该倚赖各州刺史，这是古时方伯之官，外镇四方，内卫王室，须得能文能武兼禀全才的人，以居此官，缓急方可得力。"因荐其弟王澄做荆州都督，族弟王敦做青州刺史。王澄是个浮华之士，王敦是个凶狠之徒，朝廷如何倚赖得他？此是王衍假公济私，要植亲党以保禄位耳。因私下对王澄、王敦说道："吾等遭此危乱之时，常恐身家不能自保，今荆州境内，有江、汉二水，可依以为固。青州背后，就是大海，可恃以为险。你二人在外，各据要地，我居其中，秉执朝权，尔以我为腹心，我以尔为羽翼，谁复有能害我者？此足以为三窟而保全身家矣！"窟是土穴，兔性最狡，穿地为穴，若止是一处，恐怕人以水灌，或以火熏，无处可逃，故连做三个巢穴，彼此相通，以为藏躲脱走之地。王衍设此譬喻，自以为得计矣！岂知忠臣忘家徇国，国安则家安，未有不顾国之危乱，而身家可保者也。到后来王澄纵酒废事，遂为王敦所杀。敦又以谋反败死。而王衍竟死于石勒排墙之下，虽有三窟，何足恃哉！此可以为人臣负国不忠，背公植党者之戒矣。

今评 王衍不以挽救朝廷危亡为己任，一心只求自保，岂知国之不存，家何以保？其结果可想而知。

五年，东海王越薨，王衍等奉越丧还葬东海。石勒率轻骑追之，无一人得免者。执太尉衍等，坐之幕下，问以晋故。衍具陈祸败之由，云计不在己；且自言少无宦情，不豫世事；因劝勒称尊号，冀以自免。勒曰："君少壮登朝，名盖四海，身居重任，何得言无宦情邪！破坏天下，非君而谁！"

东海：今山东郯城县北。

张居正讲评 怀帝即位之五年，羯胡石勒，举兵入寇，逼进京师。东海王越时为太傅，不护守京师，却领兵出镇许昌。怀帝恶其专擅，密诏大将军苟晞讨越，越因此忧愤成疾而薨，临薨时，把后事托与太尉王衍。衍奉其丧柩回东海国中安葬，被石勒帅领轻骑追至苦县地方，围住晋兵，将士十余万人尽被擒获，无一人得脱者。石勒拿住王衍，叫他坐于帐下，问以晋家变乱的缘故，王衍备细陈说晋室祸败都繇宗室争权、骨肉相残，以致宗社倾危，朝廷坏乱，实不干我等大臣之故。且我少时宦情甚薄，不愿做官，所以一切世事懒得干预。王衍这说话，只是惧怕石勒杀他，要推罪免祸的意思。又劝石勒早称帝号，以逢迎其意，冀免于死，其不忠甚矣！勒见衍言词虚妄，因折他说道："世间有那不爱名位的人，方可说的无宦情，汝自少登朝，名盖四海，位至三公，负这等大名，居这等重任，如何说道无宦情邪！今天下事全是你每坏了，所以致此祸败者，不是你却是谁？"因命左右牵出，至夜，使人推墙压之而死。夫人臣之义，食其禄则当任其事，王衍为晋大臣，义同休戚，当国家多难，固宜效忠戮力，死生以之，却乃平时则崇尚虚谈，隳废国事，及至临难则甘心媚虏，俯首乞怜。虚名无实之士，其误人国家如此，人君于任人之际，可不慎所择哉！

今评 王衍位重名高，被俘后毫无刚毅气节，俯首乞怜，得到的是当夜处死的可耻下场。其不忠不义的卑劣行径，为世人所不齿。

周𫖮奔琅邪王睿，睿以𫖮为军咨祭酒。前骑都尉桓彝亦避乱过江，见睿微弱，谓𫖮曰："我以中州多故，来此求全，而单弱如此，将何以济！"既而见王导，共论世事，退，谓𫖮曰："向见管夷吾，无复忧矣！"诸名士相与登新亭游宴，周𫖮中坐叹曰："风景不殊，举目有江河之异！"因相视流涕。王导愀然变色曰："当共戮力王室，克复神州，何至作楚囚对泣邪！"众皆收泪谢之。

睿：司马睿（ruì，276—322），即东晋元帝，317—322年在位，317年建立东晋王朝，都建康，后因王敦擅权，忧愤而死。

新亭：在今江苏省南京市南。

张居正讲评

睿，是晋元帝名，元帝初封为琅邪王。军咨祭酒、前骑都尉都是官名。中州指洛阳说。管夷吾，即管仲。新亭，在今应天府江宁县地方。中国叫做神州。楚囚，是借春秋时钟仪留晋的故事，以见羁旅异乡的意思。晋怀帝永嘉五年，匈奴刘聪的军马攻陷洛阳，怀帝被执，又西据了长安，此时海内大乱，独有琅邪王睿镇守建业，江东稍安。于是中州名士周𫖮遂奔江东，来投琅邪王睿，睿就收用他做军咨祭酒。又有前骑都尉桓彝，也是从中州避乱过江，因见琅邪王兵力微弱，恐难倚赖，私下对周𫖮说："我本为中州兵乱，特来这里避乱全身，不料江东事势单弱如此，将何以存济而得免于祸！"心下疑虑。后来得见王导，与他共论时事。王导是琅邪王的谋臣，先劝琅邪王潜图兴复，收人望，振法度，别名器，凡所施为，都有次第，言论风旨，慷慨动人。桓彝不觉敬服，既退，与周𫖮说："当时齐国只得一个管夷吾，便能攘夷狄、兴周室，向见王导，即今之夷吾也，江东虽微弱，有这人在，吾复何忧？"诸名士每暇日相邀出登新亭，临江游宴，周𫖮到半坐时，感叹说道："昔洛都游宴，多在河滨，今新亭乃临江渚，风景都是一般，只举目之间，未免有江、河之异，故国丘墟，胡尘阻绝，使人对景伤怀。"于是彼此相顾，不觉泪下。那时王导独愀然变色说道："诸名士在此正当并力一心，共扶王室，削平祸乱，克复神州，才是大丈夫的事业。何至区区似楚囚一般，羁旅无聊，相对涕泣，徒悲何益耶！"诸名士乃猛然警省，都收泪而谢之。此亦王导激励人心之一机也，可见国势之强弱，只在贤才之有无，晋元帝当丧败之余，收乌合之众，只得一王导，遂能系属人心，立国江左，而延晋室百年之命脉；况以天下之大，而驱策一时之英杰，将何事不可为，何功不可立哉！

今评 东晋政权的建立，使南方经济和文化得到发展，也抵御了少数民族的南侵；但东晋的内政与西晋一样，仍是"举贤不出世族，用法不及权贵"的门阀专政；且王导只想建立一个王氏当权的小朝廷，并无真正恢复中原的意图。所以"克复神州"终究成为一句空话。

卷之十三 晋纪

愍帝(300—317)：即司马邺，怀帝侄。公元313—316年在位。永嘉五年(311)，刘曜攻破洛阳，怀帝被掳。六年(312)，他在长安被拥立为太子。次年，怀帝死，他即皇帝位。建兴四年(316)冬，刘曜攻占长安，被俘到平阳(今山西临汾西南)。第二年被杀。

愍 帝

名业，武帝之孙，吴孝王晏之子。在位四年。长安破，降于刘聪。

元 帝

名睿，宣帝司马懿之曾孙，琅邪王觐之子。怀、愍蒙尘，晋室无主，睿从琅邪起兵，兴复晋室，即位于建康，是为东晋。在位六年。

初，范阳祖逖，少有大志，与刘琨俱为司州主簿。同寝，中夜闻鸡鸣，蹴琨觉曰："此非恶声也！"因起舞。及渡江，睿以为军咨祭酒。逖居京师，纠合骁健，言于睿曰："晋室之乱，非上无道而下怨叛也，由宗室争权，自相鱼肉，遂使戎狄乘隙，毒流中土。今遗民既遭残贼，人思自奋，大王诚能命将出师，使如逖者统之以复中原，郡国豪杰，必有望风响应者矣！"睿素无北伐之志，以逖为奋威将军、豫州刺史。

蹴（cù）：踢。

豫州：今河南东部。

张居正讲评　范阳即今涿州。司州，今河南府。愍帝之时，有范阳人祖逖者，从少时即慷慨有担当世事的大志，素与刘琨相厚，两人同做司州的主簿。一夕同处歇卧，到半夜的时分，忽然听的鸡叫，祖逖此时正思量着天下的大事，睡不着，就以足去蹴刘琨醒来，与他说道："半夜鸡鸣，虽不是时候，然唤人早起，不致失觉，亦于人有益，非不祥之声也。"因披衣起舞，有不胜踊跃奋发的意思。后来逖避乱过江，元帝以逖为军咨祭酒。逖住在京师，专一纠集那骁健的勇士，加意抚恤，欲得其用。一日，劝元帝说道："举大事者，全在人心，我观晋室之乱，非干在上的行政无道，而在下的怨叛离心也。只因那宗室诸王树党专权，骨肉分争，自相鱼肉，遂使戎狄之人，若刘聪、石勒辈，乘此衅隙纷纷并起，侵扰中土，荼毒生灵。即今晋室遗民，自遭残害以来，各为其父兄子弟之仇抱恨积怨，欲奋身讨贼，只是没人倡率之耳。大王诚能遣命将帅，兴发师旅，使勇敢忠义如我这样的人统领前去，恢复中原，那郡国的豪杰，一闻此举，必然望风而来，随声而应矣！何乱之不可克乎？"祖逖此言，深为有见，争奈元帝素性优柔，只想保守江东，无志北伐，乃命逖为奋威将军、豫州刺史，着自募兵马而行，竟不能出师以图大举。于此便见元帝立国规模本来狭小，原无远略，所以终其身仅能偏安一隅，而长、淮以北，尽委腥膻，寸土尺疆，不能收复，忘宗社丘墟之恨，孤豪杰向义之心，岂不可慨也哉！

今评　祖逖击楫中流，率军北进，不几年就收复了黄河以南全部土地。可是晋元帝一心只想当偏安皇帝，他不但不在人力、物力上支持祖逖，且派人辖制他，防他功高难制，结果祖逖忧愤病死。张居正称元帝"立国规模本来狭小，原无远略"，是盖棺论定之语。

元帝　明帝

辄(zhé)：此处意为"就"。甓(pì)：砖。

陶侃为广州刺史。侃在广州无事，辄朝运百甓于斋外，暮运于斋内。人问其故，答曰："吾方致力中原，过尔优逸，恐不堪事，故自劳尔。"

张居正讲评　广州，即今广东广州府等处地方。甓，是砖，世俗误以为瓮。斋，是退居的去处。陶侃先在荆州，为王敦所忌，左迁广州刺史。陶侃在广州，破杜弘、诛王机、擒温邵，叛乱悉平。威名既立，州中无事，然陶侃却有远志，不以无事自安，每退居私室，早晨自家运砖百块于斋外，晚间又运将进来。人见他每日如此，不知其故，从而问之，陶侃答说："今王室陵夷，盗贼群起，中原多事，我要替朝廷出些气力，平定天下，若因此州无事，便过于偷安，任意恣情，优游逸乐，一向自在惯了，却恐精力懈弛，不复堪任劳苦的事，所以早晚运甓，不放此身安闲，以习劳苦尔。"大抵人之志意，能兢惕，则日明；好偷惰，则日昏。人之精力，常练习，则愈强；务安逸，则愈弱。《易》曰："天行健，君子以自强不息。"陶侃之运甓，盖亦欲兢惕其志意，而练习其精力，有大《易》自强不息之义焉！当时人士，崇尚清谈，遗弃世事，以衔杯为高致，以勤事为俗流，而陶侃独不安于暇逸如此，可谓卓尔不群者矣！

今评　陶侃官位不低，威名不小，运甓反映了他深谋远虑不苟安于目前。故张居正举《易》"天行健，君子以自强不息"论之。

明　帝

明帝(299—325)：即司马绍，字道几，元帝长子。建兴(313—316)初拜中郎将，镇广陵。雅好文辞，有文武才略，能礼贤下士，深受朝野爱戴。永昌元年(322)闰十一月，元帝死，绍即帝位。

荆州：治所在今湖北江陵县。

名绍，是元帝长子，在位三年。

三年五月，以陶侃为征西大将军、都督荆、湘、雍、梁四州诸军事、荆州刺史，荆州士女相庆。侃性聪敏恭勤，终日敛膝危坐，军府众事，检摄无遗，未尝少闲。常语人曰："大禹圣人，乃惜寸阴；至于众人，当惜分阴。岂可但逸游荒醉？生无益于时，死无闻于后，是自弃也！"尝造船，其木屑竹头，侃皆令籍而掌之，人咸不解所以。后正会，积雪始晴，厅事前余雪犹湿，乃以木屑布地。及桓温伐蜀，又以侃所贮竹头作丁装船。其综理微密，皆此类也。

张居正讲评

东晋时，将湖、广、四川接境一带地方，分做四州。荆，是今荆州、汉、沔等处。湘，是今长沙、常德等处。雍，是今襄阳、陨阳等处。梁，是今汉中、顺庆等处。晋明帝太宁三年五月，以陶侃为征西大将军，都督荆、湘、雍、梁四州军事，领荆州刺史。前时陶侃曾有功德于荆州，百姓每都感戴他，愿得他管领这地方，及至重来荆州，士民儿女无不欢庆，其得人心如此。陶侃生性聪察警敏，谦恭勤劳。终日衣冠，敛膝危坐；纵在闲居，绝无惰容。而军府中事无大小，一日之中，都简摄无遗，绝无一件废阁。精勤职务，未尝少闲。晋时风俗，率以游宴醉酒为高，他独不然，尝对人说："昔大禹圣人，克勤于邦，一寸光阴，尚且爱惜；况今之人，万万不及大禹，就是一分，也该爱惜。百年之内，能够几何？岂可逸游荒醉，把这光阴虚度了！自家身上，全不理会，生无益于时，死无闻于后，枉过一世，分毫事业不能成就，岂不是自弃乎？"尝造船只，剩下的木屑竹头，都着簿籍记了数目，收掌在官，不肯抛弃。人都不晓得他的意思，只说这零碎物件，收藏他有何用处？到后来正月元旦，府中官僚都聚会称贺，那厅事前残雪沾湿，就把这木屑铺在地上才好接见宾客，此时木屑也有用了。及穆帝永和中，桓温造船伐蜀，就把陶侃所藏的竹头作了丁装船，此时竹头也有用了。其经理诸事，精微细密，都是这样，不可悉举，即此亦可想见其为政矣！夫王衍诸人，高旷清远，不屑世事，固以陶侃为鄙琐；陶侃勤敏微密，不遗小物，亦以王衍等为虚浮。二者正相反，然天下卒败坏于王衍而兴复于陶侃，可见虚谈者不适于用，而勤事者乃能有成。人君取人之际，当知所审择矣！

今评 业精于勤，陶侃勤敏，故对极精微细密之事，也能考虑周到。身负治国安邦重任的官员，如人人都能克勤克俭，事事都能细致缜密，则必像陶侃一样，受到百姓的欢迎，也是天下的大幸了。

成　帝

名衍，是明帝长子，在位十七年。

成帝（321—342）：即司马衍，字世根，明帝长子。325—342年在位。

康　帝

名岳，是成帝同母弟，在位二年。

康帝（322—344）：即司马岳，字世同，为司马衍同母弟。343—344年在位。

穆 帝

名聃，是康帝之子，在位十七年。

穆帝：345—361年在位。

范宁，好儒学，性质直，尝谓王弼、何晏之罪深于桀、纣。或以为贬之太过，宁曰："王、何蔑弃典文，幽沉仁义，游辞浮说，波荡后生。使缙绅之徒翻然改辙，以至礼坏乐崩，中原倾覆。遗风余俗，至今为患。桀、纣纵暴一时，适足以丧身覆国，为后世戒，岂能回百姓之视听哉！故吾以为一世之祸轻，历代之祸重；自丧之恶小，迷众之罪大也！"

缙(jīn)绅：旧时官宦的装束，亦作官宦的代称。

张居正讲评 魏晋以来，士大夫崇尚清虚，儒者《诗》《书》六艺之学，久废不讲。至是新野人有范宁者，独能考究经籍，专心儒学，而性又质直，不能委曲随时，尝以首倡清谈起自王弼、何晏两人，因说这两人的罪恶比之桀、纣尤为深重。或有人说：桀纣暴虐无道，身弑国亡，古今称为凶恶之人，今把王弼、何晏比他，莫不贬之太过些。范宁答说："圣贤垂世立教，全凭那典谟文章、仁义礼乐，以为维持世道之具，不可一日而缺者。王、何二人，把典谟文章当做古人的糟粕而轻弃之，把仁义礼乐当做道德的渣滓而泯没之，专一祖述老、庄的言语，高谈虚无，其游漫之辞，浮诞之说，使那后生每心志摇荡，随波逐流。缙绅士大夫亦皆翻然变其旧辙，务以放旷为高，把世事理乱兴衰全不经管，以致礼度败坏，音乐崩缺，遂有五胡乱华、中原倾覆之祸。其遗风余俗，传至于今，百姓每视听习熟，恬然不以为非，将来之患，尚无止极，其风俗败坏，人心陷溺，都由王、何二人倡之。若桀、纣虽是暴虐无道，然不过纵恶于一时，其丧身亡国之祸，传之后世，适足以为作恶的鉴戒，岂能鼓惑百姓每的耳目，而回其视听如此哉！所以我说：桀、纣之祸，止害的一世，其祸犹轻；王、何之祸历代犹受其害，其患为尤重也。桀、纣之恶，止丧的他自家一身，其恶犹小；王、何之恶，众人皆被他迷惑，其罪为尤大也。"夫魏晋清谈之祸，虽自王、何两人倡之，然亦由当时纪纲不振、教化不明，故邪说易行，人心易感。诚使朝廷之上纪纲振肃，而国无异政，学校之间，教化修明，而士无异学，则道德以一，风俗以同，邪说何由而得肆哉！有君师政教之责者，当鉴于兹。

今评 范宁强调思想文化对社会的深远影响，张居正则认识到纲纪不振，教化不明，才使"邪说"易行，指出政治对思想文化的作用。联系东汉中后叶到魏晋的历史教训，治理国家，对政治清明与文化整肃绝不可偏废，一定要同步齐抓共管。

卷之十三 晋纪

哀 帝

名丕,是成帝长子,在位四年。

> 哀帝(341—365):即司马丕,字千龄,成帝长子。362—365年在位。

废 帝

名奕,是哀帝同母弟,在位六年。为强臣桓温所废。

> 废帝(342—386):即司马奕,字延龄,成帝子,哀帝同母弟。366—371年在位。被桓温废为海西公。太元十一年(386)死于吴。

简 文 帝

名昱,是元帝少子,在位二年。

> 简文帝(320—372):即司马昱,字万道,元帝少子。371—372年在位。

孝 武 帝

名曜,是元帝之孙,简文帝第三子,在位二十四年。

> 孝武帝(363—396),即司马曜,字昌明,简文帝第三子。373—396年在位。即位时年幼,由谢安当国,后沉溺于酒色,司马道子揽权,结党,东晋政治开始分崩离析。
>
> 前秦(350—394),十六国之一。氐族贵族苻洪在350年称三秦王,其子苻健在352年称帝,建都长安,史称前秦。357年,苻坚即位,先后攻灭前燕、前凉、代国,统一了北方大部地区。建元十九年(383),进攻东晋,淝水之战中惨遭失败。此后原被灭各国首领纷起立国。394年,为后秦所灭。

二年,是时朝廷方以秦寇为忧,诏求文武良将可以镇御北方者,谢安以兄子玄应诏。郗超闻之,叹曰:"安之明,乃能违众举亲;玄之才,足以不负所举。"

张居正讲评

晋自元帝以来,偏安江左,中原地方,尽为苻秦所据。秦王苻坚,既东平慕容暐,西取蜀汉,北克凉、代,九州之地,已有其七,恃其强盛,有并吞江左之意。此时晋室兵力微弱,边境数被侵扰,朝廷上下,方以秦寇为忧。乃下诏遍求文武全才的好将帅,可以镇守备御北方、抵敌秦寇者,付托他以兵事。时谢安为宰相,就举他的侄儿谢玄以应诏命。遂拜谢玄为建武将军,监江北诸军事。中书郎郗超,素与谢玄不和,然曾因共事,知其才能,听得谢安荐举他,因叹说:"知人固难,能副所知亦不易。况至亲之间,人多畏避嫌疑,不敢推举。今谢安之明,乃能不徇众情,独举其侄,不以私亲为嫌;谢玄虽是年少,未曾经事,然他的才能足以胜此重任,异日必能成功,不负谢安之荐举也。"观郗超心服谢安之举如此,则其得人可知矣!其后谢玄屡立边功,及苻坚大举入寇,玄以五千骑破秦兵数十万于淝水之上,超所谓不负所举者,岂不信哉!大抵

人臣有体国之公心，则形迹有所不必拘，嫌疑有所不必避，然后能为国家得人于爱憎、毁誉之外。自昔名臣，有举其子者，祁奚之举祁午是也；有举其仇者，解狐之举荆伯抑是也。故曰：内举不避亲，外举不避仇，可谓至公矣！近世若吕蒙正之荐夷简、文彦博之荐唐介，亦得古人遗意，推此可以为荐举之法。

今评 谢安为相，能从国家需要出发，不避嫌疑，不畏众议，公然荐举其亲侄担当国家重任，说明他有敢于冲破世俗的气魄，并深知其侄的才能足当此任，真正做到了唯才是举，知人善任。谢安此举，对当政者在用人上是有启发作用的。

浮屠：佛教名词。梵文Buddha（佛陀）的旧译，一译"浮图"。也有把佛塔的音译"窣堵波"误译作"浮屠"，因称佛塔为浮屠的。

十四年十一月。初，帝既亲政事，威权已出，有人主之量。既而溺于酒色，委事于琅邪王道子；道子亦嗜酒，日夕与帝酣歌为事。又崇尚浮屠，穷奢极费。左右近习，争弄权柄，交通请托，贿赂公行，官赏滥杂，刑狱谬乱。

张居正讲评 道子，是晋宗室，封为琅邪王。浮屠，是佛。孝武帝即位初年，褚太后临朝摄政，及帝既冠，始亲政事，总揽威权，爵赏刑罚，都自己出，又委任谢安、王彪之等，外平寇乱，内理国事，甚有人君的度量，可为贤主。及到后来耽溺酒色，恣意荒淫，遂不亲理政事，把朝政都委之于琅邪王司马道子，着他管理。这道子为人性亦好酒，不能管理政务，日里夜间，只是与帝纵酒，以酣饮狂歌为事而已。帝又听信邪说，崇尚佛教，在于内殿去处，修建精舍，招引僧人，住居其中，倾竭资财，奢侈费用，略不顾惜。左右近习之人，遂得以操弄权柄，擅作威福，繇是政出私门，交通干托，凡那营求干办的，明白用钱馈送，贿赂公行。遂使无才者得以冒官，无功者得以冒赏，而官赏滥杂；有罪者倖逃法网，无辜者反被诛戮，而刑狱谬乱。国事大坏，人心怨咨，晋室之亡，实决如此。夫帝始亲政事，何等精勤；一旦溺于酒色，委政道子，遂致迷缪。可见人君一心，难于清明，而易于蛊惑。是以大禹以旨酒垂戒，成汤以女谒省躬，皆所以防情欲之流而绝祸乱之本也。君天下者，可不戒哉！

今评 观孝武帝初亲政事时与沉溺酒色后判若两人。故国君、当权者或一般百姓，都应引以为鉴。

安帝（382—418）：即司马德宗，孝武帝长子。397—418年在位。史称安帝"自少及长，口不能言，虽寒暑之变无以辨"。

安　帝

名德宗，是孝武帝太子，在位二十二年。

恭　帝

名德文，是安帝同母弟，在位二年，而禅于宋。

> 恭帝（385—412）：即司马德文，安帝同母弟。419—420年在位。元熙二年（420）禅位于刘裕，刘裕奉恭帝为零陵王。永初二年（421），被刘裕派人杀害。

宋　纪

武　帝

姓刘，名裕。彭城人。初起布衣，为刘牢之参军，从破孙恩有功。后倡议平桓玄之乱，威名日盛。因灭南燕并秦，遂封宋公。进爵为王，而受晋禅，国号宋。在位三年。

> 武帝（363—422）：即刘裕。南朝宋的建立者。420—422年在位。字德舆，小字寄奴。元熙二年（420）代晋称帝，国号宋。

二年，宋王欲受禅而难于发言。六月，宋王至建康。傅亮讽晋恭帝禅位于宋，具诏草呈帝，使书之。帝欣然操笔，谓左右曰："桓玄之时，晋氏已无天下，重为刘公所延，将二十载；今日之事，本所甘心。"遂书赤纸为诏。逊于琅邪第。王为坛于南，即皇帝位。立太子义符为皇太子。

> 刘义符（406—424）：即宋少帝。刘裕长子，小名车兵。422—424年在位。

张居正讲评

建康即建业，是今应天府。晋元帝渡江，遂都于此。初，刘裕既平桓玄之乱，复兴晋室，立琅邪王德文为晋恭帝。恭帝立二年，此时刘裕自立为宋王，虽出镇寿阳，实专擅威福，朝廷徒拥虚位而已。裕久蓄代晋之意，要恭帝把天位让与他，却自家难于发言，乃先遣中书令傅亮到京谋事，亮劝晋征裕辅政。六月，刘裕被征至建康，傅亮就劝晓恭帝以当禅位的意思。因具一诏稿，呈与帝看，使帝亲写发下施行。恭帝知道事势已去，无可奈何，只得听从，遂欣然执笔，对左右说："昔安帝时，桓玄为乱，晋氏已失了天下，赖得刘公倡义起兵,诛桓玄,复晋室,延至于今,将二十载;这都是刘公之功,今日就把天位让他,本自甘心,不须逼迫。"便亲书赤纸为诏,禅位于宋,自家逊避,出居琅邪邸第。于是刘裕乃筑坛于南郊,告祭天地,即皇帝位,立太子义符为皇太子,而晋家百五十年之祚,遂移于宋矣。夫篡逆大恶,天道好还,晋司马氏本篡魏而有天下,乃假托于禅受之名,故其后世,强臣陵夺,亦复如是。今观刘裕之所以取德文,即向日司马炎之所以取曹奂者也,先后一辙,报施不爽,可以为永鉴矣。历宋而齐、梁、陈、隋,朝君臣,暮仇敌,君如弈棋,国如传舍,才得便失,远者五六十年,近者二三十年,皆繇君德不纲,强臣擅命所致。然则国之权纲,人主其可一日不揽,而使下移于强臣,以成陵替之渐哉。

今评 晋恭帝禅位给刘裕,自称甘心,实则无可奈何。若治国者有能力专总军政大权、任贤用能、勤政爱民、事决自己,则强臣陵夺是不易实现的。

少 帝

名义符,是高祖长子。立一年,废为营阳王。

文 帝

名义隆,是高祖第三子。在位三十年,为太子劭所弑。

魏主为人,壮健鸷勇。临城对陈,亲犯矢石,左右死伤相继,神色自若;由是将士畏服,咸尽死力。明于知人,或拔士于卒伍之中,唯其材用所长,不论本末。听察精微,下无遁情,赏不遗贱,罚不避贵,虽所甚爱之人,终无宽假。常曰:"法者,朕与天下共之,何敢轻也。"然性残忍,果于杀戮,往往已杀而复悔之。

张居正讲评 此时晋、宋相承,立国江左,长、淮以北,皆没于夷,天下中分,称南北朝。南则宋、齐、梁、陈,北则魏拓跋氏,后分为宇文周、高齐,至隋代周而混一焉。魏本鲜卑部落,其太祖拓跋珪起代地,子明元帝嗣,孙太武帝焘。太武北伐柔然,西伐夏主赫连昌,所向皆克,声威大振。这一段是纪他刚明果断的去处。鸷,是鸟名,其性最猛。说魏主为人躯体壮健,生性鸷勇。每

文帝(407—453):即刘义隆,刘裕子,南朝宋皇帝,424—453年在位。他重视加强集权,整顿吏治,取得暂时稳定的局面。

魏主:即魏太武帝拓跋焘(408—452),北魏皇帝。423—452年在位。鲜卑族拓跋部。一名佛狸。他任用以崔浩为代表的汉族士族地主,依靠鲜卑骑兵,击败柔然,攻灭夏、北燕、北凉,取宋虎牢、滑台等地,统一中国北方。曾禁佛教。后为宦官宗爱所杀。

卷之十三 宋纪

行军用兵、攻打城池、或两军对阵，他亲自出战，冒犯矢石而不畏，左右的将士，或为矢石所中，相继死伤，他神色也只照常，略不慌惧；将士每见他这等胆略，都输心畏服，个个拼死，与他出力，因此所向无不成功。又明于知人，凡智谋勇略之士，间或从行伍中简拔出来任用，只是论其材能所长，因材器使，至于出身始末来历、高低贵贱，更不论他。其听察下情，详审精微，臣下每一言一动，分毫不能欺隐。凡有功当赏的，便是微贱的人，也不肯遗落；有罪当罚的，便是尊贵的人，也不容避免。不但贵人，虽是素所亲爱的人，一旦有罪，亦必尽法处之，到底不饶。尝说道："这法，不是我一人的法，乃我与天下人公共的法，若徇了我一人的私情，便违了天下人的公论，我何敢以私情而轻纵之哉！"其至公无私如此。但其资性残忍，诛戮太暴，遇人有罪过，不复推问情实，即时拿去杀了，每到既杀之后，察知冤枉，方才追悔，已无及矣。夫古先圣王用刑，虽罪在必诛，犹必三奏五复，不厌其详，诚以人命至重，不可不慎也。今观魏太武知人能用、信赏必罚，亦可谓识治体者，独其果于杀戮，未免伤于惨刻之私，岂非刚断有余，而宽仁不足者哉！

今评 太武帝拓跋焘时，北魏的武功达到高峰。虽然他往往诛戮太暴，且他所进行的统一战争，也是民族征服战争，十分残酷的，但拓跋焘仍不失为北魏杰出的君主。

宋主性仁厚恭俭，勤于为政；守法而不峻，容物而不弛。百官皆久于其职，守宰以六期为断；吏不苟免，民有所系。三十年间，四境之内，晏安无事，户口蕃息；出租供徭，止于岁赋，晨出暮归，自事而已。间阎之内，讲诵相闻；士敦操尚，乡耻轻薄。江左风俗，于斯为美。后之言政治者，皆称元嘉焉。

间阎：里巷的门，借指里巷。

张居正讲评 江左，即江东。是今南直隶浙江一带地方。元嘉，是宋文帝的年号。这一段，史臣记宋文帝的好处。文帝天性仁厚恭俭，勤于为政。谨守法度，虽是严明，却不伤于峻急；含容待物，虽是宽厚，却不失于纵弛。又行久任之法，百官皆久于其职，外面郡守县宰，尤生民所寄，必历两考，定以六年为限，限满然后迁转。盖官吏迁转不常，则民心无所系属，今皆久任，无有视官如传舍，而苟且以觊速迁者；那百姓每知其久，亦且倾心服从，专一听信，不复涣散。故文帝即位以来，三十年间，虽海内分裂，兵戈扰攘，而江左四境之内，独能保境息民，晏安无事，休养生息，户口蕃多。民间出租税、供徭役，止是每年常额，并无不时征派、琐碎扰民；百姓每晨出暮归，都只干办自家的生理，更无他事。所以衣食饶足，礼义自兴，间阎之内，家习诗书，讲诵之声，达于里巷。为士的都敦崇操尚，以行谊为先；居乡的都渐被忠厚，以轻薄为耻。魏晋以来，江左风俗，为之一变，足称淳美，自后谈说政治者，皆以文帝元嘉之际为称首焉。夫江左经六朝之乱，当百战之余，社稷递迁，人民离散，仅一宋文帝躬行节俭，留心民事，而其效遂如此。本其所由，只缘守宰久任，是以政治可观。可见天下无不可行之

法,亦无不可为之时,况夫世方全盛而能守法任人,尚何太平之不可致哉!

【今评】 宋文帝基本继承武帝的政策,即位后多有善政。社会经济和文化都得到发展。元嘉时代成为南朝政权比较稳定的时期,史家称为"元嘉之治"。但元嘉时代只是动乱中的小康,不是太平盛世。

孝 武 帝

孝武帝(430—464):即刘骏,字休龙,小字道民,文帝第三子。453—464年在位。元嘉三十年(453),太子刘劭杀文帝自立,刘骏杀劭而即帝位,又大杀兄弟,骨肉相残,使人人自危,刘宋王朝很快衰弱。

名骏,文帝第三子。初封武陵王,起兵诛太子劭,遂即帝位。在位十一年。

宋主为人,机警勇决,学问博洽,文章华敏;省读书奏,能七行俱下。又善骑射,而奢欲无度。自晋氏渡江已来,宫室草创,宋兴,无所增改。至是始大修宫室,土木被锦绣。侍中袁顗因盛称高祖俭素之德。宋主曰:"田舍公得此,已为过矣。"

【张居正讲评】 武帝为人,机智警敏,处事刚断,其学问广博该洽,无所不通。作为文章,词既华藻,才又敏捷;每读书史,或省览章奏,一目之间,七行俱下。其聪明才辩如此。又有武略,善骑射,可谓英主矣。但志意骄奢,纵欲无度。建康自晋元帝渡江已来建都于此,其宫室规模,一时草创,不暇恢弘。及宋高祖受禅而兴,亦只仍其旧制,无所增益更改。至是武帝嫌其狭小,乃大兴工役,拆毁旧时宫室,从新盖造,墙壁栋宇,都用锦绣妆饰,土木壮丽,大异昔时。侍中袁顗尝见高祖时传留的葛布灯笼、麻结绳拂之类,因盛称高祖节俭朴素之德,贻谋子孙之善,欲以感悟宋主。宋主反嘲笑说:"高祖起自田野,本是个庄家老。有这等受用,已为过分矣。今日之事,岂可同哉。"夫自古创业之君,身履艰难,而知其成之不易,故尝俭用厚积以诒后人,其为虑至深远也。为子孙者,不能绎思先德而敬守之,乃至讥诮其祖为田舍翁,悖逆甚矣。是以传及子业,即有篡弑之祸,岂非荒坠厥绪,自取灭亡者哉。

【今评】 宋孝武帝作为一国之君,不知创业艰难,不能勤政爱民,虽有文才武略,无益于治国安邦。骄奢纵欲,有才无德,实不可取。

明 帝

名彧,是文帝第十一子。初封湘东王,及太子业被弑,为大臣所迎立,在位七年。

明帝(439—472):即刘彧,字休景,小名荣期,文帝第十一子。465—472年在位。他先后杀尽孝武帝的二十八个儿子,仅存的五个弟弟被杀四个。

苍 梧 王

名昱,是明帝长子,在位五年,为萧道成所弑。

苍梧王(363—477):即刘昱,字德融,小名慧震,明帝长子。472—477年在位,即位时十岁。后日益骄恣,被杀后追贬为苍梧王。

魏显祖勤于为治,赏罚严明,慎择牧守,进廉退贪。尤重刑罚,大刑多令复鞫,或囚系积年。群臣多以为言,上曰:"滞狱诚非善治,不犹愈于仓卒而滥乎!夫人忧苦则思善,故智者以囹圄为福堂,朕特苦之,欲其改悔而加矜恕尔。"

魏显祖(454—476):北魏献文帝拓跋弘庙号。465—471年在位。他首设乡学,亲征柔然,整顿吏治。因好佛禅位给太子拓跋宏。延兴六年(476),被冯太后毒死。

鞫(jū 又读 jú):审讯。

张居正讲评

魏显祖名弘,是太武孙、文成帝之子。显祖乃魏之贤君,嗣位以来,勤于为治,赏必当功,罚必当罪,严而且明。慎择州牧郡守,必得贤牧寄以民事,又时加访察,进其清廉的,退其贪污的,所以吏称民安。尤重刑罚,以其为民命所系也,每有大刑,虽论定了,多令法司重复鞫讯,恐有冤枉,或至幽囚拘系,积年不决。群臣多以为言,显祖说:"淹滞狱囚,诚非善治,然与其杀不辜,宁失不经,比那一时仓卒而滥及者,岂不为犹愈乎!死者不可复生,若乘快而误杀,悔之何及?且人之常情,忧苦困郁,则恐惧思省,而善念自生,故明智的人,以囹圄为福堂。囹圄是牢狱,如何反看做福堂?正以其拘系于此,则忧苦而思善,可以转祸为福故也。今所以久系者,正要这等困苦他,使他省改,追悔前日之非,我便也矜怜他,原情宽宥,开其自新之路耳。"此时南朝有宋文帝久任守宰,北朝有魏显祖慎重刑狱。夫偏安之政多苟且,而宋文独能责成;夷狄之性多残暴,而魏主独能矜恕:皆可谓贤矣。况为中国之主,当全盛之时,又岂可忽吏治、轻民命,而有愧于二君也哉。

今评 拓跋弘重视地方州郡长官的挑选,还极重视刑罚,有利于社会安定。至于希望死囚在监狱的忧苦中悔悟,最后宽恕他们,则不可不更加慎重,更要考虑社会的安定。

卷之十三 齐纪

齐 纪

顺 帝

名准,是明帝第三子。初为萧道成所迎立,寻被弑,宋遂亡。

顺帝(469—479):即刘准,字仲谋,小名知观。477—479年在位。479年被迫禅位,萧道成即位称帝后,废他为汝阴王,赶出皇宫,不久被杀。

高 帝

姓萧,名道成,汉相萧何二十四代孙。起建康令,破贼有功,威名日甚,进爵为齐王,遂篡宋。国号齐,在位四年。

高帝(427—482):即萧道成,字绍伯。南朝齐国的建立者,479—482年在位。原为宋禁军将领,乘宋皇族内战掌握军政实权,杀后废帝,立顺帝,封齐公。昇明三年(479)代宋自立。

武 帝

名赜,是高帝长子,在位十一年。

武帝(439—493):即萧赜,字宣远,小名龙儿,高帝长子。482—493年在位。比较重视减免赋役,劝课农桑,注重学校教育。但生性奢侈,好游猎。

明 帝

名鸾,是高帝兄道生之子,在位五年。

九月,魏主谓陆睿曰:"北人每言北俗质鲁,何由知书。

明帝(451—498):即萧鸾,字景栖,小字玄度,高帝侄。494—498年在位。

魏主:魏孝文帝(467—499),即拓跋宏,亦即元宏。北魏皇帝,471—499年在位。五岁即位,由太皇太后冯氏当国,曾改革吏治,实行三长制和均田制。亲政后,继续推行改革,迁都洛阳,改鲜卑姓氏为汉姓,改变鲜卑朕闻之,深用怃然。今知书者甚众,岂皆圣人!顾学与不学尔。朕修百官,兴礼乐,其志固欲移风易俗。朕为天子,何必居中原,正欲卿等子孙渐染美俗,闻见广博。若永居恒北,复值不好文之主,不免面墙尔。"

旧俗、服制、语言,奖励鲜卑和汉族通婚。又评定士族门第,制定官制朝仪等。推动了拓跋部的封建化和各民族的融合。

张居正讲评 魏主名宏,献文皇帝之子。恒,即今北岳恒山,在大同府浑源州地方。齐明帝元年九月,魏主以北人不知向学,欲迁都洛阳,以变其俗。一日,与恒州刺史陆睿说道:"人性不甚相远,今北人常说北方土俗质朴愚鲁,无豁通晓《诗》《书》。朕闻此言,甚是怃然不乐。即今天下之人,知书者甚多,岂皆聪明特达,生来就是圣人!只在学习与不学习而已,学,则质鲁者可变而为聪明,不学,则聪明者亦流而为质鲁。朕今辨名定分,整饬百官,考古证今,制作礼乐,因欲改移北土质鲁之风,变为中原文明之俗。所以今日汲汲要迁都洛阳,意固有在,非为朕自己一身。盖朕既已为天子,何必入居中原而后为尊,只要汝等子孙渐染美俗,以变化其气质,广闻博见,以开扩其心胸,其意为此故尔。设便世世住居恒山迤北,又遇着为人主者不好文学,耳不闻《诗》《书》之言,目不接礼义之事,譬如面墙而立,一窍不通,一物无见,质鲁之俗,果何自而变哉!"夫魏主本以戎狄之君,僻处朔野,其于礼乐教化,令非素具,事不习闻。乃能慨然修古帝王之业,据鞍论道,遣使求书,禁胡服胡言,立太学小学,卒能用夏变夷,化民成俗。况抚一统之规,承熙洽之运,而能修文德以绥太平,其致治之美,又当何如也哉。

今评 洛阳自周、东汉、三国、魏、西晋一直为京城所在地,是文化中心,北魏孝文帝为了巩固其统治,决心迁都洛阳。由于他的高瞻远瞩,力行改革,不仅缩短了鲜卑族封建化的过程,也促进了鲜卑族和汉族互相学习和交流,为中华民族各族的融合,作出了贡献。

东昏侯

名宝卷,是明帝第三子,在位二年,为萧衍所废。

东昏侯(438—501):即萧宝卷,字智藏,明帝次子(《直解》说第三子有误)。499—501年在位。凶暴嗜杀,科敛无度,奢侈荒纵。

和 帝

名宝融,明帝第八子,在位一年,禅位于梁。

和帝(488—502),即萧宝融,字智昭。501—502年在位。永元三年(501)为帝,次年被萧衍废为巴陵王,不久被杀,齐亡。

梁 纪

武 帝

姓萧，名衍，是汉萧何之后，仕齐为雍州刺史。齐主宝卷无道，信任群小，诛戮大臣。衍遂举兵内向，废宝卷，立和帝。于是加衍大司马，封梁公，进爵为王，而受齐禅，国号梁。在位四十八年。

武帝(464—549)：即萧衍，字叔达，南兰陵(今江苏常州西北)人。南朝梁的建立者，502—549年在位。原为齐雍州刺史，镇襄阳，乘齐内乱，起兵夺帝位。他爱读书，重视公文，但优容皇族子弟和官吏，多次镇压农民起义。崇信佛教，大建寺院，并三次舍身同泰寺。侯景之乱，他病饿而死。

魏殿中尚书崔亮为吏部尚书。亮奏为格制，不问士之贤愚，专以停解月日为断，沈滞者皆称其能。洛阳令薛琡上书言："黎元之命，系于长吏。若以选曹唯取年劳，不简贤否，义均行雁，次若贯鱼，执簿呼名，一吏足矣。数人而用，何谓铨衡！"书奏，不报。其后甄琛等继亮为吏部尚书，利其便己，踵而行之。魏之选举失人，自亮始也。

【张居正讲评】殿中尚书，是官名。停解，是考满去任及为事停职解官等项。《北史》记魏明帝时，用殿中尚书崔亮为吏部尚书，专主铨衡。魏家旧制，文武官都着六年考满，考满后，在外的六年叙用，在内的四年叙用，于其中又品第优劣，分为九等，量才升授，不拘次序先后，常把后面的人拔起，那前面的人都壅滞了，不得升转，颇生嗟怨。及崔亮为吏部，遂权宜设法，定下个资格事例。凡待选的人，不问贤愚优劣，只据他除授考满停职解官的月日以为资序。若年资浅的，就是贤能，也不得升补；年资深的，就是不贤，也依序升用。以此淹滞者都喜其便己，而称颂其能；而有识之士，则不以为然。于是洛阳令薛琡上书说道："朝廷选择长吏，为民父母，百姓每的性命，都系属于他，可不慎重！若为选曹者止论年月，以积久为功劳，不复简择其贤否，只挨次选用，如雁之行列、鱼之贯串一般，执着簿籍，照次呼名，这只消一个椽吏就够了，要那尚书何用？且吏部之职，名为铨衡，谓其能评品人才，进贤退不肖，如权衡之称物，轻重不爽

卷之十三 梁 纪

也。若不论贤愚,挨次点名,数着便用,这等谩无轻重称量,又如何叫做铨衡?此当今弊政,不可不厘正者也。"书既奏上,不见批答。其后甄琛等继亮为吏部尚书,亦以人才难知,任己意为进退,恐不足以服天下之心。不如只循资擢用,己不劳而物无议,甚是简便。遂守崔亮之法,跟着他行。而魏朝选举失人,实自崔亮始矣!然北魏以来,历唐及宋,这停年资格,至今尚踵行之而不废,何也?盖世变久而情伪滋,便资格尽废。待选的,或矫饰声名,或窥伺隙窦,适以启侥倖之门;主选的,或交通请托,或公行贿赂,适以资奸利之弊。则年格亦何可废哉!但序迁所以待中人,而超擢所以拔异才。天下异才少而中人多,诚于资格之中,而寓考核之实:凡任满者,勿概署以称职,必明开其优劣,而简拔其卓异,亦庶乎不蹈崔亮之失矣。

今评 "停年格"不利于享有仕进优先权的士族分子,而有利于累年沉滞的庶族勋人、武人,所以"停年格"的实行,反映出庶族势力的兴起和士族制度开始衰落。

九月,梁主幸同泰寺,设四部无遮大会。释御服,持法衣,行清净大舍,素床瓦器,亲为四众讲《涅槃经》。群臣以钱一亿万奉赎,表请还宫,三请,乃许。

> 涅槃:佛教名词。梵文 Nirvāna 的音译,一译"泥洹",意译"灭度"。或称"般涅槃",意译"入灭"、"圆寂"。是佛教宣扬的最高境界。

张居正讲评 梁武帝惑于佛教,倾心侍奉,亲自幸同泰寺,建设斋醮,聚集僧俗人众,叫做四部无遮大会。脱去衮服,穿了僧衣,受清净戒行,把自家身子,舍在寺中。卧的是素床,用的是瓦器,屏去了天子的奉养,修斋持素,件件与出家人一般。又亲升讲堂法座,为僧俗大众讲《涅槃经》。佛家说,人死去精神常存,但示寂灭而已,叫做涅槃,故有《涅槃经》。武帝信之,故亲讲与众人听。文武群臣,见武帝迷惑,舍身在寺里,无可奈何,乃共出钱十万,献在佛前,赎出武帝来,上表请帝还宫听政。武帝初时不肯,恳请三次,然后许之。夫人主一身,天地祖宗之所付托,社稷生民之所倚赖。虽战兢以保守之,犹恐有伤;虽恭敬以奉持之,犹恐或亵。况于轻万乘之尊,从夷狄之教,弃其身如卖僮,或舍或赎,若非己有,此其四体且不能保,而何以保天下乎!卒之侯景构乱,饿死台城,奉佛者可以为永鉴矣。

今评 皇帝迷信,大臣无奈,百姓遭殃。

梁贺琛启陈四事,言奢侈赋役之弊;梁主切责之。梁主为人孝慈恭俭,博学能文,阴阳、卜筮、骑射、声律、草隶、围棋,无不精妙。勤于政务,冬月四更竟,即起视事,执笔触寒,手为皴裂。自天监中用释氏法,长斋断鱼肉,日止一食,惟菜羹、粝饭而已。或遇事繁,日移中则嗽口以过。身衣布

> 卜筮:古时占卜,用龟甲称卜,用蓍草称筮,合称卜筮。
>
> 皴(cūn)裂:肌肤受冻而坼裂。

衣,木绵皂帐,一冠三载,一衾二年。后宫贵妃以下,衣不曳地。性不饮酒,非宗庙祭祀、大飨宴及诸法事,未尝作乐。虽居暗室,恒理衣冠;小坐、盛暑,未尝褰袒。对内竖小臣,如遇大宾。然优假士人大过,牧守多侵渔百姓,使者干扰郡县。又好亲任小人,颇伤苛察;多造塔庙,公私费损。江南久安,风俗奢靡。故琛奏及之。

褰(qiān):揭起。

张居正讲评　天监,是梁武帝初即位的年号。释氏就是佛。木绵,即今绵花。梁散骑常侍贺琛上书,条陈四事:一件是牧守贪残,使臣骚扰;一件是风俗奢靡;一件是百司奏事,诡竞求进;一件是兴造非急,征求可缓。大略都是说那时用度奢侈、赋役繁重的弊病。梁武帝大怒,下诏切责,为其触犯忌讳故也。武帝为人,孝慈恭俭,博学能文,又通晓各样技艺,如阴阳避忌、卜龟筮卦、驰马射箭、声音乐律、草书隶字、围棋,无不精妙,是个聪明的人。且勤于政务,虽在寒冬时节,每日四更尽时便起视事,执笔批答,触冒寒气,手皮冻破了,也不休息。其勤如此。自天监年间,信用佛法,长持斋素,断绝鱼肉,日止一膳,只是菜羹粗饭而已。或遇事繁,不暇进膳,日已过中,但用净水漱口便了。所尚袍服,止用布素,不御丝帛;所设帏帐,只用绵布,染成黑色,不尚华采。一顶冠帽,可戴三载;一件衾被,可盖一(应为二)年。后宫贵妃以下,衣不拖地。其俭如此。又性不喜饮酒,自非宗庙祭祀、大飨礼宴及设斋供佛等事,未尝动用音乐。就是独处暗室中,也常常整理衣冠,绝无惰容;暂时憩息,当盛暑之际,也不曾揭衣露臂,以取凉快。对里面宦竖、外边小臣,也如遇大宾,不敢轻忽。其恬澹恭敬如此。武帝有这许多好处,宜乎能身致太平而为明主矣!只缘他崇尚佛教,专主慈悲,其待士人极其优厚,宽假太过,有罪不问,以致外面州牧郡守有司官,多侵渔百姓,肆无忌惮。公差出去的官员,所过地方,需索供应,扰动郡县。所以贺琛说,牧守贪残,使臣骚扰。又喜亲任小人,论奏纷纷,吹毛求疵,争为苛察,以觊信用。所以贺琛说,百司奏事,诡竞求进。又广用资财,多造塔庙,以供奉佛,官民钱谷,费用耗损。所以贺琛说,兴作非急,征求可缓。又江南数十年间,地方无事,上下偷安,渐成奢侈。所以贺琛说,风俗侈靡。这四件事,深中武帝之病。帝不能用,反加诘责,如讳疾忌医,卒至于危亡而莫救,岂不可惜哉!看这一段,可见帝王之治天下,有大德,有小行。正朝廷以正百官,正百官以正万民,亲贤远佞,纳谏听言,振纪纲,明赏罚,节财用,爱百姓,执事理之要而坐运天下,此大德也。粗衣澹食,勤事修容,此小行也。细行虽不可以不谨,而天下所以治乱安危,实不全系于此。若大德有亏,则小行何补?且为治有体,日出视朝,日中听政,岂必四更即起,皴手执笔而后为勤?膳羞有节,服御有度,岂必终日一食,三年一冠而后为俭?且自身日用,所省几何?而塔庙岁兴,靡费无极。若使憸邪竞进,守宰贪残,风俗奢侈,则人主虽布衣粝饭,适足自苦,无益于民也。至于卜筮、骑射、书隶、围棋之类,又方术小技,虽士人之有大志者,犹不屑为之,况于帝王乎。今观梁武帝之所长者,通是细行,而大德全亏。故虽劳心苦形,至于白首,而终无救于台城之祸。然则人主之学,其可不务识其大哉。

今评 梁武帝博通众学,在位四十八年。他的统治,只得到皇室、士族、僧徒的支持,百姓却人人厌苦,家家思乱。贺琛所奏,切中要害。

梁主敦尚文雅,疏简刑法,自公卿大臣,咸不以鞫狱为意。奸吏招权弄法,货赂成市,枉滥者多。时王侯子弟,多骄淫不法。梁主年老,厌于万几。又专精佛戒,每断重罪,则终日不怿;或谋反逆,事觉,亦泣而宥之。由是王侯益横,或白昼杀人于都街,或暮夜公行剽掠。有罪亡命者,匿于主家,有司不敢搜捕。梁主深知其弊,而溺于慈爱,不能禁也。

张居正讲评 这一段,是纪梁武帝慈爱弛刑,致生祸乱的事。武帝素好书史,敦尚文雅,而于刑名法律之事,都疏简阔略,一意宽纵。自公卿大臣而下,都承顺风旨,务为宽大,把审鞫狱囚的事,尽行停阁,漫不为意。遂使奸吏得以操窃权柄,舞弄文法。有罪者用钱买免,而货赂成市;无辜者牵连诬害,而枉滥众多。王侯子弟,倚恃贵势,多骄纵淫佚,不循礼法。武帝年既衰老,怠于政事。又信奉佛戒,慈悲不杀,每断死罪重囚,常尽日不乐。或谋反叛逆重情,事既发觉,亦哀怜涕泣,赦而宥之。由是王侯无所忌惮,愈益骄横,或白昼在于都市,持刃杀人;或暮夜聚众劫财,公行剽掠。犯罪在逃的人,藏在窝主家里,有司踪迹至门,亦不敢搜寻捕捉。豪强恣横,一至于此。武帝明知其弊由宽纵所致,而溺于慈爱,不忍加刑,毕竟不能禁制也。夫古之帝王,若舜之钦恤,禹之泣罪,何尝不以好生为心哉!然舜诛四凶,禹戮防风,则其好生之心,乃以矜愚民,非以惠奸慝也。武帝溺于佛教,欲戒杀以造福,遂至叛逆大恶,亦宥而弗诛;杀人重辟,概置之不问。纵弛如此,天下安得而不乱乎?其后侯景构难大江南北,积尸遍野,所造者福耶?祸耶?明主当有以辨此矣。

今评 梁武帝的无原则慈爱,是爱罪人,害百姓。慈爱弛刑,必纵恶天下,其实质是残暴。

简 文 帝

名纲,是武帝第三子。在位二年,为侯景所弑。

<small>简文帝(503—551):即萧纲,字世缵。549—551年在位。文辞轻靡绮艳,时人称为"宫体"。</small>

元　帝

名绎,是武帝第七子。初封湘东王,及简文帝被弑,即位于江陵。在位三年,降于西魏。

元帝(508—554): 即萧绎,字世诚。552—554年在位。承圣三年(554),西魏军破江陵时被杀。他藏书十四万卷,城破时自行焚毁。

敬　帝

名方智,是元皇帝第九子。在位二年,禅位于陈。

敬帝(543—558): 即萧方智,字慧相,小字法真。555—557年在位。元帝被杀后,承圣四年(555)被陈霸先拥立为帝。太平二年(557),禅位于陈霸先,梁亡。被封为江阴王,后又被杀。

卷之十三 陈纪

武　帝

姓陈名霸先,字兴国,吴兴长城人。初仕梁为始兴太守。讨侯景之乱,奉晋安王为帝。王僧辩又纳贞阳侯渊明为帝,而废晋安王为皇太子,霸先袭僧辩杀之,复正晋安王位,因以丞相自进爵为陈公,遂篡梁而有天下,国号陈。在位三年。

武帝(503—559): 即陈霸先,字兴国,吴兴长城(今浙江长兴)人。南朝陈国的建立者,557—559年在位。太平二年(557)代梁自立。

文　帝

名蒨。是武帝兄始兴王之子,初封为临川王,及武帝崩,承遗诏入即帝位。在位七年。

文帝(522—566): 即陈蒨,字子华,陈霸先侄。559—566年在位。继续完成统一江南的事业,较勤政节俭,重视农业。

废 帝

名伯宗,是文帝长子。在位二年。懦弱不振,政归安成王顼,寻被废为临海王。

> 废帝(552—570):即陈伯宗,字奉业,小字药王,陈蒨长子。566—568年在位。性仁弱。即位后,其叔陈顼专权,废伯宗为临海郡王,送归藩邸。

宣 帝

名顼。是始兴王第二子。废帝既黜,以太后诏即帝位,在位十四年。

> 宣帝(530—582):即陈顼,字绍世,小字师利。569—582年在位。光大二年(568),废陈伯宗为临海王,自立为帝。

后 主

名叔宝。高宗长子。在位七年,荒淫无度,为隋所灭。

> 后主(553—604):即陈叔宝,字元秀。公元582—589年在位。生活奢侈,大建宫室,整日与嫔妃、文臣游宴,善作艳词。祯明三年(589),隋兵攻入建康,叔宝被俘,后在洛阳病死,追封长城县公。

隋主不喜辞华,诏天下公私文翰并宜实录。治书侍御史李谔亦以当时属文,体尚轻薄,上书曰:"魏之三祖,崇尚文词,忽君人之大道,好雕虫之小艺。下之从上,遂成风俗。江左齐、梁,其弊弥甚:竞一韵之奇,争一字之巧。连篇累牍,不出月露之形;积案盈箱,尽是风云之状。世俗以此相高,朝廷据兹擢士。禄利之路既开,爱尚之情愈笃。于是闾里童昏,贵游总丱,未窥六甲,先制五言。故其文日繁,其政日乱。良由弃大圣之轨模,构无用以为用也。今朝廷虽有是诏,如闻外州远县,仍踵弊风。"诏以谔所奏,颁示四方。

> 隋主:隋文帝(541—604),即杨坚。弘农华阴(今属陕西)人。隋朝建立者,581—604年在位。大定元年(581),废北周静帝自立,建立隋朝。开皇七年(587),灭后梁,九年(589)灭陈,统一全国,结束南北朝分立局面。
>
> 丱(guàn):古时儿童束发成两角曰丱。

张居正讲评

雕虫,是雕刻虫豸,譬喻文字工巧纤细的意思。丱,是童子的丫髻。六甲,即今六十甲子,古时八岁入小学,学六书记之事。隋主杨坚,性尚敦朴,不喜辞华。既代周而有天下,诏谕天下,凡朝廷表章,官府公移,士人撰述,一应公私文翰,都着从实叙录,不得徒逞浮词。那时有个治书侍御史,叫做李谔,也见当时文章体制崇尚轻薄,宜痛革其弊。乃上书说道:"昔魏之三祖,武帝曹操,文帝曹丕,明帝曹叡都崇尚文词,专攻诗赋,君人为治的大道,却不知留心,只好那雕虫小艺。夫上之所好,下必从之。始于朝廷,达于里巷,波荡风靡,遂以成俗。晋宋以来,立国江左,历齐及梁,其弊愈甚。排比声律,竞一韵之奇;剪裁对偶,争一字之巧。制作繁多,连篇累牍,积案盈箱,其中所言,

不过是描写那月露的形容,妆点那风云的状态而已,于身心何与?于理道何关?沿习既久,世俗以此相高,朝廷以此取士,止据浮词,选擢在位,加以爵禄。此路既开,人见这几句浮词可以得富贵,越发爱尚,好之愈笃。于是闾里间童幼昏蒙之人,贵宦家游闲总角之子,年方稚艾,未曾通晓六甲名目,便去操笔学做五言诗句。所以浮华荡心,浑朴尽散。其文日繁,其政日乱。此无他故,良繇其废弃古先大圣之轨模,凡羲皇舜禹之典,伊傅周孔之说,不复关心;别造一种无用之词,把来当做实用,父兄以是期望,师友以是传习,下以是希用,上以是取人,此政之所以日乱也。近日朝廷虽有诏书,谕天下公私文翰,并宜实录,然未必就能改观易听。如闻外州远县,仍踵弊风。盖有司官未必着实举行,仍举浮词,不先实行。宜加采察,令法司纠劾然后可。"隋主嘉纳之,诏以李谔所奏,颁示四方。然习俗已成,毕竟不能革也。大抵朝廷有教化,然后士人有风俗。隋主虽有美意,而不学无术,何以转移士风。汉董仲舒尝劝武帝罢黜百家,推尊孔氏,故武帝表章六经。西汉文章,遂称尔雅,庶几与三代同风,至今犹赖之,此可见崇经术而罢词赋,诚有国家者之急务也。

今评 李谔上书,得到隋文帝的支持,但风尚形成,一时难改。不过李谔的意见,对唐代文学革新运动有一定影响。

十二月,隋军临江,高颎谓薛道衡曰:"今兹大举,江东必可克乎?"道衡曰:"克之。尝闻郭璞有言,江东分王三百年,复与中国合,今此数将周,一也。主上恭俭勤劳,叔宝荒淫骄侈,二也。国之安危在所寄任,彼以江总为相,唯事诗酒,三也。我有道而大,彼无德而小,量其甲士不过十万,西自巫峡,东至沧海,分之则势悬而力弱,聚之则守此而失彼,四也。席卷之势,事在不疑。"颎忻然曰:"得君言成败之理,令人豁然。"

张居正讲评 陈后主叔宝祯明二年十二月,隋主举兵伐陈,命晋王广、秦王俊、清河公杨素、元帅韩擒虎等统兵五十余万,分道并进,前临大江,长史高颎与郎中薛道衡计议说:"用兵之道,贵在万全,今番大举人马,去伐江东,可保必胜乎?"道衡答说:"必然胜之。我尝闻的郭璞推算历数说,江东地方,分据为王三百年,当复与中国合而为一。今建康自晋元帝渡江立国,历宋、齐、梁以至于陈,三百年之数,已将尽矣。以气运推之,知我必取胜,一也。我主恭俭勤劳,务修德政,有道则宜兴;陈叔宝溺于声色,荒淫骄侈,无道则宜亡。以君德论之,知我必取胜,二也。国事安危,系于所倚任的大臣,倚任得人则安,不得其人则危。彼以江总为相,依任的是狎邪小人,唯令侍宴后庭,赋诗饮酒,不理政务。以国政度之,知我必胜,三也。我既有道,又是大国;彼既无德,又是小邦。量彼战士,不过十万,我以五十余万之众,西起巫峡,东至沧海,阵势联络,数千余里。彼欲分兵拒战,则势悬力弱,众寡不支;欲并力守城,则顾此失彼,缓急不救。以兵力较之,知我必取胜,四也。以此观之,我件件当胜,彼件件当败。今日之

举,乘胜直前,可以席卷江东,尽为我有,事在必克,更有何疑?"高颎闻其言大喜,乃欣然说:"兵家胜负,难以预期,得汝之言,将彼己之情、成败之理,说的件件透彻,使我心下豁然,洞知胜算,便当决策渡江,无容别虑矣!"其后隋兵渡江,陈人望风瓦解。建康既破,陈后主逃于枯井之中,隋兵出而执之,国遂以亡,竟不出乎薛道衡之所料。夫自古伐人之国者,往往待时而举,观衅而动,故国有衰弱眊乱之形,未有不为敌所乘者。叔宝承偏安之末运,抚散亡之余卒,其衰弱之形,不待智者而后见矣!而君臣方且溺志于宴安,纵情于诗酒,弃长江之险而无备,迫眢井之祸而不知。孟子谓"不仁之君安其危,利其菑,乐其所以亡",其叔宝之谓矣!覆辙之鉴,有国者所宜深省也。

今评 薛道衡对隋文帝伐陈形势的分析,除第一条外,均极得当。而隋军临江,陈叔宝仍认为"王气在此",宠臣们也认为长江天堑,隋军不能飞渡,所以君臣依旧饮酒赋诗。陈岂能不亡?

隋 纪

文 帝

姓杨,名坚。弘农华阴人。是周之国舅,初封隋公。周天元暴虐,传位于太子阐,坚因乘其孤危,篡而取之,国号隋。在位二十四年。

天元:即宇文赟(560—580),北周宣帝。578—579年在位。
阐:即宇文阐(573—581),北周静帝。579—581年在位。大定元年(581)杨坚代周称帝,不久静帝被杀,周亡。

十年。上性猜忌,不悦学,既任智以获大位,因以文法自矜,明察临下,常令左右觇视内外,有过失则加以重罪。又患令史赃污,私使人以钱帛遗之,得犯立斩。每于殿廷捶人,一日之中,或至数四;又常于殿廷杀人。兵部侍郎冯基固谏,上不从。然亦寻悔,宣慰冯基,而怒群臣之不谏者。

文帝 炀帝

张居正讲评 令史是各省台属吏。隋文帝开皇十年，此时陈国既平，天下混一。然隋主起自将家，生性猜疑忌克，不喜问学以讲究古帝王行事，昧于人君大体。初时既任智术，以篡周而得大位，因谓智术可恃，吏事可师。遂用文移法律自家矜喜，任其所长，以总（聪）明苛察临驭下人。常遣左右近习，出去窥视内外诸臣，但有过误差失，就发其阴私，不论大小，便加以重罪，要见得人都瞒他不过。又怕各衙门令史贪赃作弊，私地里故使个人把钱帛去送他，若是受的，立时拿来杀了。时常在殿廷中行杖挞人，一日之间，或至数四，不可谏止。又常怒甚，就在殿廷中杀人。殿廷固非杀人之地，况古帝王但遇死刑，必三复奏，岂可造次如此？兵部侍郎冯基极力进谏，隋主不听，竟于殿廷杀之。少顷怒消，又复追悔，乃宣召冯基，特加奖慰，而嗔怪当时在廷诸臣不曾谏诤的。不知反己而徒责人，虽悔何及哉！看来隋主急于殿廷捶人、杀人，都是暴怒。然其多怒，由于多疑，多疑又由于不学。向使隋主留意《诗》《书》以广其识，讲明义理以养其心，则猜疑尽释，暴怒潜消。躬俭素以先天下，谁敢不廉明？法度以示天下，谁敢不惧？推诚以照物，何待觇而后知？虚心以纳谏，何待失而后悔？此可见学之为益甚大，而隋主开国之初，乃不务学而任术，其行事如此，宜其运祚之弗长也。

今评 隋文帝性猜忌，又滥用刑罚，极为不当。跟随文帝的草创元勋、有功将领，诛夷罪退，少有存者。文帝自认为有智谋，可他的智谋用在这些方面是不可取的。

卷之十三 隋纪

炀 帝

名广，是文皇帝第二子，在位十三年，为宇文化及等所弑，以其好内、远礼，故谥为炀帝。

四年。帝无日不治宫室，两京及江都，苑囿亭殿虽多，久而益厌，每游幸，左右顾瞩，无可意者。不知所适，乃备责天下山川之图，躬身历览，以求胜地可置宫苑者。诏于汾州之北汾水之源，营汾阳宫。

隋炀帝（569—618）：即杨广。604—618年在位。他营建东都洛阳，大修宫殿和西苑，又开运河，筑长城，开驰道，兵役繁重，民不堪命。从大业七年（611）起，各地农民不断起义。后在江都（今江苏扬州）被禁军将领宇文化及等缢杀。
两京：即西京长安、东京洛阳。
江都：今江苏扬州。
汾州：今山西汾阳。

张居正讲评 两京，是东京、西京。江都，在今南直隶扬州府地方。汾州，在今山西地方。炀帝即位之四年，天下承平，民物殷盛。炀帝恃其富强，恣意奢侈，乃大兴土木之役，修治宫室，经年累岁无日不然。于西京作偻林宫，于东京作显仁宫，于江都作迷楼及毗陵等宫，其林苑园囿，亭台殿阁，所在皆有。虽是甚多，然只是初时看着欢喜，到后来看得厌了，也便不以为美。每遇游幸的时节，左右观看，都中不得他的意思。正不知走向何处才可以适意取乐，乃尽索天下山川图画，一一亲览，择个山环水绕的胜地，可以盖造宫室、筑治苑囿

者。独有汾州之北，汾河之源，其地川面宽平，山水清胜，堪以建宫，乃诏于此地，营离宫一所，叫做汾阳宫，以备游幸焉。夫炀帝以一君之身，其所汲汲于自奉者，不过居处游观之娱而已。乃至积累岁之经营，览九州之形胜不足以供其一快。西起秦宫，东开洛苑，朝泛江渚，暮筑汾阳。遂使海内骚然，百姓罢敝，故工役未息而盗贼群起矣！于此见人君一心，其奢欲之端若甚微而悯淫之祸则甚大。故帝尧堂高三尺而不饰，汉文台费百金而不为，非其财力不足，诚不忍以万民之苦，而易吾一日之乐也。有天下者，其鉴之哉！

今评 隋炀帝荒淫纵欲，很多郡县强迫农民预交几年租调供他挥霍，先后有上百万壮丁死于徭役，使"天下死于役而家伤于财"，迫使隋末农民纷纷起义，隋王朝也就土崩瓦解了。

有二孔雀自西苑飞集宝城朝堂前，亲卫校尉高德儒见之，奏以为鸾。时孔雀已飞去，无可得验，于是百官称贺。诏以德儒诚心冥会，肇见嘉祥，升朝散大夫。

张居正讲评 隋炀帝无道，好人谄谀，偶有两个孔雀，从西苑里飞来栖集于宝城朝堂之前。孔雀，乃是人间常有的，不足为异。鹰扬府亲卫校尉高德儒，蓦然见了，便奏说是鸾凤出现。那时孔雀既已飞去，无可证验，于是百官每迎合朝廷的意思，都说果是鸾鸟，一齐称贺。炀帝甚喜，下诏说这祥瑞之物，众人都不曾看见，却是高德儒一念至诚，默然与嘉祥会遇，前此未有，今始见之，遂超升德儒四级，拜为朝散大夫。夫国家官爵，本以待人臣之有德有功者，今德儒指野鸟为鸾，与指鹿为马何异？炀帝以官爵赏之，是赏谀也，彼希富贵者，复何惮而不为谀哉！于是菌可指为灵芝；祲可指为庆云；彗星出，说是除旧布新；日食云遮，说是当食不食。甚至以是为非，以非为是，以贤为否，以否为贤，国欲不亡得乎？其后唐太宗破西河郡，执高德儒，即指此事数其罪而斩之。夫邪佞小人，昏主之所褒赏，明主之所诛戮者也。观此可以识国家兴亡之机矣。

今评 隋炀帝喜谄媚奉承，高德儒投其所好，果然加官晋级。高德儒是可耻的小人，而炀帝则是昏君。

内史郎虞世基以帝恶闻贼盗，诸将及郡县有告败求救者，世基辄迎损表状，不以实闻。但云："鼠窃狗盗，郡县捕逐，行当殄尽，愿陛下勿以介怀！"帝良以为然，或杖其使者，以为妄言。由是盗贼遍海内，陷没郡县，帝皆弗之知也。

张居正讲评

　　内史郎，是官名。炀帝自即位以来，巡游征伐，岁无虚日，百姓怨叛，盗贼群起。而帝方自以为治平无事，纵欲偷安，恶闻寇乱。于是内史郎虞世基揣知帝意，欲以希旨取容，凡遇盗贼生发，拒敌官兵，攻围郡县，诸将及各有司有遣人告败求救者，世基辄先使人迎至中途，邀取表章，将所奏报的贼数，减多为少，不以实闻。及到帝前，但掩饰说："今之盗贼，不过鼠窃狗偷，何能为患？有司捕捉驱逐，行当殄灭无遗，陛下幸宽圣怀，不须介意。"帝惑于其言，不复加察，深以为然。反杖责遣来的使者，以为虚张贼势，无实妄言。由是上下相蒙，盗贼得志。李密起河南，杜伏威起山东，林士弘起江南，刘武周起代北，薛举起天水，萧铣起江陵。干戈纷纷，遍于海内，所至郡县，尽皆失没。天下破坏如此，而世基蒙蔽于内，无由上闻，帝皆不得而知之也。其后宇文化及引兵犯御，帝尚不知变所由起，犹疑其子齐王暕所为。海内之乱，至死终不能明，壅蔽之祸，其真可畏也哉！大抵奸臣能壅蔽人主之聪明者，亦人主之意向，先有所惑于中也。昔秦二世时，盗起关东，请事者留司马门三日，而赵高不见，及对二世，则言"此小寇，无能为也"。世基之欺炀帝，盖亦赵高之故智耳！然二世惟可欺以鹿马，故高之计得行；炀帝惟可欺以鸾雀，故世基之奸得遂。诚使为人君者，秉虚明之鉴，不眩似以乱真；持正大之情，不好谀而恶直，则臣下何所容其壅蔽之奸哉！

今评 虞世基瞒上欺下，根子还在炀帝身上。如果炀帝是个清明君主，虞世基的伎俩又怎能得逞呢？

恭　帝

　　名侑，是炀帝之孙。初封代王。唐公李渊举兵进克长安，尊炀帝为太上皇，奉帝即位。寻禅位于唐。

　　初，唐公李渊生四男，建成、世民、玄霸、元吉。世民聪明勇决，识量过人。见隋室方乱，阴有安天下之志。倾身下士，散财结客，咸得其欢心。晋阳宫监裴寂，与刘文静同宿，见城上烽火，寂叹曰："贫贱如此，复逢乱离，将何以自存！"文静笑曰："时事可知，吾二人相得，何忧贫贱！"文静见李世民而异之，深自结纳，谓寂曰："此非常人，豁达类汉高，神武同魏祖，年虽少，命世才也。"

　　这一段是纪唐高祖与太宗起兵的缘繇。初，唐高祖李渊，是陇西世家，隋时袭父封为唐公。娶窦氏生四男子，长的是建成，次的即太宗，叫做世民，又次的是玄霸，少的是元吉。这四子中独有太宗生得聪

卷之十三　隋纪

恭帝（605—619）：即杨侑，炀帝长子杨昭之子。大业十三年（617），李渊自太原起兵，攻入长安，立他为帝。次年被迫禅位于唐。武德二年（619）被害。

李渊（566—635）：即唐高祖，唐王朝的建立者。祖籍陇西成纪（今甘肃秦安），大业十三年（617）起兵反隋，攻取长安，立杨侑为帝。次年逼杨侑禅位，自立为帝。618—626年在位。后传位次子世民，自称太上皇。

李世民（599—649）：即唐太宗。李渊次子，626—649年在位。武德九年（626）发动玄武门之变，得为太子，继皇帝位。在位期间较能任贤纳谏，推行均田制、租庸调法和府兵制度，加强对地方官吏的考核，发展科举制度，社会经济有所恢复。旧史家称之为"贞观之治"。

明睿智,勇敢决断,识见度量,远过常人。在炀帝时,土木繁兴,巡游无度,征伐不息,盗贼并起。太宗因见隋室方乱,私地里图谋,有济世安民的大志。思量要起义兵,兴帝业,必以延揽英雄为本,乃倾身谦下,以礼接贤士,分散家财,以结纳宾客,但是四方贤俊来的,个个得其欢心。那时高祖留守太原,是晋阳地方,炀帝置有行宫,设官监官以守之,其官监裴寂,与晋阳令刘文静相好,夜间同宿,见城上举烽火,传报声息,裴寂叹说:"我辈做这等官,禄薄位卑,又遇着这等时节,世乱民离,将何以自存济?"文静笑说:"如今的世事,已是看见了,天下将乱,正是豪杰奋起之时。我与你二人相得,彼此同心,审择所从,互相推引,何患不富贵!"后来文静既从高祖,因见太宗龙姿天表,意气超常,不觉惊异,遂委心托命,深自结纳,因对裴寂说:"这非是寻常的人。观其豁达大度,推诚不疑,恰似汉高祖;其神谋武略,算无遗策,又似魏武帝。年纪虽小,乃是命世之才,真英主也,我等可以依归矣!"其后高祖起义晋阳,太宗削平群盗,遂有天下,皆刘文静、裴寂二人启之。然亦由当时隋政不纲,百姓愁苦,故英雄豪杰,得借以为资。若使朝廷之上,德政修举,闾里之间,民生乐业,则虽有十太宗、百刘文静、裴寂,不过驱使为吾用耳,何能为哉!然则人君制治保邦之道,惟在安民而已。

【今评】 李世民看清了隋朝崩溃必不可免,便开始招贤纳士,准备起而代之。结果是农民起义冲垮了隋王朝,而胜利果实被富有政治经验的李渊所夺取。

　　裴寂等乃请尊天子为太上皇,立代王为帝,以安隋室;移檄郡县。西河郡不从渊命,渊使世民将兵击西河。郡丞高德儒闭城拒守,攻拔之。执德儒至军门,世民数之曰:"汝指野鸟为鸾,以欺人主,取高官。吾兴义兵,正为诛佞人耳!"遂斩之。自余不戮一人,秋毫无犯,各慰抚使复业,远近闻之大悦。建成等引兵达晋阳,往还凡九日。渊喜曰:"以此行兵,虽横行天下可也。"遂定入关之计。渊开仓以赈贫民,应募者日益多。裴寂等上渊号为大将军。

【张居正讲评】 西河郡,即今山西汾州地方。唐公李渊,谋举义师,遣人借突厥兵马为助。突厥要渊自为天子,乃肯出兵。渊以为不可,命将佐更议名号。晋阳宫监裴寂等乃定议请尊隋炀帝为太上皇,迎炀帝的孙代王侑,立为天子,以安隋室。渊然其言,就代为书檄,发下郡县,征调人马。独有西河郡抗拒渊命,不肯听从,渊使其子世民等,领兵去击西河。兵至城下,郡丞高德儒闭门拒守,不肯降顺。世民领兵攻破其城,将德儒拿至军门,数责其罪说道:"汝为人臣,不能直道事君,妄指孔雀野鸟以为祥鸾。欺诈主上,躐取高官,乃朝廷之佞人,国之巨贼。我今兴举义兵,正要诛除你这邪佞小人,以安社稷,汝尚不自知罪乎!"遂斩首示众。自余官吏军民无罪的人,一个也不肯妄杀,其财货子女,秋毫也无所侵犯,下令安慰抚恤,使其各还生理。由是远近闻知,都道唐公除

害安民，人人感悦。西河郡既下，建成等引兵回晋阳，计其往还，刚得九日。唐公欢喜说道："行兵取胜，若似这等神速，虽横行天下，有何难哉！"遂与诸将定计西向，谋取长安。此时晋阳精兵，已近数万。唐公又开仓发粟，赈济贫民。由是丁壮来应招募者益多，旬日之间，军众大集。裴寂等乃上唐公官号为大将军，诸将佐以下，皆受命而行事焉。夫隋以残刑重敛困天下，天下之民，叛隋已久，唐公当举义之初，首诛佞臣，自余不戮一人，谕使复业，真可谓隋民之汤武矣！虽其尊炀帝、立代王，假借名号，未为正大，然亦足以见神器至重，有不敢遽窥之心。及江都之变既闻，海内之乱愈炽，然后受禅而登帝位，盖会其时之易为耳。古语有言："天下嗷嗷，新主之资也。"又曰："摧枯朽者易为力。"观于唐室之兴，讵不信哉！

今评 李渊在太原起兵反隋后并不急于称帝，在西河郡独杀高德儒，余皆不杀，在晋阳开仓赈济贫民等，都是较好的收买人心的措施。这些都充分表现出李渊政治经验的丰富和李世民的善谋略。

渊帅诸军济河，关中士民归之者如市。世民所至，吏民及群盗归之如流，世民收其豪俊以备僚属。渊女适柴绍者，亦将精兵万余会世民于渭北，与柴绍各置幕府，号"娘子军"。隰城尉房玄龄谒世民于军门，世民一见如旧识，署记室参军，引为谋主。玄龄亦自以为遇知己，罄竭心力，知无不为。世民引兵顿于阿城，胜兵十三万，军令严整，秋毫不犯。

隰(xí)城：今山西隰县。

张居正讲评 隰城，即今山西汾州孝义县。阿城，是秦阿房宫城，在今陕西渭南县。这一段是记唐高祖、太宗入关破隋的事。此时隋炀帝幸江都，四方盗起，关中无主。唐高祖李渊自太原起兵，既克河西，下霍邑，乃亲率众军渡河而西，以向关中。那关中士民，苦隋之虐政，思得真主，见高祖来，都争先归附，就如到市上去的一般。其子太宗世民，分军徇渭水之北，所到地方，官吏百姓每，与那结聚为盗的，也都归附如水之流，止遏不住，其得人心如此。太宗就其中看有豪杰好汉，便收取他以备僚佐属官之用，资其谋略，以济事功。高祖有女李氏，嫁与柴绍为妻的，也从鄠县散家财，聚徒众，得精兵一万多人，亲自率领，与太宗会遇于渭北。其夫柴绍，先从高祖，李氏却不与他合在一处，乃各自领兵开府，叫做娘子军，以李氏为将故也。临淄人房玄龄，仕隋为隰城尉，及太宗徇渭北，玄龄杖策至军门求见。太宗一见，知其为豪俊之士，便与他情投意合，恰如旧时曾相熟识一般。因铨注他在幕下做记室参军，掌书檄，赞计画，引为谋主。凡军中事，都与他商议，极其信任。后来遂用他为宰相，平定天下。玄龄此时亦自以为遭遇知己之主，尽心竭力，但是知道的，都着实去做，无一毫推避。其君臣相得如此。太宗引渭北军，驻扎在阿房宫城，其精壮人马，有十三万。收集既多，而号令约束严肃整齐，经过去处各守纪律，无有纤毫侵犯百姓者。其行军有法如

此,所以得人心之归也。大抵高祖之有天下,由太宗为之子;而太宗之取天下,由房玄龄为之臣。观太宗每下城邑,玄龄独先收人物,致之幕府,及有谋臣猛将,皆与之潜相申结,各尽其死力,可谓得大臣以事君之道矣!此所以为贞观之贤相欤。

今评 李渊在太原起兵后,用李世民的策略,由山西直趋长安。这一决策是颇有政治眼光的,关中的士人、百姓、起义农民都纷纷来归附,而李世民又重视从中选拔有才智的人加以任用,如房玄龄成为一代贤相,这些都说明李世民是有远见的。

卷之十四

唐 纪

高祖初封唐王,其后遂以为有天下之号,这书记唐家一代的事,故称唐纪。

高 祖

姓李氏,名渊。陇西成纪人。其父李昞,以功封唐国公,渊袭封为太原留守,乘隋之乱,举兵进克关中,遂代隋而有天下。在位九年。谥为神尧,庙号高祖。

万年县:今陕西西安。

唐万年县法曹孙伏伽上表,以为:"隋以恶闻其过亡天下,陛下龙飞晋阳,远近响应,未期年而登帝位;徒知得之之易,不知隋失之之不难也。臣谓宜易其覆辙,务尽下情。"上省表大悦,下诏褒称,擢为治书侍御史,赐帛三百匹。

张居正讲评

万年县,即今陕西西安府咸宁县。法曹,是县尉之官。唐高祖初即位,颇有失政,万年县法曹孙伏伽首先上表,进谏说道,人君得天下易,保天下难,试观隋家天下,何等全盛,只因炀帝骄矜刚愎,遂非文过,恶闻直言,遂致积恶日深,丛怨日甚,所以把天下失了。陛下应兴王之运,龙飞晋阳,义师一举,远近归心,其应如响,攻下汾霍,进克长安,未及一年,遂登帝位,只见得取天下这等容易,却不知隋之失天下亦不难也,若知隋所以失天下,又复效其所为,这便是蹈其覆辙,同归于乱而已。以臣之愚,谓宜鉴于亡隋之弊,改途易辙,凡君德有愆违,朝政有阙失,务广开言路,使人人得以自尽,事事得以上闻,庶下情上通,上泽下究,而保天下不难矣。表中指陈高祖失政三事:一件不宜受民间私献;一件不宜陈百戏散乐于玄武门游戏;一件太子诸王左右不宜滥用匪人。高祖览表大悦,乃下诏褒奖,称道他至诚慷慨,据义直言,因不次超拔,擢为

治书侍御史,着他专掌法令,仍赏以绢帛三百匹,以旌其直焉。夫自隋以来,言事者轻则斥,重则诛,以致忠臣结舌而不敢尽直,士丧气而不获伸久矣,高祖即位之初,首纳伏伽之谏,至不吝高爵厚赏以宠异之,盖不惟有受善之诚,而因有以作敢言之气,士怀忠抱义者,孰不感激而思奋哉! 此所以能延揽贤杰,而开有唐三百年之基也。

今评 李渊的宽容大度,绝不输于以纳谏闻名的唐太宗李世民。

有犯法不至死者,唐主特命杀之。监察御史李素立谏曰:"三尺法,王者所与天下共之也;法一动摇,人无所措手足。陛下甫创鸿业,奈何弃法! 臣忝法司,不敢奉诏。"唐主从之。自是特承恩遇,命所司授以七品清要官。所司拟雍州司户,唐主曰:"此官要而不清。"又拟秘书郎,唐主曰:"此官清而不要。"遂擢授侍御史。

张居正讲评 古时用三尺竹简,写法律于其上,叫做三尺法。唐高祖初年,有一人犯法,以律论之,罪不该死,高祖心里恼他,不依律断,特命戮之于市。那时有个监察御史李素立进谏说:这三尺律书,乃王者所与天下公共的法,下自庶民,上及朝廷官府,都该遵守,虽天子至尊,也不容以一人之喜怒,而自为轻重,若是可轻可重,无一定之规,这法便可动摇了,法一动摇,那用法的都得任意以行其私,小民举手投足,便犯法禁,复何所措其手足哉! 况陛下初创大业,将垂法于后人,岂可先自废弃了这法,使后嗣何所遵守! 臣忝为法司,分当执法,此人法不该死,虽有特诏不敢奉行。高祖听从其言。自是素立特承恩遇,眷顾非常。唐朝监察御史是从八品,高祖命该衙门升授他做七品清高又有事权的官,该衙门拟升他做雍州司户,是京兆府官,掌户籍驿传等事,高祖说,这官虽当要路,有事权,却繁冗而不清。又拟做秘书郎,是秘书省官,掌四库图籍,高祖说,这官虽是清高,却闲散而不要。遂升授他为侍御史。侍御史,从七品台官,掌纠举百僚,推鞫狱讼,官秩既清高,又有事权,故特授此官以宠异之。夫素立之执法,高祖之听言,以定国家之法典,以开朝廷之言路,高祖君臣两得之矣!

今评 李素立不怕风险,仗义直言,提升其任七品清要之官是应该的。唐高祖能接受李素立的规劝,也表明他想广开言路,树立赏直斥谀的风气。

唐主考第群臣,以李纲、孙伏伽为第一,因置酒高会,谓裴寂等曰:"隋氏以主骄臣谄亡天下,朕即位以来,每虚心求谏,然唯李纲差尽忠款,孙伏伽可谓诚直,余人犹踵弊风,俯眉而已,岂朕所望哉!"

【张居正讲评】 唐高祖欲激劝臣下，使之进谏，尝考校群臣的优劣，分别等第，以太子詹事李纲、治书侍御史孙伏伽为第一。一日置酒殿上，大会群臣，与尚书右仆射裴寂说道："隋家天下，只因为君者志意骄盈，不肯听谏，为臣者甘心卑谄，不肯尽忠，所以上下相蒙，养成祸乱，遂致灭亡。朕自即位以来，惩隋之弊，凡百举动，不敢自以为是，每虚心求谏，冀闻直言，然群臣之中，止是李纲能随事箴规，颇尽忠款，孙伏伽论事慷慨，可谓诚直，除此二人之外，其余诸臣诡谀顾忌，犹踵习亡隋之弊风，凡遇事有当言者，都只低头缄默，俯眉而已，无有吐一词、建一议者，岂朕所以虚心求谏之意哉！尔等自今必须以李纲、孙伏伽为法，斯为不负朕之所望也。"夫人君听谏为难，知人为尤难，盖切直之谏，虽庸主犹或勉从，而人品邪正之分，非至明者不能洞察也。唐高祖虚心尽下，不惟有听谏之诚，而某也忠直，某也依阿，又能因迹考心，甄别不爽，则君子既得以自见，小人又无以自容，听言之道，莫善于此，人主所宜取法也。

【今评】 唐高祖以隋亡为鉴戒，主动要求大臣进谏，初唐时期出现重视纳谏的政治现象，实际上从高祖朝就已经开始。

卷之十四 唐纪

刘武周降将寻相等多叛去。诸将疑尉迟敬德，因之军中，屈突通、殷开山言于世民曰："敬德骁勇绝伦，今既囚之，心必怨望，留之恐为后患，不如遂杀之。"世民曰："不然，敬德若叛，岂在寻相之后邪！"遽命释之，引入卧内，赐之金，曰："丈夫意气相期，勿以小嫌介意，吾终不信谗言以害忠良，公宜体之。必欲去者，以此金相资，表一时共事之情也。"已而世民以五百骑行战地，登魏宣武陵。王世充帅步骑万余猝至，围之。单雄信引槊直趋世民。敬德跃马大呼，横刺雄信坠马。世充兵稍却，敬德翼世民出围。世民、敬德更帅骑兵还战，出入世充陈，往返无所碍，屈突通引大兵继至，世充兵大败，仅以身免，斩首千余级。世民谓敬德曰："公何相报之速也！"赐敬德金银一箧，自是宠遇日隆。

魏宣武陵：即北魏宣武帝元恪墓，称"景陵"，也称"宣武陵"，在北邙山。元恪公元500—515年在位，他宠信奸佞，放荡奢侈，迷信佛教，国政大坏。

【张居正讲评】 唐太宗既破刘武周，他部下的大将尉迟敬德与寻相等都来降，其后寻相等又逃叛去了，只有敬德未去。诸将恐他也要逃叛，把他拿了囚系在军中，于是屈突通、殷开山二人向太宗谮谱他说，敬德为人骁勇绝伦，今既被囚系，心里必然怨望，留着他在此，恐生歹意，将来为祸不小，不如杀了他，永绝后患。太宗说："诸将差矣，敬德若有叛意，便当与寻相一同去了，岂肯留到今日，坐待擒缚！我看他决无此意。"即时传令，释放了敬德，引他到卧房内，取些金银赏他。说："丈夫处世，当磊磊落落，以意气相期许，莫把小小嫌隙，放在意下，我素知你是个忠良之臣，无有二心，纵是众人要谗害你，我终不听信而加害也，你当体谅我的心，相与戮力匡时，共成大业，不可自生疑虑。你若必要去，我也不敢强留，就把这金银资助你做路费，以表一时共事之情也。"由是敬德

感激，誓死相从。一日太宗征郑主王世充于洛阳，领五百马军出去观看交战地方，适登北魏宣武帝陵上，远览形势，不期王世充帅领步卒马军一万多人，忽然奔到，把太宗围住了，世充有一骁将，姓单名雄信，手持丈八长枪，径奔太宗，事势危急，敬德策马大呼，从旁一枪，刺雄信落马，世充兵见雄信被刺，稍稍引退，敬德以身遮蔽太宗，杀透重围，既出之后，又复与太宗领着马军杀入世充阵中，如此往来数次，并无敢有阻挡之者。少顷之间，大将屈突通统领大军继至，把世充的军马，杀的大败奔溃，世充仅得单身脱走，斩获首级一千余颗，得胜而回，这是敬德单身救主的第一功。于是太宗对敬德说："公之报恩何其速也！"遂赏敬德金银一箱，以酬其劳，自此恩礼眷顾，日盛一日，而敬德因得展尽才略，以树功名，后来遂为佐命功臣，封鄂国公，以此见太宗之善用人也。大抵人君御下，莫善于推诚，莫不善于蓄疑，推诚者，虽其寇仇，亦将归心，蓄疑者，虽其亲信，亦将解体。陈平楚之降将，汉高祖一日得之，遂以为护军，捐金四万斤，不问其出入；光武推赤心置人腹中，铜马群盗来降，单骑按行诸部，示以不疑，故能驾驭豪雄，兴建大业；项籍以盖世之才，拔山之力，乃意忌信谗，虽其骨髓之臣，如钟离昧、范增之伦，皆以逸见疏，故终以取败。观高祖、光武、唐太宗之所以兴，项籍之所以亡，则推诚之与蓄疑，其得失之效，相去远矣。

今评 李世民认为"能安天下者，惟在用得人才"（《贞观政要·择官》），他也确实较能明察事理，以诚服人，且有豁达大度的气魄。

　　唐主以秦王世民功大，前代官不足以称之，特置天策上将，位在王公上。冬十月，以世民为天策上将，开天策府，置官属。世民以海内浸平，乃开馆于宫西，延四方文学之士，出教以王府属杜如晦、记室房玄龄、虞世南、文学褚亮、姚思廉、主簿李玄道、参军蔡允恭、薛元敬、颜相时、咨议典签苏勖、天策府从事中郎于志宁、军咨祭酒苏世长、记室薛收、仓曹李守素、国子助教陆德明、孔颖达、信都盖文达、宋州总管府户曹许敬宗，并以本官兼文学馆学士，分为三番，更日直宿，供给珍膳，恩礼优厚。世民朝谒公事之暇，辄至馆中，引诸学士讨论文籍，或夜分乃寝。乃使库直阎立本图像，褚亮为赞，号十八学士。士大夫得预其选者，时人谓之"登瀛州"。

张居正讲评 　　唐武德四年，此时太宗尚为秦王，高祖以太宗首建大谋，削平海内，其功勋甚大，前代官爵都不足以称其功，特为他置一官，叫做天策上将，其位加于诸王公一等。乃于冬十月，拜太宗为天策上将，开天策府，于府中设置官属。太宗既受此官，见得海内渐次平定，当亲近儒臣，乃开馆于宫西，延引四方有文学之士，使居其中，亲出教令，以王府属官杜如晦、记室官房玄龄、虞世南、文学官褚亮、姚思廉、主簿李玄道、参军蔡允恭、薛元敬、颜相时、咨议典签苏勖、天策府从事中郎于志宁、军咨祭酒苏世长、记室薛收、仓曹李守素、国子助教陆德明、孔颖达及信都县人盖文达、宋州总管府户曹许敬宗,共十八人,皆以各人本官兼文学馆学士,分为三番,每日六人,更日直宿,供给珍馐饮膳,恩礼极其优厚。太宗每日朝谒了毕,公事闲暇,辄至馆中,引见诸学士,相与讨论文籍,讲明义理,或至夜分方才就寝,其亲密如此。又使库直官阎立本图画诸学士的像貌,使褚亮题写像赞,号称十八学士。士大夫得预此选者,时人谓之登瀛州。瀛州,是海外山名,道家说,是神仙所居,以比诸学士荣遇,就如登仙也。夫太宗当天下甫定之初,即开馆延贤,讲论经籍,真可谓右文之令主矣!是以当代夸之以为盛事,后世传之以为美谈焉。

今评 李世民有一句名言:"以铜为镜,可正衣冠;以古为镜,可知兴替;以人为镜,可明得失。"他很重视从历史中吸取治国经验,值得后人学习。

> 颉利可汗(?—634),即咄苾。东突厥可汗。唐初连年进扰,武德九年(626)联合突利可汗发兵攻唐,直逼渭水桥北。贞观三年(629),唐朝联络薛延陀夹击颉利。次年,颉利可汗被俘送至长安,东突厥亡。并州:治所在今山西太原市。原州:治所在今宁夏固原县。

八月己未,突厥颉利可汗寇并州,遣兵寇原州。唐主谓群臣曰:突厥入寇而复求和,和与战孰利?太常卿郑元璹曰:"战则怨深,不如和利。"中书令封德彝曰:"突厥恃犬羊之众,有轻中国之意,若不战而和,示之以弱,明年将复来。臣愚以为不如击之,既胜而后与和,则恩威兼著矣!"唐主从之。

张居正讲评 突厥,是北虏。可汗,是虏中酋长之号。并州,即今山西太原府。原州,即今陕西固原州。唐高祖武德五年,八月己未日,突厥酋长号颉利可汗者,引十五万骑,由雁门入犯并州地方,又分兵往掠原州地方,高祖与群臣计议说:今突厥入寇,本该与他战,乃又遣使来讲和,又似该与他和,和与战二者,那件便益?太常卿郑元璹说:"战未免伤损人马,纵使得胜,彼亦仇恨,结怨愈深,不如休兵,与他讲和为便。"中书令封德彝说:"讲和固好,然必须先战而后可和,盖突厥贪悍喜斗,如犬羊一般,彼自恃其众多,轻视我中国,所以敢来为寇,若不与一战,就听讲和,显是中国怯弱,不敢与他厮杀,他越发无忌惮了,今虽讲解而去,明年又将复来,边患何时而息?臣愚以为不如因其入寇,出兵击之,彼骄我奋,其势必胜,战既得胜,彼必惧怕我中国,不敢轻视,然后却与他讲和,既畏战胜之威,又感和好之恩,恩威兼著,和乃可久。"高祖听从封德彝之言,其后边将连破突厥,然后遣郑元璹责颉利以负约,说之讲和,可谓得制御夷狄之术矣!大抵不战而和,则制和在彼,战而后和,则制和在我,致人而不致于人,要使中国常操其柄,日因我之战,可以益固其和心,因彼之和,可以益修吾战备,御虏之策,莫善于此,筹边者所当知也。

今评 隋末唐初,突厥强盛。李渊初起时,曾向其称臣。唐朝建立后,突厥反复侵扰内地,因此封德彝主张先战后和,一定要先抗击突厥统治者以进行自卫,战胜后再讲和,这是正确的。

上引诸卫将卒习射于显德殿庭,谕之曰:"戎狄侵盗,自古有之,患在边境小安,则人主逸游忘战,是以寇来莫之能御。今朕不使汝曹穿池筑苑,专习弓矢,居闲无事,则为汝师,突厥入寇,则为汝将,庶几中国之民可以少安乎!"于是日引数百人教射于殿庭,上亲临试,中多者赏以弓、刀、帛,其将帅亦加上考。群臣多谏,上皆不听,曰:"王者视四海如一家,封域之内,皆朕赤子,朕常推心置其腹中,奈何宿卫之士亦加猜忌乎!"由是人思自励,数年之间,悉为精锐。

张居正讲评 武德九年,此时天下已平,兵革不用,太宗引诸宿卫将士,在于显德殿前,演习射艺,因省谕之说道:有中国则有夷狄,夷狄侵盗,自古为然,不足为患。所患者,只在夷狄不来侵扰,边境稍宁,此时为君的恃其治平,安逸游乐忘却战伐之事,不复隄备,一旦虏寇乘间而来,那时措手不及,无以御之,深足为患。今海内宁靖,汝辈安闲,朕不用汝辈之力,穿池筑苑,以供役使,专教汝辈演习弓矢。平居闲暇无事,则操练教习,为汝之师,万一突厥入寇则统领出征,为汝之将,庶乎有备无患,中国之民可以稍安。于是每日引领卫士数百人教射于殿庭之前,太宗亲临比试,有那中箭多的,即便赏以弓矢、刀剑、绢帛等物,其所部将帅,亦考列上等,论功优处。此时文武群臣见得殿庭之间,操弓挟矢,甚非体面,又恐万一狂夫窃发,所系非轻,多上章谏止者。太宗皆不之听,说道:"王者父母天下,看着四海就如一家,凡在封疆之内的,都是朕之赤子一般,朕常推这一片实心,置在人之腹中,更无一毫猜忌,奈何守卫士卒常在禁地的,也加猜嫌疑忌乎!"由是将士闻之,都感激太宗诚信,思自奋励,不出数年,个个武艺精熟,意气敢勇,尽为锐卒,皆太宗教训鼓舞之功也。夫天下虽安,忘战则危,人君之武备,诚有不可一日而不讲者。但朝堂非教射之地,人主非教射之师,古者蒐苗狝狩,各以其时,未闻日事简练以为威,泽宫洛水,各以其地,未闻引集殿庭以为便,广厦细旃,以近有德,未闻狎卫士以为不疑。况舞干可以格有苗,櫜弓可以靖时夏,人主之所当务,尤在增加其文德,有不必专意于武功者,审治体者,当辨于兹。

今评 唐太宗在殿庭教练卫士一事,反映了他加强边防,常备不懈的思想,练成精锐之师是唐太宗后来战胜突厥的一个重要条件。

房玄龄尝言:"秦府旧人未迁官者,皆嗟怨曰:'吾属奉事左右,几何年矣,今除官,反出前宫、齐府人之后。'"上曰:"王者至公无私,故能服天下之心。朕与卿辈日所衣食,皆取诸民者也。故设官分职,以为民也,当择贤才而用之,岂

以新旧为先后哉！必也新而贤，旧而不肖，安可舍新而取旧乎！今不论其贤不肖而直言嗟怨，岂为政之体乎！"

张居正讲评 太宗初封秦王故称秦府。其兄建成先为太子，称前宫。弟元吉封齐王，称齐府。至是太宗从秦王立为天子，那旧时在秦府中服事的人，都指望从龙之后，超升官职，却久不得升，心中不无觖望。于是中书令房玄龄奏说："这秦府旧人未得升迁的，都是背后嗟怨说道：'我等幸在藩邸中，奉事主上，日侍左右，经今多少年岁了，枉自受了许多辛苦，不曾沾一些恩典，今除授官职，反居前太子宫中及齐王府中人之后，我等旧人，倒不如那新来的，何也？'"太宗说："为人君的，凡事须一秉至公，无一毫偏私，方才服得天下的心。况朕与卿等每日穿的、吃的，都是民间赋税，件件取给于百姓。今日设官分职，正是为着百姓，要使他得所，必须选择那有德有才的去做，天下始受其福，用之先后，乃在贤不肖，不在新旧，岂以新旧为先后哉！若必新的果贤，有益于百姓，就是前宫、齐府人，也该用，旧的不肖，无益于百姓，就是我秦府人，也不该用，又何可只论新旧，舍贤而取不肖乎！今你不论其贤与不肖，只说旧的嗟怨，要加意于他，以满其望，便是任情轻重，偏私不公，为政之体，岂宜如是？此我所以不敢把朝廷的官职私厚我秦府旧人也。"太宗此言，真可谓知治体者矣！盖朝廷为官择人，不为人择官，故能称其职，虽仇不可弃，不能称其职，虽亲不可私，如魏徵、王珪，都是太子府中人，苟弃而不用，何以成"贞观之治"哉！至于房玄龄，实秦府旧人，乃首擢以为相，天下不得议其私，可见王道至公，有意任旧而不择贤人，固不可，有意避嫌而故弃旧人，亦不可。诸葛亮曰："吾心如秤，不能为人作轻重。"此可为用人之法。

今评 唐太宗认为"选贤之义，无私为本"，他的所谓无私，就是"不问亲仇，唯才是举"。如用自己的得力助手房玄龄掌中枢要柄，又重用建成、元吉原来的心腹，既调和了两部分人的矛盾，又使他们互相牵制，众多贤才辅佐自己，对稳定政局、巩固自己的统治地位意义重大，这确是太宗雄才大略的一个重要表现。

上于弘文殿聚四部书二十余万卷，置弘文馆于殿侧，精选天下文学之士虞世南、褚亮、姚思廉、欧阳询、蔡允恭、萧德言等，以本官兼学士，令更日宿直，听朝之隙，引入内殿，讲论前言往行，商榷政事，或至夜分乃罢。又取三品已上子孙充弘文馆学生。

张居正讲评 这一段是纪太宗重道右文的事。四部书，是经、史、子、集，分作甲、乙、丙、丁四类，故为四部。太宗见得帝王修身治天下的道理，无一件不载之于书，乃于弘文殿中，聚集四部书，约有二十余万卷，以备观览，因开馆于弘文殿旁，叫做弘文馆。妙选天下能文有学之士，使居其中，选得记室官虞世南、文学官褚亮、姚思廉、给事中欧阳询、参军蔡允恭、著作郎萧德言等

六人,皆各以本官兼弘文馆学士,分为两班,使之轮日直宿,每日听朝毕,遇有间隙之时,即延引诸学士入至内殿,将古昔帝王嘉言善行载在经籍者,与诸学士一一讲论,务考究其效法,朝廷见行的政事,有疑难不决者,与诸学士件件商确,务参酌以时宜,或讲论未明,商确不的,便坐至夜分,方才停止,也不以为劳,其延访之勤如此。又以秘书藏在内殿,外人得见者少,乃取朝官三品已上的子孙,充弘文馆学生,着他习读秘书,讲究今古,因以储养人才,而为他日之用焉。大抵人君以武功定天下者,多不事诗书,而国事草创之初,亦或未遑教化,太宗当在秦府时,已尝开馆延贤,即位未几,乃又广收图籍,专精讨论,下至大臣子孙,并使肄习,其于诗书教化之际,惓惓如此,君德岂有不盛,治道岂有不隆者哉。

今评 唐太宗将学术文化的重要性提到有关治国的高度,提倡用人要以德行、学识为本。由于他的倡导,论古说今,讽谕时政,已成为贞观时期的风尚。

上与群臣论止盗,或请重法以禁之。上哂之曰:"民之所以为盗者,由赋繁役重,官吏贪求,饥寒切身,故不暇顾廉耻耳。朕当去奢省费,轻徭薄赋,选用廉吏,使民衣食有余,则自不为盗,安用重法邪!"自是数年之后,海内升平,路不拾遗,外户不闭,商旅野宿焉。

张居正讲评 太宗一日与群臣计议说:"盗贼为患何术以禁止之。"有一臣议说:"盗贼肆行而无忌者,由法轻故也,今请益严其法,凡为盗的俱从重论,使人不敢犯,盗将自止。"太宗乃微笑说:"民虽至愚,指之为盗,未有不羞耻者,今乃甘心为此,岂得已哉!良由在上的,用度不肯节省,往往加派于民,赋税繁多,徭役重大,那不才官吏,贪赃需索,又侵渔其间,以致百姓每废弃生理,变卖产业,衣食不给,一时迫于饥寒,遂不暇顾廉耻,相率而为盗耳。今朕只该反身节欲,自官中以至于官府,去其奢侈,省其费用,本源既清,自可无暴征横敛,由是轻徭役,不尽民之力,薄赋税,不夺民之财,又选用清廉官吏,分理郡县,爱养百姓,使其安生乐业,衣食有余,则自然知有廉耻,不肯为盗,又何用重法以禁之乎!"太宗只如此行去,才数年后,四海之内,渐跻太平,道路上或有遗失物件,也无人拾取,人家外面门户,晚间都不用关闭,那做商贾与行路的,或投不得店家,就在野地里歇宿,亦绝无盗贼之警,可谓升平之极矣! 此可见人君欲止盗,不在重法,只在轻徭薄赋而已。然非朝廷之上,费用减省,郡县之间,官吏清廉,虽欲轻徭薄赋,岂可得乎? 彼贪官污吏,每假朝廷催科之急,以自恣其囊橐之私,故国赋日增,则国用日侈,而民生日蹙,至于民穷盗起,而后救之,则晚矣! 然则太宗选用廉吏一言,尤弭盗者所当留意。

今评 唐太宗的措施有利于生产的发展,顺应了社会发展的客观需要和人民的要求,导致了社会的安宁和经济的繁荣,是唐初"贞观

高祖

之治"出现的又一重要条件。

> 上又尝谓侍臣曰："君依于国，国依于民。刻民以奉君，犹割肉以充腹，腹饱而身毙，君富而国亡。故人君之患，不自外来，常由身出。夫欲盛则费广，费广则赋重，赋重则民愁，民愁则国危，国危则君丧矣。朕常以此思之，故不敢纵欲也。"

张居正讲评 太宗深鉴前代昏主纵欲败度，不恤小民，以致丧身亡国之祸，尝与侍臣说道："君之与民，本同一体，君之安危系于国，国之安危系于民，民安而后国安，国安而后天位可以常保。故君虽贫不可以剥民而求富，若刻剥乎民，以奉养乎君，就如割自己之肉，以充自己之腹，腹虽因啖肉而饱，却不知肉尽而身亦随以亡；君虽因剥民而富，却不知民贫而国亦随以乱。故人君之祸患，不在夷狄盗贼自外而来，常繇纵耳目，快心志，自身而出。夫耳目心志其欲无穷，欲心既盛，则将穷奢极侈，无所不为，其费用必广。费用既广，则常赋不足以供，必将额外科求，其赋敛必重。赋重，则民不堪命，而有愁苦之心。民愁，则国本以摇而有危殆之势。国既危，则君不能以独安，而丧亡无日矣。原其初，只由纵欲一念所致，其祸真可畏也。朕常以此内自思省，惟恐侈心一萌，贻祸不小，故宁樽节以省费，不敢纵欲以病民，庶几保民以保国，保国以保身焉。"大抵人君纵欲而不恤民，只缘不见得有亡国之祸耳。若夏桀知亡，必不尚琼宫之华；商纣知亡，必不贪鹿台之富。唯蔽于欲而不悟，故陷于祸而不知。人主诚能清心明理，见祸于未形，则一切肆情纵意之事，自然知所警惕，而不肯为矣。书曰："怨岂在明，不见是图。"此在居安思危者所当知也。

今评 封建社会的统治基础是小农经济，农民能否维持再生产是保证农业发展的前提，也是国家富强的关键。唐太宗"安民为本"的政策是有进步意义的。

> 上谓裴寂曰："比多上书言事者，朕皆粘之屋壁，得出入省览，每思治道，或深夜方寝。公辈亦当恪勤职业，副朕此意。"

张居正讲评 太宗即位之初，日夜留心治理，一日对司空裴寂说："近来群臣多有进上章奏，陈说政事的，其条件甚多，朕恐一时览过，未得其详，无益于治，所以凡有章奏，都将来粘在屋壁上，使出入之际，常在目前，得以思省观览，反复详审，但有切于身心的，便自家体察，有关于政治的，便随事施行，未尝轻忽过了。朕又每每思量平治天下的道理，或至夜深，方去歇息。卿等为朕的辅佐，亦当各效忠诚，恪勤职业，以称朕今日所以孜孜求治的意思，庶几上下同

卷之十四 唐纪

心,而治理可得也。"夫太宗之勤于政理如此,其致贞观之治也宜哉!

今评 唐太宗是一位勤于治国,克己励精,容纳谏争,认真思索的国君。他那种虚心求谏,孜孜求治,富有进取向上的精神,值得后人学习。

上励精求治,数引魏徵入卧内,访以得失;徵知无不言,上皆欣然嘉纳。

张居正讲评 太宗鉴于隋朝以恶闻其过亡天下,于是奋厉精神,勤求治理,兢兢业业,常恐所行或不当于人心,乃时常召引谏议大夫魏徵,进入卧房内,密地里访问他:朝廷近日所行,那件停当,那件差失。盖使他进在内殿,可以从容尽言,又有事关机密,不敢显言的,亦得以密切上陈也。魏徵是个忠直的臣,又感激太宗亲信他的意思,于是一切政事但知道的,无不尽言,其行得是的,便说是以将顺其美,或行得不是的,便说不是以匡救其失,无有隐讳,无有避忌,太宗都欣然无忤,一一嘉奖而听纳焉。大抵人君挟崇高之势,虽行有得失,而过每难于上闻,人臣怀畏惧之情,虽意欲箴规,而言每难于自尽,故明圣之主,务开之使言,引之卧内,以示其亲,赐之嘉纳,以行其说,然后忠直之臣,得以自遂,过失日闻,而人主益见其明圣,若太宗者,可以为后世法矣。

今评 唐太宗向魏徵主动求谏,诚意纳谏,魏徵则刚直敢言,犯颜进谏,两相结合,为贞观政局增色不少。太宗的见识与气度,魏徵的勇气与胆略,都值得敬佩和效法。

上患吏多受赇,密使左右试赂之。有司门令史受绢一匹,上欲杀之,民部尚书裴矩谏曰:"为吏受赂,罪诚当死;但陛下使人遗之而受,乃陷人于法也,恐非所谓道之以德,齐之以礼。"上悦,召文武五品以上告之曰:"裴矩能当官力争,不为面从,傥每事皆然,何忧不治!"

张居正讲评 司门令史,是执掌门籍之官。民部尚书,即今户部尚书。此时天下初定,法令疏简,各衙门官吏,多有贪赃坏法者,太宗深以为患,要设法禁止,乃暗地里叫左右的人,假托事故,将钱帛去馈送各衙门官吏,以试验之。有个司门令史官,受了绢一匹,太宗就要拿来杀了,民部尚书裴矩进谏说道:"为吏贪赃坏法,加以死刑,诚当其罪;但置人于法,必须由他自作自犯,乃服其心。今陛下使人将钱送他,他贪图接受,分明是赚哄他入法网之中,而故陷之于死地也,恐非圣人所谓道之以德,齐之以礼者也。盖王者禁人为非,必先正身修德,引导之于前,导之而不从,又有纪纲法度整齐之于后,岂有设计用术,诱

人犯法,而加之罪者乎!"太宗嘉纳其言,乃宣召文武五品已上的大臣告之说:"人臣于君上之过,力争者少,面从者多,裴矩因朕要杀受绢的令史,当朝堂之上,能持正据法,尽力谏诤,不肯唯唯诺诺,务为面从,倘朕每事所行,都得人匡正如此,则举措必然合宜,人心必然悦服,何忧天下不太平乎!"按隋文帝患令史赃污,尝私使人以钱帛遗之,得犯立斩,于时谗构横生,枉滥殊甚,太宗亲承其弊而不能变,又从而效之,岂不误哉!然隋文帝不用冯基之言,太宗能听裴矩之谏,而兴亡顿殊如此,论治者宜于此究心焉。

> **今评** 可与隋文帝事参看。两位国君纳谏态度不同,臣下对国君的态度也各异。裴矩"佞于隋而忠于唐",是因为唐太宗喜直言,反对谄谀的结果。

太 宗

名世民,高祖第二子。年十八劝高祖起义晋阳,削平群盗,代隋而有天下。初封为秦王,后高祖以其功大,遂立为太子,因传位焉。在位二十三年,庙号太宗。

贞观元年正月,上宴群臣,奏《秦王破阵乐》。上曰:"朕昔受委专征,民间遂有此曲,虽非文德之雍容,然功业由兹而成,不敢忘本。"封德彝曰:"陛下以神武平海内,岂文德之足比。"上曰:"戡乱以武,守成以文,文武之用,各随其时。卿谓文不及武,斯言过矣!"德彝顿首谢。

> 《秦王破阵乐》:即《七德舞》。太宗为秦王时,破刘武周,军中相与作《秦王破阵乐》,观者无不激动奋发。"七德"之名出自《左传》"武有七德"。

张居正讲评

此时高祖自称太上皇,传位太宗。太宗即位,改年号为贞观。贞观元年正月,太宗大宴群臣,乐工承应,奏《秦王破阵之乐》,太宗与群臣说道:"朕往时为秦王,蒙父皇委任,得专征伐,往往以身先士卒,摧破强敌,故民间有秦王破阵的歌曲,今因而润色,以为乐章,用一百二十人,被甲执戟而舞,虽发扬蹈厉,不似文德之雍容,然实用此以取天下,今日功业由此成就,何敢忘其所自? 故制为乐舞,庶使后世观者,知朕创业之艰难也。"那时尚书右仆射封德彝进说:"陛下以神武定海内,削平祸乱,弘济苍生,区区文德,岂足比拟。"太宗面折他说:"天下方乱,戡定固须用武,王业既成,持守尤当用文,文武两件,不可偏废,而时变不同,故或用武,或用文,各随其时耳,非有轻重于其间也。卿乃谓文不及武,岂天下独可以武治乎! 这话差矣。"于是封德彝自知失言,叩头谢罪。自古说文武并用,长久之术,如天道阴阳一般,春夏虽阳气用事,然未尝无阴,秋冬虽阴气用事,然未尝无阳,二者相济而后不偏。故陆贾对汉高帝说:"马上得之,岂可以马上治之。"夫戡乱之时,固宜用武,亦必济之以文,守成之时,固宜用文,亦必济之以武。昔成康之世,治定功成,而周、召二公,犹惓惓以克之长虑,守成者不可不深思也。

今评 唐太宗认为文武之用,各随其时,不可偏废。他既以武功创立了帝业,又以文治守成帝业,在中国历史上写下了璀璨的一页。

上以兵部郎中戴胄忠清公直,擢为大理少卿。上以选人多诈冒资荫,敕令自首,不首者死。未几,有诈冒事觉者,上欲杀之。胄奏:"据法应流。"上怒曰:"卿欲守法而使朕失信乎?"对曰:"敕者出于一时之喜怒,法者国家所以布大信于天下也。陛下忿选人之多诈,故欲杀之,而既知其不可,复断之以法,此乃忍小忿而存大信也。"上曰:"卿能执法,朕复何忧!"胄前后犯颜执法,言如涌泉,上皆从之,天下无冤狱。

张居正讲评 大理少卿,是掌法之官。太宗以刑狱至重,掌法贵于得人,乃选择群臣之中,见兵部郎中戴胄居官忠清公直,堪为法司,遂擢用他为大理寺少卿。此时士人选官者,多诈冒恩荫,滥授爵级,太宗深恶其弊。乃降敕禁革,凡官员诈冒者,准令自首免罪,不首者论死。未及几时,遂有犯诈冒事觉者,太宗就要拿去杀了。戴胄奏言:"诈冒官爵者,据法止该流徙远方,罪不该死。"太宗怒说:"卿所言者虽是法,但朕已有敕旨,信不可失,今卿要守法,岂可使朕失信乎?"戴胄答说:"敕书失信是小事,法令失信是大事,盖敕书之颁,出于一时之喜怒,喜则从轻,怒则从重,不可为常,至于法令一定,喜不可得而减,怒不可得而加,乃国家所以布大信于天下,确乎其不可移者也。陛下恶选官诈冒者多,激于一时之怒,故要杀之,既而知非正法,复断之以本等罪名,此乃忍一时之小忿,而存国家之大信,所失者小,所全者大也,岂可任情而废法,乃为不失信乎!"太宗感悟,因褒美之说:"朕所忧者,常恐行法不当,人心不服,卿能执法如此,则轻重不得那移,小民知所遵守,朕复何忧!"戴胄自为大理,凡太宗用刑有不当处,前后犯言谏争,言如涌泉,一无所隐,太宗鉴其忠直,所言都允从之。自是法令画一,天下刑狱悉归平允,无有冤枉之民焉。于此可见戴胄能持正守法,而不挠于人主之威,太宗能虚己受言,而不泥于已成之说,君明臣直,两得之矣!但国法固所当重,而王言亦不可轻,惟详审于制法之初,使法立而可守,慎重于申命之日,使令出而惟行,则有法以为整齐之具,有敕以寓鼓舞之权,固有交相为用,而不相悖者,何至有偏废之患哉!此议法者所当知也。

今评 "天下无冤狱"是唐太宗统治时期的重要贡献。太宗强调守法,但官吏能否依法办事,关键在于国君,君明臣直,才能共同守法,法纪严明,才能无冤狱。

上令封德彝举贤，久无所举。上诘之，对曰："非不尽心，但于今未有奇才耳！"上曰："君子用人如器，各取所长，古之致治者，岂借才于异代乎？正患己不能知，安可诬一世之人！"德彝惭而退。

太宗以致治在得贤，而贤人或伏于下僚，或遗于草野，朝廷不能尽知，乃诏朝臣各举所知，以备简用。尝命右仆射封德彝着他举荐贤才，他只应承了，终无所举。太宗问其故，德彝对说："臣非不尽心访求，但一时未有奇才可应诏命者耳！"太宗责他说："人的才能，各有所长，君子用人，就如用器皿一般，大的大用，小的小用，各取所长，岂可苛求责备？且天之生贤，何代无之，一世之才，自足以供一世之用，古来致治之主，都赖贤臣，岂是从异代假借来用？也只取于当世而已。今正患自家识见浅陋，不能知贤，何可尽诬一世之人，以为无贤可举乎！"于是德彝羞愧而退。尝观贤不肖之相引，各以其类，故惟贤然后能知贤，亦惟贤而后能举贤。德彝本邪佞小人，何可以此望之！盖小人不乐进贤，其情有三：忌其形己之短，是一件；恶其不为己之党，是二件；恐其以正直触忤人主，为己之累，是三件。至于不知而不举，此其罪犹薄也，然则知人之难，又何以责于封德彝哉！可见人主之明尤在辨奸，奸之远而贤者进矣。

今评 张居正对小人不乐进贤的分析很深刻。太宗思贤如渴，他的指导思想是"君子用人如器"，也就是根据臣下的所长，随才授任，敢于放手和信任他们去干事。

上谓太子少师萧瑀曰："朕少好弓矢，得良弓十数，自谓无以加，近以示弓工，乃曰：'皆非良材，'朕问其故，工曰：'木心不直，则脉理皆邪，弓虽劲而发矢不直。'朕始寤向者辨之未精也。朕以弓矢定四方，识之犹未能尽，况天下之务，其能遍知乎！"乃命京官五品以上更宿中书内省，数延见，问以民间疾苦，及政事得失。

太宗因评论弓矢，而有感于治道。一日，对太子少师萧瑀说："朕自少喜好弓矢，尝挑选好弓十数，收藏爱惜，自谓材干坚劲，造作精工，无以复加，近日取出以示弓匠，弓匠看了，乃说这十数张弓都不是美材。朕问其故，弓匠对说：'弓之好歹，全以木心为主，木心正直，则脉理皆直，而发箭亦直，若木心不直，则根本之地，先已不正，那脉络纹理，都一顺偏邪去了，纵然筋胶缠束，极其坚劲，终是发箭歪邪，难以中的，如何叫做好弓？'朕闻其言，方才觉悟，我向者辨认弓矢徒识其粗，未识其精也。夫朕以弓矢平定天下，弓乃手中常用之物，于其邪正好歹，辨识犹未能尽，况于天下这等广阔，民情世务，这等繁冗，以朕一人之身，耳岂能尽闻，目岂能尽见乎！"乃命京朝五品以上官员，分为班次，在于中书内省，轮日直宿，时常引至御前，问以治道，凡闾阎小民，或衣食

不足，或赋役不均，一一问其疾苦，朝廷政事，某件所行者是，某件所行者非，一一问其得失，盖惟恐幽隐细微的去处，识见不到易致过差，故虚心博访如此。夫工人所论者弓矢，而太宗遂有悟于治道，于此见至理可触类而旁通，人君当随事以致察。故周武王因刀剑而作省躬之铭，齐桓公因斫轮而得读书之喻，皆善观物理者也。然以太宗之明敏，能因识弓未尽，悟义理之无穷，而不能因木心不直之言，悟讽谏之有在，则信乎听言察理之难矣。

[今评] 唐太宗处处以国事为重，由谈论弓矢，也联想到治国。身为大唐天子，他没有将自己神化，他比较有自知之明。

有上书请去佞臣者，上问："佞臣为谁？"对曰："臣居草泽，不能灼知其人。愿陛下与群臣言，或阳怒以试之，彼执理不屈者，直臣也；畏威顺旨者，佞臣也。"上曰："君，源也；臣，流也。浊其源而求其流之清，不可得矣。君自为诈，何以责臣下之直乎！朕方以至诚治天下，见前世帝王好以权谲小数接其臣下者，常窃耻之。卿策虽美，朕不取也。"

[张居正讲评] 太宗时有一人上书，请斥去朝臣之邪佞者，太宗问说："今朝臣邪佞的是谁？"其人对说："臣伏在草泽，岂能明知朝臣中那个是邪佞，只在陛下自察。愿陛下与群臣谈论间，或假做恼怒，试看众人如何。那执守理法，不屈意以狗上之怒的，便是直臣，若畏雷霆之威，不敢执奏，而阿顺旨意的，便是佞臣，这辨之也不难。"太宗说道："譬之流水，君是源头，臣是流派，水之清浊，都在源头出处，若本源浑浊，乃要末流清澈，不可得矣。今阳怒以试群臣，是君自为诈也，又何以责臣下，使去诈佞而为正直乎！朕方要推赤心置人腹中，以至诚治天下，彼此都无猜疑才好。尝见前代帝王，如魏武帝之流，好用权谋诡诈、小小术数接遇臣下的，以为此非王道，常窃羞耻而不为。今你这试佞的计策，虽是巧妙，朕却自有个荡荡平平的道理，不依此行也。"按太宗此言，深得为君之大体，夫君德贵明不贵察，明生于诚，其效至于不忍欺，察生于疑，其弊至于无所容，盖其相去远矣。是以自古哲王，冕旒蔽目而视不下于带，黈纩塞耳而听不属于垣，凡以养诚心而存大体也，不然，则耳目所及，其能几何？而天下大奸，必有遗于权数之外者矣！太宗至诚一语，实万世御臣之法。

[今评] 唐太宗反对权术，主张以至诚治天下，君臣关系应亲如一体。太宗处理君臣关系的指导思想，确是封建政治思想的精华之一。

上与侍臣论周、秦修短，萧瑀曰："纣为不道，武王征之。

周及六国无罪,始皇灭之。得天下虽同,失人心则异。"上曰:"公知其一,未知其二。周得天下,增修仁义;秦得天下,益尚诈力,此修短之所以殊也。盖取之或可以逆得,而守之不可以不顺故也。"瑀谢不及。

张居正讲评 修字,解作长字。太宗尝与侍臣评论前代兴亡之由,说道:"周家享国八百余年,秦传至二世而亡,运祚长短,何不同如此。"太子少师萧瑀答说:"国运之修短,系于人心之得失,周之时,商纣无道,毒痡四海,武王吊民伐罪,为天下除害,故人心归之。秦之时,周命未改,六国相安,本无可灭之罪,始皇恃其强暴,因而殄灭宗周,吞并六国,大失人心。其得天下虽同,安人心则异,所以周享国之长,而秦享国之短也。"太宗说:"公但知其一,未知其二。夫周与秦虽同以征伐得天下,然周得天下之后,却能增修仁义,而德泽有加;秦得天下之后,乃益崇尚诈力,而残刻愈甚。是其得天下虽同,其守天下则异,所以运有修短不同,实由于此。盖守天下与取天下不同,取天下者时当戡定祸乱,容可兼用智力,稍违事理,及得天下而守之时当整饬太平,则宜纯用仁义。于道理不可不顺,周逆取而顺守之,故其享国也长;秦既以逆取之,又以逆守之,欲享国之长,岂可得乎?"萧瑀闻言大服,顿首称谢,自谓识见不能到此也。按周秦修短之论,萧瑀固为失之,太宗亦未为得也,盖周武顺天应人,固不可谓之逆取,而始皇以不道取天下,亦岂能以顺守之? 二说胥失之矣! 窃谓周之立国,漠烈之贻,所以佑启者远,世德之求,所以继述者善,四友十乱之臣,所以辅佐者良是以祖孙一德,臣主一心,享国久长,有繇然也。秦尚法律而弃诗、书,疏扶苏而宠胡亥,逐拂士而任斯、高,父子君臣,同恶相济如此,岂能久乎! 论周、秦者,宜于此合而观之始得。

今评 唐太宗认识到治国不可依靠暴力,处理国事必须考虑百姓的意愿,争取民心。太宗从历史中吸取了有益的教训。

魏徵再拜曰:"臣幸得奉侍陛下,愿使臣为良臣,勿为忠臣。"上曰:"忠、良有以异乎?"对曰:"稷、契、皋陶,君臣协心,俱享尊荣,所谓良臣。龙逢、比干,面折廷争,身诛国亡,所谓忠臣。"上说,赐绢五百匹。

张居正讲评 良臣,是能称其职,不负委任的。忠臣,是能尽其心,不避诛戮的。魏徵既谏太宗以君臣之间,宜尽诚相与,不当存形迹,太宗悔悟,于是魏徵再拜说道:"臣幸得奉事陛下,遭遇圣明,愿只使臣做个良臣,莫使臣做忠臣。"太宗问说:"忠臣、良臣都是一般,有何分别?"魏徵对说:"这两样臣都好,只是遭遇不同,却关系人主的明暗、国家的治乱。如唐虞之时,稷契、皋陶,遇尧、舜圣明,君臣同心,可否相济,臣安守职业,君坐致治平,四海推戴,万世传颂,共享尊荣之福,这便叫做良臣。夏、商之时,龙逢、比干,遇桀、纣昏暴,不忍坐视，欲行匡正，当面辩折，当廷谏诤，以致忤旨触怒，身受诛戮之惨，而无救于国之败亡，这便叫做忠臣。良臣上下俱受其福，忠臣上下俱受其祸，所以但愿为良臣，不愿为忠臣也。"于是太宗喜悦，赐绢五百匹以褒宠之。观魏徵此言，非不知忠良之一道，盖以意主于警动人君，使省身克己，立于无过之地，虚己受人，不违廷诤之言，则人臣无忠义之名，国家亦何至有危亡之祸乎？若人臣之义，事不避难，为忠为良，随所遇而安之，又何择焉！然观稷契、皋陶，身勤其职，而利在国家，名归主上，龙逄、比干，无补于国之亡，益显其君之过，而身享其名，则知为良臣者，乃其本心，而为忠臣者，非其得已也，又岂可以忠、良过于分别，议魏徵之言哉！

今评 魏徵的说词实在巧妙。

上神采英毅，群臣进见者，皆失举措；上知之，每见人奏事，必假以辞色，冀闻规谏。尝谓公卿曰："人欲自见其形，必资明镜，君欲自知其过，必待忠臣。苟其君愎谏自贤，其臣阿谀顺旨，君既失国，臣岂能独全！如虞世基等谄事炀帝以保富贵，炀帝既弑，世基等亦诛。公辈宜用此为戒，事有得失，无惜尽言！"

张居正讲评 太宗为人，神采英毅可畏，群臣有事入奏，望见他颜色者，都恐怖仓皇，举止失措。太宗晓的如此，后来每见人奏事，必霁威严，降辞色屈意假借，以开导引诱，求闻规谏之言，其务尽下情如此。尝与公卿大臣说道："人之面貌不能自见，必资明镜，乃见其形；君之过失，不能自知，必待忠臣，乃知其过。设使为君者，自矜才智，不纳忠言，为臣者，阿意逢迎，惟知顺旨，将见主骄国乱，为君者必不能保其社稷，君既失国，为臣者岂能独保其身家！就以隋家观之，如内史侍郎虞世基等，因炀帝恶闻直言，曲意奉承，极其卑谄，只图谀悦取容，保全富贵，及宇文化及作乱，炀帝被弑，世基一并就诛，此时身且不保，富贵安在？公等在今日莫说朝廷清明，可以相安无事，宜以隋之君臣为鉴，凡朕所行的政事，某件停当，某件差错，务要一一尽言，无所吝惜，庶乎在朕得知其过，在公等得尽其忠，君臣始相保，岂不美哉！"夫人臣莫不愿忠，而言每难于自尽者，惟恐犯颜色、触忌讳而已，今既假之以辞色，而导之使谏，又申之以鉴戒，而劝之使忠，则小臣不萌畏罪之心，而大臣不怀持禄之念，国家之福，莫大于此。若太宗者，真可以为万世人君之法矣！

今评 招谏而注意到辞色，可见太宗之至诚。

上谓公卿曰："昔禹凿山治水而民无谤讟者，与人同利故也。秦始皇营宫室而民怨叛者，病人以利己故也。夫靡

讟(dú)，诽谤、怨言。

太宗

丽珍奇，固人之所欲，若纵之不已，则危亡立至。朕欲营一殿，财用已具，鉴秦而止。王公以下，宜体朕此意。"由是二十年间，风俗素朴，衣无锦绣，公私富给。

【张居正讲评】 这一段是记太宗以节俭倡率群下的事。太宗尝对公卿大臣说道："昔日大禹为司空时，用许多人力，凿山通道，以疏治洪水，劳民亦甚矣，然而民皆欢忻趋事，无有毁谤怨讟者，盖知禹不是为自己的事，诚以那时洪水滔天，必须疏凿然后民得安居粒食，要与百姓每同其利，故人都知道劳我乃是利我，所以虽劳而不怨也。秦始皇营造阿房等宫，其用民力，也不过是凿山治水这等劳苦，然而民皆怨愤离叛者，盖秦皇不是为百姓，只为自己要广大宫室，乃至竭民财力，不恤天下之困穷，以侈一人之居处，所以民不堪命而怨叛也。夫宫室、衣服，件件要靡丽珍奇，人情谁不愿欲，但一人之身，居处用度，所需几何？但取适体便了，若纵其情欲而不知止极，为琼宫瑶台，则必为锦衣玉衣，为锦衣玉食，则必极声色玩好，内荡其心志，外竭其财力，民心怨叛，而危亡立至矣，此秦之往事可鉴者也。朕尝欲营造一殿，估计财用，都已完备，便可兴工，因鉴于秦事，不欲启此祸端，即时停止。凡尔王侯公卿以下，各宜体悉朕这防患的意思，务要屏绝靡丽，斥远珍奇，以赞成节俭之治，不可相与骄奢而自纵也。"太宗谕公卿如此，自是以后，君臣上下，悉事俭约，二十年间，海内风俗尽变而为素朴，所穿衣服，惟用布帛，绝无锦绣，民知樽节，物力自然有余，那官府帑藏，与民间私蓄，公私所在，无有不丰富给足者，此节俭倡率之效也。昔汉文帝惜十家之产，基址既成，而一台不筑，今太宗亦鉴秦人之敝，财用既具，而一殿不营，盖樽节于一身者甚小，而功利之及一世者甚大，窒遏一时之欲者甚微，而培养数百年之根本者甚著，愿治之主，宜知所务矣。

【今评】 唐太宗比较能节制自己的享受欲望，其目的是想避免"民毙"、"君亡"；直接效果是贞观初年没有兴修过大的土木工程，民众相对得到一定的休养和积储，为"贞观之治"提供了物质条件。唐太宗从自己的政策中，得到双重的报偿。

西域：西域之名始于汉时，泛指今新疆及中亚细亚东部地方。

上谓侍臣曰："吾闻西域贾胡得美珠，剖身以藏之，有诸？"侍臣曰："有之。"上曰："人皆知笑彼之爱珠而不爱其身也；吏受赇抵法，与帝王徇奢欲而亡国者，何以异于彼胡之可笑邪！"魏徵曰："昔鲁哀公谓孔子曰：'人有好忘者，徙宅而忘其妻。'孔子曰：'又有甚者，桀、纣乃忘其身。'亦犹是也。"上曰："然。朕与公辈宜戮力相辅，庶免为人所笑也！"

【张居正讲评】 西域，即今西番地方。受赇，是贪赃的官吏。太宗一日问于侍臣说道："吾闻西域国中有贩宝的胡人，得了宝珠，恐怕收藏不密，乃剖开自己的身子，将珠藏在里面，有此事乎？"侍臣答说："诚有此传闻之

卷之十四　唐纪

言。"太宗说:"今人闻说此事,无不笑其愚者,说他止知爱珠而不知爱惜性命也。以我看来,世之为官吏者,因接受赃私,而触犯刑法,为帝王者,因纵恣奢欲,而丧亡国家,其见小利而不顾大害,比之贾胡剖身藏珠,岂不同一可笑乎!"谏议大夫魏徵答说:"陛下此言,比方最为切当。臣闻昔者鲁哀公曾与孔子说道:'人有性好遗忘者,一日搬家,将他妻撇下了,也不记得,其好忘一至于此。'孔子答说:'这还未甚,更有甚于此者,如桀、纣之荒淫暴虐,至于丧身而不悟,是将自家的身子也忘记了。'则那徙宅忘妻者,又何足怪乎!桀、纣之忘身,甚于徙宅忘妻,正如陛下所言帝王徇奢欲而亡国,无异于剖身藏珠者也。"太宗嘉纳其言说:"公所言者良是,朕与公等同有国家之责,当时常照管此身,尽心竭力,交相辅导,务期保身保国,庶免为后人所讥笑焉!"夫人虽至愚,未有不爱其身者,虽至狂惑,未有忘其身者,惟此心一为奢欲所诱,使人贪冒而无忌,流荡而失归,故剖身不足以喻其愚,亡妻不足以比其惑也。惟夫明主研几于未动,窒欲于未萌,远伐性之斧斤,防迷心之鸩毒,是以常敬畏,则常保爱,常警惕,则常不忘,身享尊荣之体,国被太平之福也。君天下者,尚其念之。

今评 剖身藏珠之喻,足为一切贪赃者戒。

鸿胪卿郑元璹使突厥还,言于上曰:"戎狄兴衰,专以羊马为候。今突厥民饥畜瘦,此将亡之兆也,不过三年。"上然之。群臣多劝上乘间击突厥。上曰:"新与人盟而背之,不信;利人之灾,不仁;乘人之危取胜,不武。纵使其种落尽叛,六畜无余,朕终不击,必待有罪,然后讨之。"

张居正讲评 这一段是记唐太宗以诚信待夷狄的意思。此是北虏突厥衰乱,十五部皆叛,又值饥荒,鸿胪卿郑元璹出使突厥回返,对太宗说道:"戎狄之俗,不食五谷,专恃羊马为生,故其兴衰,只看那羊马如何,羊马蕃盛,是他兴的时候,羊马消耗,是他衰的时候,今见突厥国中,人民饥馁,羊马瘦损,这正是他衰弱将亡的证验,算来不过三年,必为我擒。"太宗道他说的是。朝中群臣,因此多劝太宗趁这时候,出兵击破突厥。太宗说:"王者之待夷狄,当以至诚,不可见小利而失大信。今我初与突厥盟誓,不相攻击,他既不来犯我,乃无故兴兵,背了盟约,便是不信;他国中人饥畜瘦,这是天灾,所当悯恤,今乃幸其如此,遂因以为利,便是不仁;他有将亡之兆,这等危急,我乃乘其危而击之,纵能取胜,不过欺他衰弱,非我兵力能制其死命也,便是不武。今莫以他羊马一时稍损,便谓可击,就使种类部落都已离叛,羊马等畜,无复存留,朕终不出兵击他。盖王者之师,声罪致讨,今突厥不曾犯边,有何罪恶可指为名,必待其背盟侵犯,自取灭亡,然后兴师以讨其罪,岂不名正言顺,堂堂乎为帝王之义举哉!"太宗此言,深得中国之大体,使外夷闻之,亦当心服,边将知之,不敢邀功,此所以终能雪耻除凶,致颉利之请朝,而贻边境无穷之利也。

太宗

今评 太宗是积极主张反击突厥进扰的，但他认为掌握战机之处，也要名正言顺。贞观三年（629），条件成熟，太宗出兵，次年灭东突厥。太宗的决策是正确的。

二年，上问魏徵曰："人主何为而明，何为而暗？"对曰："兼听则明，偏信则暗。昔尧清问下民，故有苗之恶得以上闻；舜明四目，达四聪，故共、鲧、驩兜不能蔽也。秦二世偏信赵高，以成望夷之祸；梁武帝偏信朱异，以取台城之辱；隋炀帝偏信虞世基，以致彭城阁之变。是故人君兼听广纳，则贵臣不得壅蔽，而下情得以上通也。"上曰："善！"

张居正讲评 贞观二年，太宗问魏徵说道："自古帝王有明哲者，有昏暗者，却是何为而明，何为而暗？"魏徵答说："君德之昏明，系于下情之通塞，明君公耳目于天下，而兼听众人之言，所以闻见广博，而日进于聪明，昏君寄耳目于嬖幸，而偏信一人之言，所以聪明壅蔽，而遂流于昏暗。昔者帝尧虚怀访治，下问小民，故当时悖逆不服，如有苗那样的叛国，随即上闻，而不能逃征讨之师；舜明四方之目，达四方之聪，故当时蠹国害民，如共工、鲧、驩兜那样的凶人，随即败露，而不能免放殛之罪，这是兼听则明的证验。秦二世偏信赵高，群臣莫敢言事，遂成望夷宫弑逆之祸；梁武帝偏信朱异，纳了东魏叛臣侯景，自取台城饥死之辱；隋炀帝偏信虞世基，以为盗贼不足忧，后宇文化及引兵犯御，尚自不知，卒死于彭城西阁之下，这是偏信则暗的证验。以此观之，人君之患，全在偏听，若能兼听群言，广纳众善，则耳目众多，那嬖倖之臣，不得专权擅宠，以壅蔽人主之聪明，而凡民情休戚，国事安危，件件得以上闻矣！"太宗以其所言深切治体，遂称美而嘉纳之。大抵君德固以兼听为明，而兼听尤以虚心为本，所谓虚者，高明广大，无一物以遮隔之，如太虚然，乃所谓虚也。间之以嗜欲则非虚；参之以意见则非虚。人君平日，必须讲学穷理，诚意正心，以预养其静虚之体，然后本源澄澈，而视听不淆，不然，中无受善之地，而外饰兼听之名，虽发言盈庭，何益于治哉！此明主所当留意也。

今评 魏徵提出"兼听则明，偏信则暗"的著名论断，张居正指出"兼听尤以虚心为本"，太宗能兼听群言，确实与他个人品质有关。

上谓侍臣曰："人言天子至尊，无所畏惮。朕则不然，上畏皇天之鉴临，下惮群臣之瞻仰，兢兢业业，犹恐不合天意，未副人望。"魏徵曰："此诚致治之要，愿陛下慎终如始，则善矣。"

张居正讲评 这一段是记太宗君臣相警戒的说话。太宗一日对侍从等官说："常人只说为天子的,以一人居天下之上,极其尊崇,凡事皆得自由,无所畏惧忌惮。朕的意思却不是这等,盖天子上奉皇天,下临群臣,顶戴的便是皇天,无一处不鉴临,我何敢不畏惧!环列的便是群臣,无一人不瞻仰,我何敢不敬惮!每思君德或未尽修,庶政或未尽举,上莫逃于鉴观,下莫掩于瞻视,兢兢业业,戒谨恐惧,如临深渊,如履薄冰,尚恐怕所行或悖天理,不合皇天之意,或拂人情不副众人之望,获罪于上下而不自知,殊未尝无所畏惮也。"魏徵对说:"人君为治,最患恃其尊贵,上不畏天之谴责,下不惮人之非议,以致骄奢纵逸无所不为,今陛下上畏皇天,下惮群臣,如此敬慎,天下自然太平,诚致治之要也,但人情靡不有初,鲜克有终,臣愿陛下常存兢兢业业的心,日慎一日,到久后时,亦如今日,则天常眷佑,人常爱戴,这等才好,毋使倦心一萌,渐不克终,以负今日之言也。"按太宗这段说话,与大禹告帝舜警戒之谟相同,不独寻常人主,当置于座右,盖自古聪明圣哲之君,益多敬惧忧危之意,其德愈盛,其心愈下,其业愈广,其意愈谦,其时虽无虞,其自视常若天怒人怨,而危亡之立至者,此二帝三王所以长治久安,而万世称隆也。若桀纣狂愚,谓人莫己若,谓天不足畏,遂以一人纵于民上,自取灭亡,为后世笑。有天下者,可不戒哉!

今评 魏徵关于"慎终如始"的劝谏可说是深刻、及时、切中要害并富有远见的。太宗后期的政治也大不如前,魏徵及早提醒太宗,真不愧为一代诤臣。

颉利表请入朝,上谓侍臣曰:"曩者突厥之强,控弦百万,凭陵中夏,用是骄恣以失其民。今自请入朝,非困穷,肯如是乎!朕闻之,且喜且惧。何则?突厥衰则边境安矣,故喜。然朕或失道,他日亦将如突厥,能无惧乎!卿曹宜不惜苦谏,以辅朕之不逮也。"

张居正讲评 此时突厥颉利可汗以部落多叛,要内附中国,乃上表请求入朝。太宗与侍臣说道:"向日突厥强盛的时节,他部下挽弓骑射之卒,约有一百万人,凭恃其众,欺陵我中国,意得志满,因此骄纵,残害十五部落,大失众心。今自求归附,非其众叛亲离,力困势穷,安肯降顺如此。朕闻此事,又且欢喜,又且警惧,所以欢喜,为何?盖边境不安,全是此虏为害,今突厥衰弱,不来侵犯,则边境小民,得以安宁矣,岂不可喜!所以警惧,为何?盖突厥失民,由于骄恣无道所致,朕或行政失道,他日民心背叛,国势衰微,也将与突厥今日一般,岂不甚为可惧乎!卿等宜体朕此意,凡朕有识见不周,举动不一的去处,须要苦言极谏,以助朕之不及,不可缄默自全,陷朕于失道之地也。"大抵人主抚有天下,莫不喜盛强而惧衰弱,然衰弱之形,每伏于盛强之日,故人能惧祸于已然,而不能惧祸于未然也。唯圣王忧深而虑远,早见而豫图,当盛即忧其衰,处强即虑其弱,是以兢业常存,而盛强可常保也。《易经》有示危者,保其安者也,乱者有其治者也,太宗因突厥入朝而惧,其意实本于此。

今评 太宗能遇事深忧远虑,警钟常鸣,居安思危,理不忘乱,初唐的强盛才有保证,这也是一条很好的历史经验。

太常少卿祖孝孙,作唐雅乐。上曰:"礼乐者,盖圣人缘物以设教耳,治之隆替,岂由于此?"御史大夫杜淹曰:"齐之将亡,作《伴侣曲》;陈之将亡,作《玉树后庭花》,其声哀思,行路闻之皆悲泣,何得言治之隆替不在乐也!"上曰:"不然。夫乐能感人,故乐者闻之则喜,忧者闻之则悲,悲喜在人心,非由乐也。将亡之政,民必愁苦,故闻乐而悲耳。今二曲具存,朕为公奏之,公岂悲乎?"右丞魏徵曰:"古人称'礼云礼云,玉帛云乎哉!乐云乐云,钟鼓云乎哉!'乐诚在人和,不在声音也。"

张居正讲评 《伴侣曲》、《玉树后庭花》,都是乐曲名。初,唐高祖命太常少卿祖孝孙定乐律,孝孙以为梁、陈之音多吴、楚,周、齐之音多胡、夷,于是斟酌南北,考以古声,为有唐一代之正乐,叫做雅乐,至是奏之。太宗因与群臣议论说:"自古圣人治定制礼,功成作乐,不过托之仪文器数,以制人之情,宣人之和,设行教化而已,若论政治之隆盛衰替,岂由于此?"御史大夫杜淹说:"近代齐后主将亡,作《伴侣曲》,陈后主将亡,作《玉树后庭花》,这两般歌曲,其声音凄切,正所谓亡国之声哀以思,那时行路的人听得,也都悲哀流涕,可见乐音有邪正,而人心之哀乐随之,如何说治之隆替不由于此!"太宗说:"你这话不是。盖乐的声音能感动人,故喜乐的人听得便喜,悲忧的人听得便悲,这悲与喜乃在人心,不在于乐。你说齐、陈二曲,能使行路悲泣,盖以国之将亡,其政暴乱,那百姓每愁苦无聊,心里先自悲切,所以一闻乐声便不觉悲痛耳。如今这两般歌曲都在,朕试取来奏与你们听,看你们悲也不悲?可见哀乐只在人心,不由于乐也。"尚书右丞魏徵进说:"古人有言,礼云礼云,玉帛云乎哉!乐云乐云,钟鼓云乎哉!这是说礼乐自有个本原,那玉帛、钟鼓,乃仪文器数之末,未可便叫做礼乐,可见乐只在人心和乐,不在声音,诚如圣谕。"这太宗、魏徵之言,诚为探本之论。自古说:至乐无声,而天下和。又云:心和则气和,气和则形和,形和而天地之和应之,此乐之所由起也。向使宽政缓刑,轻徭薄赋,四海之内,欢欣鼓舞而颂声作,天下之乐,莫大于此。不然,则虽日奏以咸英韶濩,亦何补于治哉!世儒不达,而拘拘于累黍尺度之间,以求所谓十二律者,陋矣。

今评 作为政治家,太宗清醒地将制礼作乐当作"万代取法"的事业,至于说听音乐"悲喜在人心",虽有一定道理,但也不能否认不同音乐会给人不同的作用。

上谓侍臣曰："赦者小人之幸,君子之不幸;一岁再赦,善人喑哑。夫养稂莠者害嘉谷,赦有罪者贼良民,故朕即位以来,不欲数赦,恐小人恃之轻犯宪章故也。"

张居正讲评 这一段是记太宗慎重赦宥的事。喑哑是怨气不得伸说。稂莠是害苗的草。太宗一日与侍臣说道："赦宥罪过,固是朝廷旷荡之恩,但刑法之设,本为禁治小人,保安君子,若颁放诏赦,则为恶者得以脱网,良善者不免受害,此乃小人之幸,君子之不幸也。纵有时而赦,亦只可偶一行之,设使一年之间,两次放赦,则小人得志横行,而良善之人,吞声忍气,就如喑哑的一般,有屈而不得伸矣!岂非君子之人不幸乎?盖君子之有小人,就如嘉谷之有稂莠,治田者必锄去稂莠,那田苗才得茂盛,若留着稂莠,则草盛苗荒,反为嘉谷之害矣!治百姓者,必须除去奸恶,那良民始得安生,若释放有罪,则强欺弱,众暴寡,反为良民之贼矣!所以朕自即位初年大赦之后,至今以来,不欲频数放赦,正恐小人恃有此恩典,以为脱罪之地,遂恣行暴横,轻犯刑章,则赦宥愈频,犯法者愈众,不但君子以为不幸,便是那为恶的,也无所惩创改悔,亦非小人之福也,朕所以不欲数赦者此此。"按《舜典》有云:"眚灾肆赦。"盖言人有过误不幸而犯罪者,则放赦之,其余不概赦也,后世大赦之令,不问罪之大小,情之轻重,一概赦除,甚至著以为令,国有大庆则赦,行大礼则赦,失议赦之本意矣。却不知恩可以矜愚民,不可以惠奸宄,令可以权一时,不可以为常制。执此以议赦,则法既不弛,恩又不滥,自然刑清而民服矣,何至以赦为禁哉!

今评 唐太宗慎重对待大赦的态度是正确的,对于罪犯应依法惩办,不可宽大无边。

上曰:"比见群臣屡上表贺祥瑞,夫家给人足而无瑞,不害为尧、舜;百姓愁怨而多瑞,不害为桀、纣。后魏之世,吏焚连理木,煮白雉而食之,岂足为至治乎!"尝有白鹊构巢于寝殿之上,合欢如腰鼓,左右称贺。上曰:"我常笑隋帝好祥瑞,瑞在得贤,此何足贺!"命毁其巢,纵鹊于野外。

张居正讲评 两株树其干与枝连合为一,叫做连理木。太宗说:"近见群臣屡上表章,称贺祥瑞,盖见一希有之物,遂以为治世之征也,然治莫如尧舜,乱莫如桀纣,若为君者能寡欲省费,使天下百姓每饱暖安乐,就是那时无一件祥瑞,也不妨为尧舜;若纵欲广费,使天下百姓每忧愁怨恨,就是那时遍天下尽皆祥瑞,也不免为桀纣。且如后魏之世,处处都产连理的木与白色的雉鸡,瑞物极多,当时吏人只把连理木当柴焚烧,烹煮那白雉而食之,其瑞物之多如此。然此时窃据分争,生民涂炭,岂是至治之世,可见世之治乱,不系于祥瑞之有无,则今日纵有祥瑞,何必称贺?"史臣因记那时曾有白鹊结构窝巢在寝殿上,其巢两个合而为一,有合欢之形,又两头大,中间小,恰似那乐器中腰鼓的模样,左

太宗

右侍臣都说道："世间少有白鹊，又少有合欢之巢，今在寝殿，实为祥瑞，理当称贺。"太宗说："我尝笑隋炀帝酷好祥瑞，其时卫尉高德儒遂指野鸟为鸾以欺之，君愚臣谄，卒以亡国。夫国之祥瑞，在于得贤，尧、舜得岳牧、元凯，故成唐虞之治，桀、纣有龙逢、比干而不能用，故丧夏商之业，人君得贤才是可贺的事，若一鹊之奇，一巢之异，何关于国而称贺哉！"遂令撤毁其巢，纵放那鹊于野外，以示不尚祥瑞之意。按太宗瑞在得贤一言，可谓超世之见，盖天之生贤不数，君之求贤甚难，得，则政事理，百姓安，而天下治平；不得，则政事隳，百姓困，而天下扰乱，贤才之得不得，关天下之治乱，这才是真正的祥瑞，然非人主有知人之明，则得者未必贤，贤者未必得，譬之指菌为芝，视麟为怪，其失远矣，此又不可不知。

今评 一般封建帝王都喜欢祥瑞，唐太宗明智地提出得贤才就是祥瑞，正如张居正所说：此"可谓超世之见"。

突厥寇边，朝臣或请修古长城，发民乘堡障。上曰："突厥灾异相仍，颉利不惧而修德，暴虐滋甚，骨肉相攻，亡在朝夕。朕方为公扫清沙漠，安用劳民远修边塞乎！"

张居正讲评 太宗时，突厥颉利拥兵犯边，朝中群臣，或请修葺古时所筑的长城，发民丁乘守沿边屯堡亭障，以备虏寇。太宗说："今突厥国中，盛夏降霜，六畜多死，灾异相因，其酋颉利，不务恐惧修省，以德禳灾，乃更为暴虐，日甚一日，又与其亲族突利可汗内相攻伐，此其灭亡近在朝夕，岂能久存？朕方选拣厉兵，乘此天亡之时，为你每灭此残虏扫清沙漠之地，使华夷一家永无边患，又何用重劳民力，远修边塞乎！"这是太宗审时度势，自信其兵力足以制之，故其言如此。若论守国御夷之道，则修城垣、乘障塞，乃其先务，故周平玁狁，城彼朔方，诗人美之；秦筑长城，虽毒民于一时，而使匈奴不敢南向，万世得因以为利。此乃中国之备，不因夷狄之盛衰以为兴废者也，筹边者宜留心焉。

今评 长城和其他边防工事还要有精兵强将结合起来，就可常备不懈，长保国家之平安。

交趾：在今越南河内一带。

文宣帝(529—559)：即高洋。渤海蓨(今河北景县)人。东魏时封齐王，武定八年(550)，代魏称帝，建立北齐。高洋嗜酒，以淫乱狂暴闻名。

十月，上以瀛州刺史卢祖尚才兼文武，征入朝，谕以"交趾久不得人，须卿镇抚。"祖尚拜谢而出，既而悔之，辞以疾。上遣杜如晦等谕旨，祖尚固辞。上大怒曰："我使人不行，何为政！"命斩于朝堂，寻悔之。他日，与侍臣论齐文宣帝何如人？魏徵对曰："文宣狂暴，然人与之争事，理屈则从之。"上曰："然。暴者卢祖尚虽失人臣之义，朕杀之亦为太暴，由此言之，不如文宣矣！"命复其官荫。徵容貌不逾中人，而有胆略，善回人主意，每犯颜苦谏，或逢上怒盛，徵神色不移，上亦为之霁威。

> 张居正讲评

贞观二年十月，太宗以交趾边郡兼领诸蛮州，非文武全才，不能镇抚，遍求其人，得瀛州刺史卢祖尚才兼文武，堪任此职，遂征召他入朝，亲谕他说："交趾地方，久不得人，须卿往彼镇压抚安之。"祖尚领命，拜谢而出，既而自悔，不欲行，推说有疾去不得。太宗必欲他去，遣廷臣杜如晦等宣谕旨意，祖尚再三左辞，终不肯行。太宗大怒说："君为臣纲，随其所使，无不从命，才是政体。今我要使一人，而人不听命，后将何以治人！"遂斩卢祖尚于朝堂，以警戒百官，少顷又复追悔，已无及矣。一日，与侍臣论北齐文宣帝是何等人主。魏徵答说："文宣帝贪酒嗜杀，虽是个狂暴之君，然事有不可，臣下或与他争辩，若自己理屈，便肯听从。如青州长史魏恺改光州不行，以其辩说有理，竟不加罪，这一节也可取。"太宗说："委的是如此，朕因此自反，往时卢祖尚违命不肯行，虽失人臣之义，然其罪不至死，朕遽杀之，未免太暴，由此言之，朕似不如文宣矣！"遂命复卢祖尚原官与恩荫，以示悔过之义焉，从魏徵之说也。魏徵的容貌，虽不过与寻常人一般，而有胆气才略，善转回人主的意思，每每触犯颜色，苦心谏诤，或遇太宗怒盛，群臣震恐，魏徵神色不变，举止自若，太宗亦往往为之霁止威严以从之。此虽魏徵回天之力，而从谏弗咈，则太宗之明达，尤常情所难也。然人臣事主，贵于有忠爱之实意，积至诚以感动之，则虽刚暴昏暗之主，亦未有不可以理喻者，况明哲如太宗者乎！尝考魏徵本传，言其忠谏恳至，尝劝太宗力行仁义，以君不及尧舜为耻，则其忠爱之诚，孚于上者久矣！岂徒以其有胆略而已乎？故人君以从谏为圣，事君以勿欺为本。

> 今评 此事说明太宗能不护短、自己随时反省过错，且知过必改，在封建帝王中，实属难得。

上曰："为朕养民，唯在都督、刺史，朕常疏其名于屏风，坐卧观之，得其在官善恶之迹，皆注于名下，以备黜陟。县令尤为亲民，不可不择。"乃命内外五品以上，各举堪为县令者，以名闻。

> 张居正讲评

都督，是唐时各路总管官名，如今之巡抚都御史。刺史，是唐时各州太守官名，如今之知府。太宗说："国以民为本，为朕惠养斯民，使之得以安生乐业者，唯在各路都督与各州刺史。这两样官，职在宣布朝廷恩德，督察守宰，最为紧要，故朕尝记录其姓名于便殿屏风上，坐卧观览，时加察访，得其在官所行的事迹，或善或恶，都各填注于本官名下以备将来，恶者罢黜之，善者升用之，使有所劝戒。至于县令之职，于百姓尤为亲近，得其人，则一县百姓都受其福，不得其人，则一县百姓都受其害，尤不可不慎加简择。"于是命内外五品以上官，各将平日所知，其才力操守堪为县令的，俱列其名，奏闻朝廷，以备选授。这一段，是记太宗慎重民牧的意思。《书》曰："德唯善政，政在养

太宗

民。"又曰:"民为邦本,本固邦宁。"然天子端居九重之中,爱民虽切,其势不能独治,须要方面守令之官,宣德布化,然后治功可成。太宗深察治本,用心于选贤养民如此,又定为制,凡都督、刺史,皆天子临轩册授,受命之日对便殿,赐衣物,所以宠任责成者,可谓至矣。贞观之治岂偶致哉!

今评 太宗对官吏的铨叙考核如此认真,说明"贞观之治"的出现,确非偶然。

卷之十五

唐 纪

太 宗

三年三月，上谓房玄龄、杜如晦曰："公为仆射，当广求贤，随才授任，此宰相之职也。比闻听受辞讼，日不暇给，安能助朕求贤乎！"因敕尚书细务属左右丞，唯大事应奏者，乃关仆射。

张居正讲评 仆射，是官名，初唐置尚书省，有尚书令，总理六尚书之事，有左右仆射为之佐，又有左右丞分理其事，其后以太宗曾为尚书令，遂不设此官，但以仆射为省长，即宰相之职也。贞观三年三月，太宗谓房玄龄、杜如晦说道："宰相之职，莫大于进贤，卿等为仆射，事当急其大者，必广询博访，求得真贤，随其才能，授以职任，乃为称职。近闻卿等身亲细务，听受辞讼，至于每日勤劳，应给不暇，安能从容咨访、助朕求贤乎！"于是敕令六部尚书，凡一应琐细事务，俱属左右丞分理，惟军国大事，应当奏闻的，乃关白仆射，听其处分。太宗之意，盖欲使房、杜二人，事简而心专，庶能求贤以图治也。盖百官之职，在于任事，宰相之职，在于任人，故人君择一相，宰相择庶官，而后天下之事可不劳而举。不然，一人之才力有限，天下之事务无穷，虽日劳心焦思，身亲辞讼而遍听之，何益于治哉！太宗可谓知治体矣。

今评 唐太宗不但自己注意"选贤"，还命令中央官员注意"选贤"，特别是宰相，应以广求贤人、随才授任为其职责。

玄龄明达政事，辅以文学，夙夜尽心，惟恐一物失所；用法宽平，闻人有善，若己有之，不以求备取人，不以己长格物，与如晦引拔士类，常如不及。至于台阁规模，皆二人所

太宗

定。上每与玄龄谋事，必曰："非如晦不能决。"及如晦至，卒用玄龄之策。盖玄龄善谋，如晦能断故也。二人深相得，同心徇国，故唐世称贤相者，推房、杜焉。

张居正讲评 这一段，是因太宗属任宰相，遂并记房、杜之相业如此。房玄龄之为人，才学兼备，既明达百官庶吏之事，又能以文学济之，早夜孜孜，尽心为国，惟恐天下或有一物不得其所。故用法则宽厚而和平，待人又虚心而能恕，闻人有善，便如自己有的一般，不以求备之心取人，而苛责其所不能，不以一己之长拒人，而沮绝其所可用，每与杜如晦引拔士类，使人之同升，其心汲汲然，常如有所不及。至于台阁中政事规模，亦皆二人相与裁定，以为一代之章程焉。是时太宗每与玄龄谋议政事，必说道："所谋虽善，然非如晦，不能断决。"及如晦到来，相与裁议，又竟用玄龄所谋之策。盖玄龄性资明敏，善于图谋，如晦性资刚果，善于断决，故也。二人谋断，彼此相资，契合无间，同心协力，以徇国家，故能举贤任能，弼成"贞观之治"。唐时称贤相者，必推重于房、杜焉。古语说：中臣以身事君，上臣以人事君。盖以身事君者，所及有限，以人事君者，所及无穷。今观房、杜之所为，庶几乎休休之臣，是以保我子孙黎民者矣！然非太宗亲信之笃，委任之专，何以得行其志哉！故太宗任相，不以躬亲细务为能，而惟以求贤为先。房、杜为相，不以同心徇国为足，而尤以进贤为务。此万世为君、为相者之所当法也。

今评 史称"房谋杜断"，可谓珠联璧合。

<small>中书省：魏晋始设，为秉承君主意旨掌管机要、发布政令的机构。沿至隋、唐，逐渐成为全国政务中枢。唐代的中书与门下、尚书三省同为中央行政总汇，中书决策，门下审议，尚书执行。
门下省：东汉曾设侍中寺，晋称门下省。隋、唐时与中书省同掌机要，共议国政，并负责审查诏令、签署章奏，有封驳之权。</small>

四月，上御太极殿，谓侍臣曰："中书、门下，机要之司，诏敕有不便者，皆应论执。比来唯睹顺从，不闻违异。若但行文书，则谁不可为，何必择才也！"房玄龄等皆顿首谢。故事，凡军国大事，则中书舍人各执所见，杂署其名，谓之五花判事。中书侍郎、中书令省审之，给事中、黄门侍郎驳正之。上始申明旧制，由是鲜有败事。

张居正讲评 中书省、门下省都是唐时宰相衙门。舍人，是中书省属官。侍郎，是中书省佐贰官。令，是中书省长官。给事中，是门下省属官。黄门侍郎，是门下省佐贰官。贞观三年四月，太宗御太极殿，谕侍臣说道："国家建立宰相，设中书省，掌佐天子执大政，凡制册诏敕，皆属其宣署申复。设门下省掌出纳帝命，凡国家之务，皆与中书参总。此两省乃机务紧要之司，诏敕如有不稳便处，都该辩论执奏方为称职。近来两省官，惟见阿旨顺从，不闻一言违异，夫宰相若但奉行诏敕文书而已，则凡人谁不能做，何必选择贤才而任之乎！"于是中书令房玄龄等皆顿首谢罪。两省相传故事：凡遇军国大事，有关系难裁决的，则中书省先令舍人各执所见以判断之，因各佥署其名于所断之后，谓之五花判事，盖以其言之者非一人，参错而不齐也。众舍人判讫，中书侍郎至中

卷之十五 唐纪

书令都省览审察一过,酌其是非以为取舍,犹恐中间还有差失,仍行于门下省,令给事中至黄门侍郎,次第参详驳正,然后施行。这规矩已久废了,太宗始申明之,使一一都照旧行,由是事皆停当,少有差谬者。盖天下之事,非一人智力所能周,故天子委之宰相,宰相参之僚属,不以往复为烦,不以异同为病,然后众思毕集,而庶政惟和。后世庸暗之主,令惟主于必行,柔佞之臣,心惟在于保位,是以有顺从而无匡弼,讳过失而惮改更,几何而不败天下之事哉!太宗此举,可谓深识治体者矣。

今评 有制度、有职责,广取各种意见,反复匡正,政令也就比较符合实际,做到了集思广益。

　　茌平马周,客游长安,舍于中郎将常何之家。六月,以旱,诏文武官极言得失。何武人不学,不知所言,周代之陈便宜二十余条。上怪其能,以问何。对曰:"此非臣所能,家客马周为臣具草耳。"上即召之;未至,遣使督促者数辈。及谒见,与语甚悦,令直门下省,寻除监察御史,奉使称旨。上以常何为知人,赐绢三百匹。

张居正讲评　　茌平,是县名,即今山东东昌府茌平县。太宗时,茌平人马周,有奇才,以贫贱不修细行,为人所轻,乃感激西行,客游于京师,先投见中郎将常何,馆于其家。贞观三年六月,太宗因旱灾,诏令文武百官各上本极言时政的得失,以图修省。常何是个武官,平日未尝学问,不知有何事可说,乃央托马周代笔。马周就替他做个本稿,条陈时政便宜,可以弭灾者凡二十余件,都是当世切务,凿凿可行的。太宗看了这本,疑怪说:"常何怎么会做得这本,必是有人代笔。"乃面问常何,常何从实对说:"这本非臣所能作,乃臣之门客马周替臣具稿耳。"太宗即时宣马周入见,未到间,连差了几起人去催促他,其欲见之急如此。及来到朝见,太宗亲与之谈论,见他应对明敏,甚喜其才,就命他直宿于门下省,以待顾问,不久便除授监察御史之职,差他出去巡行郡县。马周果能激浊扬清,除奸革弊,甚称合上旨。太宗越发喜他,恩眷日厚。以常何能荐马周,为有知人之明,乃赐绢三百匹以赏之。其后竟用马周为宰相,为唐初名臣,其遇合之奇如此。夫贤才之在天下,何代无之,但或阻于疏贱,而无左右之容,或失于踬弛,而乏乡曲之誉,往往困穷湮塞,莫能自见。惟明主旁搜博访,拔之于常格之外,然后可以搜罗遗佚,兴起事功。马周以一布衣,太宗偶览其文,即召见擢用,首置禁近,旋参机密,虽古之求贤于版筑、取士于屠钓者,亦何以远过哉!此所以能得天下之才,而成贞观之治也欤。

今评 太宗与马周的遇合,说明太宗处处留心搜罗人才,重视从寒门庶族中选拔人才,改变了用人尊世胄、卑寒士的局面。

太宗

十二月,突利可汗入朝,上谓侍臣曰:"往者太上皇以百姓之故,称臣于突厥,朕常痛心。今单于稽颡,庶几可雪前耻。"

张居正讲评 突利可汗,是北房突厥酋长。太上皇,是太宗之父高祖。单于,即是可汗。贞观三年十二月,突利可汗慕太宗威德,举国内附,亲入京师朝见。太宗因谕侍臣说道:先年太上皇以隋政暴虐,百姓困苦,起兵救之,那时突厥强盛,欲借他兵马以为助,不得已卑词厚礼,至为之称臣,其屈辱如此,朕常以是痛心,岂知今日我中国强盛,外夷震服,突厥君长,稽首来朝,前日称臣之耻,庶几可以洗雪矣。

今评 唐朝的强盛,是突厥君长稽首来朝和前日称臣之耻可雪的原因。任何民族和国家的人民,都必须团结一致,自强不息,使国富民强,才能保持独立与尊严。这是很重要的历史教训。

> 靺鞨(mò hé):古族名。居住在我国东北长白山与黑龙江之间。先秦时称肃慎,汉代称挹娄,南北朝称勿吉,隋唐时称靺鞨,分若干部落,以白山、黑水、粟末等部最有名,唐初即遣使与唐通好。

壬午,靺鞨遣使入贡,上曰:"靺鞨远来,盖突厥已服之故也。昔人谓御戎无上策,朕今治安中国,而四夷自服,岂非上策乎!"

张居正讲评 靺鞨,是北狄一种,其地与突厥相邻,至是遣人到唐朝,贡献方物。太宗与群臣说道:"靺鞨地方隔远,不通中国,今乃远来朝贡者,盖突厥在四夷中,最为强盛,今已臣服,故靺鞨亦知朝廷威德,从而顺化也。昔人严尤,曾说御戎无上策,盖以夷狄非我族类,叛服不常,攻之则劳费无已,置之则时来侵犯,所以说自周、秦、汉以来,未有得上策者。若我今日,未尝劳民伤财,勤兵于远,惟务修政立事,治安中国,而四夷闻风慕义,自然相继来庭,然则专修内治,岂非御戎之上策乎!"大抵制服夷狄之道,惟在先安中国,譬如人之一身,元气充实则四肢之病自不能入也。若乃穷兵黩武,快心无用之地,斯之谓无策者矣。然推其本原,又在人主之一心,伯益所谓无怠无荒,四夷来王,盖内修外攘之大本也。

今评 国家政治修明,国力充足,国内安定,就无人敢来侵侮。但修内治也应包括巩固国防和积极的抵抗政策,还应有正确的民族政策,这样,即使有敢于来犯者,也必遭抵抗而失败,正确的民族政策则可感召和坚定各族归向中央的决心。

三月,四夷君长诣阙请上为天可汗。上曰:"我为大唐天子,又下行可汗事乎!"群臣及四夷皆称万岁。是后以玺书赐西北君长,皆称天可汗。

太宗

张居正讲评

贞观四年三月，太宗既破灭突厥，威声远播，于是四夷酋长，都来朝于阙下，请上太宗尊号为天可汗。可汗，是虏王名号，称天可汗者，所以尊太宗也。太宗笑说："我已做了大唐天子，统御万方，乃又下行可汗之事，为夷狄君长乎！"太宗此言，虽若不屑其请，而实有矜夸自许之意，于是群臣及四夷酋长同呼万岁称贺。自后以诏书颁赐西番北虏的酋长，都加称天可汗之号，以从其请焉。这虽是太宗抚御夷狄之权宜，然以堂堂天子之尊，而甘同虏酋之号，则陋莫甚矣。是以终唐之世，其治杂夷，至于中季，往往借夷兵以平内乱，遣宗女以嫁番虏，驯至五代，而中原之地，悉为戎马之场，皆太宗好大喜功之一念启之，故先王之制，内华外夷，正名辨类，不以夷狄乱我中国，亦不以中国变于夷狄。太宗此举，不足法也。

今评 各族首领尊太宗为天可汗，是由于太宗实行了比较合乎实际的民族政策。太宗接受天可汗尊号，顺应了民族大融合的历史潮流，为各民族的团结做出了贡献。张居正主张"内华外夷，正名辨类"，评说太宗不应"甘同虏酋之号"，这是不符合历史发展潮流的观点。

突厥颉利可汗至长安，上御顺天楼，盛张文物引见，诏馆于太仆，厚廪食之。上皇闻擒颉利，叹曰："汉高祖困白登，不能报；今我子能灭突厥，吾付托得人，复何忧哉！"上皇召上与贵臣十余人及诸王、妃、主置酒凌烟阁。酒酣，上皇自弹琵琶，上起舞，公卿迭起为寿，逮夜而罢。

张居正讲评

此时突厥的部落，有两个酋长，一个是突利可汗，先已归顺唐朝；一个是颉利可汗，这一种最为强盛，不服中国。太宗命大将李靖往征之，遂擒获颉利，送至长安。太宗御顺天门楼，盛陈威仪文物，引见颉利，赦了他的罪，待以不死，命馆待他在太仆官署中，厚供廪给食用。太上皇高祖闻之擒了颉利，心中甚喜，叹息说道："昔汉高祖一代英雄之主，被那冒顿单于围困在白登城中，七日方解，其后毕竟不能报复。今吾儿乃能大奋兵威，将突厥擒灭，是汉高祖所不及也。吾以天下付托与他，可谓得人矣，又何忧哉！"于是召太宗及公卿贵臣十余人，并宗室诸王、皇妃、公主，在凌烟阁上，置酒大宴，以庆成功。饮至半醉，上皇自弹琵琶，太宗离席起舞，公卿大臣都以次起来，称觞上寿。君臣欢饮，至夜方罢。盖突厥在唐初时，极其桀骜，高祖借其兵力，奉之以卑辞，太宗患其凭陵，申之以盟誓，其强如此。一旦命将出师，扫平朔漠，擒其酋长，献至阙廷，是诚不世之奇功也。父子君臣，交相庆幸，宜矣！然昔人有言，自非圣人，外宁必有内忧，则治定功成，正人主忧勤之日。他日虏酋请朝，太宗自谓且喜且惧，盖亦有得于警戒无虞之旨，岂徒以成功为幸哉！

今评 张居正指出太宗平突厥，奇功当庆，但不可忘记"外宁必有内

忧",这无疑是很重要的,此外还要警惕骄傲自满情绪。

六月,发卒修洛阳宫以备巡幸,给事中张玄素上书谏,以为:"洛阳未有巡幸之期而预修宫室,非今日之急务。陛下初平洛阳,凡隋氏宫室之宏侈者皆令毁之,曾未十年,复加营缮,何前日恶之而今日效之也!且以今日财力,何如隋世?陛下役疮痍之人,袭亡隋之弊,恐又甚于炀帝矣!"上谓玄素曰:"卿谓我不如炀帝,何如桀、纣?"对曰:"若此役不息,亦同归于乱耳!"上叹曰:"吾思之不熟,乃至于是!"顾谓房玄龄曰:"朕以洛阳土中,朝贡道均,意欲便民,故使营之。今玄素所言诚有理,宜即为之罢役。后日或以事至洛阳,虽露居亦无伤也。"仍赐玄素彩二百匹。魏徵闻之,叹曰:"张公论事,有回天之力,可谓仁人之言哉!"

【张居正讲评】洛阳宫是隋时旧宫。兵戈之后,百姓犹带伤残,故叫做疮痍之人。土中,是天下地土适中的去处。贞观四年六月,太宗命调发徒卒,修治洛阳旧宫,以备他日巡幸。时有给事中张玄素上书进谏说:"洛阳去京都数百里,圣驾无故必不轻出,今巡幸尚未有日期,乃预先修造此宫,恐非今日要紧的事务。窃见陛下当初平定洛阳时,恶隋氏以奢侈亡国,凡洛阳宫室宏壮侈丽者,都下令拆毁,以垂后人鉴戒。到今曾未有十年之久,乃又重新修理起来,何前日这等恶他,而今日反效其所为也!且今日财用民力,正在困穷,如何比得隋家那样富贵?陛下不思撙节爱养,乃役此疲敝疮痍之民,而踵袭亡隋的弊政,恐怕百姓财力困竭,祸乱将作又甚于炀帝之时矣!"太宗遂问玄素说:"卿说我不如隋炀帝,却比夏桀、商纣二君何如?"玄素对说:"桀、纣也只因不爱百姓,不听忠言,以至于乱,若此工役不肯停息,劳民致怨,亦将与桀、纣同归于乱耳!"太宗闻此言叹说:"我一时思虑不熟,乃至于此,是我之过也。"因回顾宰相房玄龄说:"朕以洛阳居天下之中,四方入朝进贡的人,道路均平,意欲居之,取民方便,故令营造宫室,以备巡幸。今闻玄素的言语,诚为有理,当即为之停罢工役,后日或有事要到洛阳,就在露地暂居,亦无伤也。"仍赐玄素彩帛二百匹,以赏其敢言之忠焉。比时魏徵闻之,叹息说道:"这修造事已有成命了,主上闻张公一言,即为停止,是其论事,实有回天之力,因此省了许多民财,宽了许多民力,天下人谁不受福?真可谓仁人之言哉!"盖魏徵谏主之心,与玄素相同,故不觉其嘉叹而称美之也。夫玄素肯犯颜敢谏,固是忠臣,而太宗能虚己受言,尤见盛德。观其诏令已发,工役已兴,一闻正论,即时停止,且以桀、纣、炀帝比之,不怒其言过直,而复加以厚赏。其纳谏如流,一至于此,则忠言岂有不竭,政令岂有不善者哉!《传》曰:"兴王赏谏臣。"太宗有焉,其兴也宜矣!

【今评】张玄素上书谏诤,批评得很重,甚至以亡国之君炀帝、桀、纣相比;太宗听取了这些逆耳忠言,停止了这次征发。此事真实反映出贞观时期政局的开明。

• 上问房玄龄、萧瑀曰："隋文帝何如主也？"对曰："文帝勤于为治，每临朝，或至日昃，五品已上，引坐论事，卫士传餐而食；虽性非仁厚，亦励精之主也。"上曰："公得其一，未知其二。文帝不明而喜察，不明则照有不通，喜察则多疑于物，事皆自决，不任群臣。天下至广，一日万机，虽复劳神苦形，岂能一一中理！群臣既知主意，唯取决受成，虽有愆违，莫敢谏争，此所以二世而亡也。朕则不然，择天下贤才置之百官，使思天下之事，关由宰相，审熟便安，然后奏闻。有功则赏，有罪则刑，谁敢不竭心力以修职业，何忧天下之不治乎！"因敕有司："自今诏敕行下有未便者，皆应执奏，毋得阿从，不尽己意。"

张居正讲评

餐，是熟食。太宗一日问左仆射房玄龄、御史大夫萧瑀说道："隋文帝是何等的人主？"二臣对说："文帝日夜勤劳，留心治道，每临朝听政，直到过午方休，群臣自五品以上，有事奏对，都引上赐坐，与他从容议论，临朝既久，侍卫的军士，不得退散，就在殿陛之间，传递熟食以充饥，其勤如此。虽其天性刻薄，固非仁厚，却也是励精图治之君。"太宗辩说："卿等所言，只得他好处一边，却不知他那不好处。盖文帝为人本自昏昧不明，却乃喜于伺察，不明则于人情物理，既不能兼照，喜察则于群臣百姓又多所猜疑，所以事无大小都要自决，不任群臣。殊不知天下至广，一日万机，人君以一人聪明，纵使内劳精神，外苦形体，亦岂能事事合理，无少差错！群臣窥见人主意思，在于自用，也就大家推避，不肯担当，凡事唯取主上裁决，受其成命而行，虽于事理有过差处，都只推说上面的意思要如此，我辈岂敢有违，也只含糊缄默不敢明言谏争。由是上下日隔，政事日非，至于大坏极敝，而人主不知，此隋所以二世而亡也。朕意却不如此，唯选择天下贤才，布列在百官之职，使之各尽所长，图思该干的职业。凡事俱经由宰相，任其精审熟思，区处停当然后奏闻于上，请命而行。若是臣下之中，有任劳任事，而功绩著闻者，朝廷自有恩赏；有阿意曲法，而罪状昭彰者，朝廷自有刑罚。赏罚既明，谁敢不竭尽心力以修职业；百官既尽其任，则政事自无不理，何忧天下之不治，而至于劳心焦思，下代百司之职乎！"因敕有司："自今诏敕行下有不稳便处，都该明白执奏，另请处分，毋得心知不便，却只阿旨曲从，不尽其意之所欲言也。"大率文帝之意，在于自用，故君骄臣谄而政日乱；太宗之意，在于任人，故君逸臣劳而政日成，此二主得失之辨也。然古之帝王，所谓兢兢业业，一日、二日万机，与夫自朝至于日中昃、不遑暇食者，又岂安享无为、而一无所用其心哉！然则居敬以行简，又审治体者所当知也。

今评 张居正认为"文帝之意，在于自用；太宗之意，在于任人"。后者这就充分发挥了群臣的聪明才智，比蓄疑御下高明得多，所以"自用"与"任人",其治国实效大不相同。

上读《明堂针灸书》,云:"人五脏之系,咸附于背。"诏自今毋得笞囚背。

张居正讲评 《明堂针灸》,是医书,相传是黄帝所著。太宗一日因看此书,见上面说道:人腹中五脏经络相为连属,其根蒂悬系的去处,都靠在背上。因想如今有司断囚,有笞背之刑,岂不摇动脏腑,伤人性命,况应笞的人,本是轻罪,若反令致死,尤为可悯。于是诏谕所司,自今以后,一断囚人不许笞背。自太宗此令一行,而笞背之法,至今遂不复用矣。夫笞罪本非重典,似不须人主留心,只缘长民断狱之官,不能仰体德意,往往以严刑峻法,刻剥无辜,故虽鞭朴之刑,亦有极其惨痛者,盖不待丽于大辟,而民命之伤残者众矣!自非人主加意矜怜,而朝廷怀保之仁,何由而下布乎!太宗节医经一语,而念及有司之笞背,可见刑无大小,皆在其矜恤之中,其仁至矣!厥后一岁断狱,止于二十九人,刑措之风,比隆三代,岂非其不忍人之心所致哉!

今评 唐太宗事无巨细,都认真思考,其目的在于治国。不许笞背,罪犯心服,人心更服,就如轻徭薄赋一样,目的是为"治",不是恩赐。当然,这些做法都比较符合人民的利益。

诸宰相侍宴,上谓王珪曰:"卿识鉴精通,复善谈论,玄龄以下,卿宜悉加品藻,且自谓与数子何如?"对曰:"孜孜奉国,知无不为,臣不如玄龄。才兼文武,出将入相,臣不如李靖。敷奏详明,出纳惟允,臣不如温彦博。处烦治剧,众务毕举,臣不如戴胄。耻君不及尧舜,以谏诤为己任,臣不如魏徵。至于激浊扬清,嫉恶好善,臣于数子,亦有微长。"上深以为然,众亦服其确论。

张居正讲评 太宗一日宴群臣于丹霄殿,众宰相都在侍宴。太宗与侍中王珪说道:"卿平日识见鉴别精明通达,有知人之哲,且又善于谈论曲中人情,如今房玄龄以下诸臣都在此侍宴,你可将他每众人所长,悉加品题藻鉴,并说你自己的才能,比他众人何如?"王珪对说:"臣观今日执政诸臣,各有所长,类非臣愚所能及者。若孜孜汲汲,一心只在奉公报国,凡有所知者,无不竭尽心力而为之,这等样公忠,臣不及左仆射房玄龄。若才兼文武,出可以将三军、定四方,入可以相天子、理天下,这等的才略,臣不及右仆射李靖。若敷陈章奏,详细明白,出纳命令,的确允当,这等样详慎,臣不如尚书令温彦博。处烦难之事,治匆遽之务,料理有方,事事修举,这等的干才,臣不能及民部尚书戴胄。若以道事君,惟耻其君到不得尧舜的地位,献可替否,以直言谏诤为自己的责任,这

等责难陈善,臣不能及尚书右丞魏徵。至于推激那污浊之流,扬显那清白之士,嫉恶如仇雠,好善如不及,欲以振纪纲、正风俗,这等的去处,以臣比之诸臣,亦似微有所长,不敢多让也。"太宗见王珪评品诸臣,个个停当,深以其言为是。一时同列诸臣,亦心服其言,以为至当精确之论也。夫君臣相遇,自古为难,观王珪所论房、魏诸臣,皆极一时妙选,唐之得人,于斯为盛。然诸臣者非隋室遗才,则建成旧党,若非遇太宗英主拔而用之,不过亡虏戮民耳!恶能各尽所长而建不世之功哉!以是知天下不患无才,患不遇主,有太宗之君,则房、魏诸臣,将接踵而至矣!千古称隆贞观政治之美,庶几成康,皆太宗知人善任之效也。

今评 王珪对房玄龄等诸臣的评论,说明太宗周围汇集了当时最杰出的人才。正如张居正所指出的"天下不患无才,患不遇主",太宗左右群贤毕集,是太宗知人善任的结果。

上之初即位也,尝与群臣语及教化,上曰:"今承大乱之后,恐斯民未易化也。"魏徵对曰:"不然。久安之民骄佚,骄佚则难教;经乱之民愁苦,愁苦则易化。譬犹饥者易为食,渴者易为饮也。"上深然之。封德彝非之曰:"三代以还,人渐浇讹,故秦任法律,汉杂霸道,盖欲化而不能,岂能之而不欲邪!魏徵书生,未识时务,若信其虚论,必败国家。"徵曰:"五帝、三王不易民而化,行帝道而帝,行王道而王,顾所行如何耳!昔黄帝征蚩尤,颛顼诛九黎,汤放桀,武王伐纣,皆能身致太平,岂非承大乱之后邪!若谓古人淳朴,渐至浇讹,则至于今日,当悉化为鬼魅矣,人主安得而治之!"上卒从徵言。元年,关中饥,米斗直绢一匹;二年,天下蝗;三年,大水。上勤而抚之,民虽东西就食,未尝嗟怨。是岁,天下大稔,流散者咸归乡里,米斗不过三四钱,终岁断死刑才二十九人。东至于海,南极五岭,皆外户不闭,行旅不赍粮,取给于道路焉。帝谓群臣曰:"此魏徵劝我行仁义既效矣,惜不令封德彝见之。"

张居正讲评 这一段,是叙太宗致治之由。蚩尤是黄帝时诸侯。九黎,是黎氏九人,颛顼时诸侯。魅,是精怪。关中,即今陕西西安府地方,乃唐时建都之处。五岭,即今两广地方。太宗初即位时,常与在廷诸臣说道:"如今经隋家大乱,方才宁静,天下之人,渐染于旧俗久矣,一旦施之以仁义教化,恐斯民未易以服从也。"那时魏徵对说:"以臣论之,殊为不然,大凡天下太平,那百姓每久处宴安,未遭患难,便都骄惰放佚,不遵礼法。骄佚,则长恶之机熟,而向善之思少,故其教之也反难。若是天下有事之后,那百姓每曾经离乱,出自水火,方且忧畏困苦,日不聊生。愁苦,则望治之情切,而思善之心起,故其化之也反易。譬如饮食一般,人不甚饥,所食多不适口,若是那饥了的人,但得些饭

太宗

食,即足以克饥,岂不易为食?人不甚渴,所饮多不适口,若是那渴了的人,但得些水浆,即足以解渴,岂不易为饮?然则大乱之后,教化易兴,亦犹是也。善为治者,正宜乘此有为,岂可反以为难耶!"太宗一闻徵言,深以为是。有封德彝在旁,心中不服,说道:"自三代以来,风气日漓,天下人心,渐以浇薄诡伪,故秦继周以后不以道德化民,而专任法律,汉承秦之弊,不以纯王为治,而参以霸术,本是欲施教化,而势有不能,岂是能施教化而心反不欲耶!可见天下风俗,一日不如一日,所以人君治道,一时难仿一时。今魏徵本是书生,拘泥旧闻,不通当世之务,若信其虚谈,欲任教化,必至粉饰弥文,坏了国家实政,不可从也。"魏徵驳他说道:"治有隆污,人无今古,就是五帝三王,也只是这些百姓,不曾把世上人民都换过一番,方才施化。只是他行帝道以化民,即成帝者之功;行王道以化民,即成王者之功,只看他所行何如耳!试以其事言之,昔神农氏之衰,蚩尤强暴,黄帝举兵征之;少昊氏之衰,九黎乱德,颛顼举兵诛之;夏桀无道,成汤放之于南巢;殷纣不君,武王伐之于牧野。此四君者,皆能移风易俗,身致太平,岂非承大乱之后,而施以教化耶!若如德彝之言,谓古人淳朴,渐致浇讹,则三代之时,已自不如五帝;秦汉以后,又当远谢三王,至于今日年代愈多,天下之民,都该变成鬼魅,无复人形矣,人主岂得而治之耶!即今日之人心,未必不如古,则古人之教化,未尝不可行也。德彝之言,不亦过乎!"大率德彝之意,欲任威刑;魏徵之意,欲行仁义,太宗折其可否,竟从魏徵之言。于是省刑薄敛,偃武修文,休养生息,与民更始,行之数岁,果能身致太平。史臣因追叙说:比先贞观元年,天下初定,京畿地方,五谷不登;民遭饥饿,米价踊贵,一匹绢才买得一斗米。贞观二年,各处都有蝗虫为灾。贞观三年,又遇大水淹没,连岁饥荒,生民困苦。只因太宗以德化为治,日夜忧勤,加意安抚,百姓每虽东西趁食,展转流离,然感太宗抚恤之仁,无有嗟怨之意,都安分求生,以待丰岁。至是贞观四年,岁时和调,五谷成熟,天下大稔,那先年流移的百姓,都还归乡里,米价之贱,每一斗只值三四文钱,其丰收如此。由是衣食既足,礼义自兴,百姓皆不犯法,一年之内,通计天下问死罪者,止有二十九人。地方之广,东至于海滨,南及于五岭,处处生民乐业,盗贼不兴,人家门户,夜间都不关闭,就是行路的人,也不必自赍粮食,随处充足,可以取给于道路焉。于是太宗自喜,与群臣说道:"昔魏徵尝劝我躬行仁义以化天下,封德彝却以为非;今民皆乐业安生,礼教成俗,是行仁义有实效矣。恨今封德彝已故,不及见这太平景象,使自知其所言之妄也。"夫唐太宗一行仁义,其效遂足以安民生、兴教化,贞观之治固非偶然者矣!但不本于正心修身之学,而徒求之于政理,是以不能如五帝三王之盛也,图治者可不求其本哉!

今评 太宗即位之初,曾探讨大乱之后能否尽快得到治理和施行教化问题。封德彝等主张任法律,杂霸道,也就是实行严厉的镇压才能统治下去。魏徵则坚决反对这种主张,认为久困之民思治,容易接受教化,大乱之后最易致治;同时用史实说明行帝道则帝,行王道则王,主张"宽仁治天下"。通过这场争论,执政者认清了人心思治的历史趋势,确立了以"王道"为立国方针。贞观时期的事实,证明这样的指导思想是适合当时形势的。

太宗

上谓长孙无忌曰:"贞观之初,上书者皆云:'人主当独运威权,不可委之臣下。'又云:'宜震耀威武,征讨四夷。'唯魏徵劝朕偃武修文,中国既安,四夷自服。朕用其言。今颉利成擒,其酋长并带刀宿卫,部落皆袭衣冠,徵之力也。"徵再拜谢曰:"突厥破灭,海内康宁,皆陛下威德,臣何力焉!"上曰:"朕能任公,公能称所任,则其力岂独在朕乎!"

【张居正讲评】 这一段,记太宗称赏魏徵的说话。太宗既听魏徵之言,力行仁义而有效矣。一日谓大臣长孙无忌说道:"贞观初年,天下甫定,朕方虚心听纳,以图治理,群臣上疏的,都只说生杀予夺是人主的威权,这威权须由自己主张运用,不可听信臣下,委之于人,使得干预。又说今中国已定,威武既张,宜乘此时益加震耀,选将出兵,征讨四夷,使之畏服。群臣都要我以威严为治,独有魏徵劝我说:'戡乱用武,致治用文,如今百姓每方脱干戈,未沾德化,须是偃息了这武事,修起那文德,以仁义教化,惠养斯民,使中国安生乐业,既已治平,则四夷向风慕义,自然归服,何用震之以威武邪!'朕听从其言,不数年间,天下大治。突厥破灭,颉利成擒,胡越一家,更无疑贰,其酋长都心悦诚服,各带刀剑,日侍左右,为我宿卫,亲近不疑,其部落种类,都变夷为华,沿袭衣冠,一如中国,果然应前日所言,这是魏徵劝我偃武修文之功也。"魏徵以太宗归功于己,不敢承当,乃再拜谢曰:"突厥破灭,海内安静,都是陛下神威圣德所致,微臣何功之有!"太宗说:"天下事须是君臣各任其责,臣能自效,不能必君之信任;君能任臣,不能必臣之称职。今朕固能听从公言,信任不疑;至于耻君不若尧舜,以谏诤为己任,则公之能称所任也。然则今日所以致此,岂朕一人之力乎!所赖于公者,亦不少矣。"夫图治之初,君臣各致其力,治成之后,君臣各让其功,虽唐虞之气象,何以如此!然群臣所言,虽未必尽可挣,至谓人主当独运威权,不可委之臣下,在太宗时,固不待言,若继体守成之君,则药石也。

【今评】 太宗不是"独运威权",干,也不是放任自流,他兼听纳谏,加之法令严肃,可制止越轨和不尽职者,这些均可资借鉴。而讲评认为"独运威权",对继体守成之君来说是药石,倒是值得商榷。

房玄龄奏:"阅府库甲兵,远胜隋世。"上曰:"甲兵武备,诚不可阙;然炀帝甲兵岂不足邪!卒亡天下。若公等尽力,使百姓乂安,此乃朕之甲兵也。"

【张居正讲评】 阅,是看验。房玄龄奏说:"臣看验府库中,见所收藏的盔甲兵器,件件都好,远过于隋时所藏的。"太宗说:"坚甲利兵,乃是武备,虽在治世,实不可缺;然人君为治,不专恃此。如隋炀帝时,府库甲兵,岂是缺乏,只因他暴虐无道,朝无良臣,阿谀苟容,不恤百姓,终至于亡失天下,虽有甲兵,何益于用?可见国家所恃,不在甲兵,只在有贤臣耳!若你每诸臣,为朕辅

佐，都肯替国家尽力，兴利除害，使百姓治安，则内治修举，外患自除，这就是朕的甲兵了，岂在府库所藏，能胜前代哉！"太宗此言，诚得保天下之道，盖甲兵之盛，用以戡乱，固为国家之利，用以黩武，亦为国家之害，岂若贤臣，有事足以却敌制胜，无事足以致治保邦，故古之人有以良吏当胜兵，惠政为保障者，此其潜消奸宄之心，增重国家之势，过甲兵远矣！然承平既久，武备渐弛，则除戎器以戒不虞，亦不可缓也。

【今评】 太宗的认识是很深刻的，实际上他也没有轻视"甲兵"，就在他与房玄龄谈论"甲兵"的贞观四年(630)，东突厥被唐朝的武力所平定。

上谓侍臣曰："治国如治病，病虽愈，犹宜将护，傥遽自放纵，病复作，则不可救矣。今中国幸安，四夷俱服，诚自古所希，然朕日慎一日，唯惧不终，故欲数闻卿辈谏争也。"魏徵曰："内外治安，臣不以为喜，唯喜陛下居安思危耳。"

【张居正讲评】 这一段，是记太宗兢业保治的说话。太宗见天下已平，恐不能保守，故谕侍臣说道："人君治国，如人之治病一般，凡人有病之时，求医服药，慎起居，节饮食，唯恐病不得好，及至病略好些，便不似有病时谨慎，殊不知病势虽愈，还该将息调护，方得全安，倘或恃其小愈遽自放纵，不肯爱惜性命，保养精神，以致受患益深，元气日损，一旦前病再发，虽有良医，亦不能救治矣。正如治国家者，虽是祸乱已平，天下安定，还该日夜忧勤，以守其治，若自恃已安已治，以为无复可忧，便就骄奢纵逸，不肯谨慎，以致人心瓦解，天命不留，一旦祸乱复作，虽有智者，亦不知所以善其后矣。今中国经隋朝危乱之后，幸得安宁，四夷皆来归顺，一统之盛，真自古以来所不多见。然朕之心，不敢自足，一日谨慎似一日，只怕太平功业，有始无终，所以常要卿等把忠言正论来谏争我，或是政有过差，所当更改，或是心有怠惰，所当警惕，都要极言无隐，使我得以改过从善，庶可以保其始终也。"于是魏徵对说："方今内外治安，本是可喜，然臣不敢以为喜，正恐恃此而骄，则大有可忧也。唯是陛下处安宁之日，而有危亡之思，只此一念常存，自然不至放肆，这才是久安长治之机，斯则深可喜耳。"大抵治乱无常，只在人主一心，故恃其治安而骄心生，则必至于危乱，忧其危乱而惧心生，则常保其治安。太宗当天下既平而能日加畏慎，且戒勉臣下，以求直言，真可谓安不忘危者矣。后之明主，其尚知所法哉。

【今评】 唐太宗"真可谓安不忘危"的君主。太宗在魏徵等人的谏争督促下，基本上能居安思危，谨慎施政，也比较注意"善始慎终"。在天下既平时，要谨慎，求直言，以保长治久安。

上尝罢朝,怒曰:"会须杀此田舍翁。"后问为谁,上曰:"魏徵每廷辱我。"后退,具朝服立于庭,上惊问其故。后曰:"妾闻主明臣直,今魏徵直,由陛下之明故也,妾敢不贺!"上乃悦。

张居正讲评　田舍翁,譬如说庄家老,言其村野直戆,不知礼体也。魏徵在朝,每竭忠尽言,无所忌讳,至有人主所不堪处。一日,太宗罢朝还宫,心里恼怒不已,不觉形于词色说:"这庄家老好生无礼,少顷定须杀了他。"长孙皇后说:"是谁?"太宗说:"是魏徵,他每于大廷朝会众臣僚面前,数说我过失,当面耻辱我,忍受他不过,以此要杀之。"皇后平日也闻得魏徵是个忠直的臣,要申救他,思量太宗这时正恼怒,若说不该杀,便越发激起怒来。于是暂且退去,换了朝服,站立在宫庭下。太宗看见,惊问说:"你何故穿这朝贺的衣服?"皇后答说:"妾闻古语说,人主明圣,能容受直言,然后臣下乃敢直言无忌。今闻魏徵冒犯天威,直戆如此,乃由陛下明圣,能开之使言,彼知言之无罪故也,人主明圣,天下之福,敢不称贺!"于是太宗方才欢喜,解释了前时恼怒,而于忠直之言,愈加听用矣。当是时外既有魏徵之直,以裨补阙遗,内又有长孙后之贤,以保护忠直,此太宗所以益成其明圣也。然面折廷诤,中主所不堪,太宗既能勉强容受于殿廷,又能克己从善于宫禁,此其不废药石之言,能扩转圜之量,尤后世人主所不能及欤。

今评　皇后也是一位谋臣,也能直谏,使太宗加强自我约束,避免错误,她规劝太宗的方法确实极妙。

上宴近臣于丹霄殿,长孙无忌曰:"王珪、魏徵,昔为仇雠,不谓今日得此同宴。"上曰:"徵、珪尽心所事,故我用之。然徵每谏,我不从,我与之言辄不应,何也?"魏徵对曰:"臣以事为不可,故谏;若陛下不从而臣应之,则事遂施行,故不敢应。"上曰:"且应而复谏,庸何伤!"对曰:"昔舜戒群臣:'尔无面从,退有后言。'臣心知其非而口应陛下,乃面从也,岂稷、契事舜之意邪!"上大笑曰:"人言魏徵举止疏慢,我视之更觉妩媚,正为此耳!"徵起,拜谢曰:"陛下开臣使言,故臣得尽其愚;若陛下拒而不受,臣何敢数犯颜色乎!"

张居正讲评　妩媚,是和柔的意思。太宗一日宴近臣于丹霄殿中,时有开府仪同三司长孙无忌在宴上说道:"侍中王珪、秘书监魏徵,昔日为隐太子宫僚,本是仇雠,不想陛下忘其旧怨,置在左右,使今日得同臣等在此侍宴,这是二臣遭逢之幸也。"太宗说:"魏徵、王珪,当时也是各为其主,尽心事奉,本是忠臣,故我不记其仇,特任用之。但只有一件,魏徵每每直言谏我,固知其为忠,然我或一时未即听从,与他讲说,他再不答应,这是何故?"魏徵对说:

"臣原以其事为不可行,所以直言谏诤,若陛下未及依从,而臣漫然应之,则事必施行,再难救正,所以不敢承应,正欲陛下三思而止耳!"太宗又说:"你权且答应,从容又谏何伤!"魏徵对说:"昔舜戒群臣稷、契辈曰:'汝无面从,退有后言。'盖人臣于君之过宁可当面谏诤,不可背后非毁,若臣心里分明知道不该行,口里却只阿旨承应,图陛下一时欢喜,这就是面从了,岂稷、契所以事舜之意邪!"于是太宗甚喜,乃大笑说:"人只说魏徵在我面前举止疏慢,我看起来,越见他和柔可爱,正为他一念忠爱之心,不忍面欺我耳!"徵乃感激,起而拜谢说:"臣数有献纳,屡犯天颜,皆因陛下开心见诚,引臣使言,故臣得尽其朴愚,若陛下拒而不受,臣虽心有所见,亦岂敢数犯颜色,而无所忌讳乎!"魏徵归美太宗如此,可谓知所将顺者矣。至于汝无面从一言,真万世事君之法,盖面折廷诤之臣,外虽不肯曲从,而心无欺慢,谗谄面谀之人,心虽知其不可,而口无违言,此忠佞之所以分也。故伊尹告太甲说:"有言逆于汝心,必求诸道,有言逊于汝志,必求诸非道。"听言者以此为准可也。

今评 魏徵原为李建成的重要僚属,太宗不以为仇,认为他尽心事奉其主是"义士",这种明智和不狭隘的见解才使魏徵有发挥才能的机会。

秘书少监虞世南上《圣德论》,上赐手诏,称:"卿论太高。朕何敢拟上古,但比近世差胜耳。然卿适睹其始,未知其终。若朕能慎终如始,则此论可传;如或不然,恐徒使后世笑卿也!"

张居正讲评 太宗为君,英明仁恕,任贤纳谏,节己爱民,以致中国治安,外夷归服,那时秘书省少监官虞世南,日侍左右,亲见圣德,就作论一篇,叙述太宗许多好处,以尧舜为比,叫做《圣德论》,上献御前,太宗览毕,特赐手诏答说:"上古圣君,莫如尧舜,览卿所论,就把今事来比拟,说得太高,朕何敢当。但自量所行,兢兢业业,不敢失道,比近世人主淫暴纵肆的,为稍胜耳。然善始非难,慎终为难,卿适才见我始初如此,尚未知后来如何,若朕果能常持此心,日慎一日,到得后来,也如今日,则卿所论的,都是实事,方可传信后人。设或不然,因此骄纵,有始无终,人但见后来所为不副其言,只说今日所论,都是粉饰,恐无益于朕,徒使后世笑卿为谄谀耳。"夫太宗闻人之誉,不以为喜,而反以为惧如此,其君臣交警,以为保终之图者,意可想矣。大抵人臣事君,将顺其美与匡救其失,二者不可偏废,匡救,譬则药之攻击者也,将顺,譬则药之滋补者也,若一于匡救,而有美不为称扬,固非善则归君之义,亦非人臣之所以爱君者矣。故危言未必皆忠,逊言未必皆佞,亦顾其君听受何如耳。诚能闻匡救而不罪,如太宗之于魏徵;闻将顺而不骄,如太宗之于虞世南,则二者适所以相济,而莫非纳忠之地矣。彼是魏徵而非世南者,此迂儒之见,非确论也。

今评 要"慎始慎终",须"自守谦恭,常怀畏惧"。

　　帝与侍臣论安危之本。中书令温彦博曰:"伏愿陛下常如贞观初,则善矣。"帝曰:"朕比来怠于为政乎?"魏徵曰:"贞观之初,陛下志在节俭,求谏不倦。比来营缮微多,谏者颇有忤旨,此其所以异耳!"帝抚掌大笑曰:"诚有是事。"

张居正讲评　　太宗一日与近侍之臣论及天下所以安危的根本。中书令温彦博说道:"天下安危,其本在人君之心,若此心常存敬畏,慎终如始,便是治安之本。一或不能敬畏,有初无终,便是危乱之本。今日之治,不必远有所法,只愿陛下常以贞观初年那等励精图治,即可以永享太平,而为尽善之道矣。"太宗闻温彦博之言,心中警惕,因问说道:"据这等说,想是我近来怠于为政,不如贞观之初乎?"魏徵对说:"陛下今日志意,委与当时不同。盖贞观之初,陛下鉴隋朝之奢侈,志在节俭,惟恐劳民伤财,鉴隋朝之偏听,求言不倦,惟恐臣下不肯尽言。近年以来,营造宫室,稍觉过多,是节俭不如初了,群臣进谏者,颇有违忤旨意,以致得罪,是求谏不如初了。即此两事,皆不似前时,此其所以异耳!彦博所言,盖有见于此也。"太宗见魏徵说得是,遂抚掌大笑说道:"诚有是事。"盖自言得闻其过也。大抵为治之道,只在撙节财用,嘉纳直言。节用,则可以养天下之财力,而不至于虚耗;受言,则可以尽天下之人情,而不至于壅蔽,二者诚安危之所关也。太宗当贞观之初,欲构一殿,财用已具,因鉴秦而止,是何等节用!因孙伏伽直言,以公主田园赏之,是何等纳谏!及其太平逸豫,而戒慎之念稍弛,遂不自觉其骄侈之萌,可以见保治之难矣。然能因二臣之言而自知其非,则改过不吝之风,亦足法也。

今评 唐太宗是一位比较重节俭、求直言的君主,但作为天子,又使他很难避免骄奢的思想作风,略有疏忽,也会萌发骄侈之念。可见治国者一刻也不能放松对自己的严格要求。

　　上谓魏徵曰:"为官择人,不可造次。用一君子,则君子皆至;用一小人,则小人竞进矣。"对曰:"然。天下未定,则专取其才,不考其行;丧乱既平,则非才行兼备不可用也。"

张居正讲评　　造次,是急遽、苟且的意思。太宗面谕魏徵说道:"朝廷设官,职掌不同,士人待用,才品亦异,或启沃论思,或承流宣化,或钱谷,或甲兵,须是精加选择,必其人之所长,与官之所职相称然后可,不可一时轻易苟且,胡乱便与人做。虽是才与官相称,又必看其人品如何,若所用的是有德行的君子,他所汲引,必然都是君子,故用一君子,则众君子皆至,君子满朝,天下岂有不治者。若所用的是无德行的小人,他所汲引,必然都是小人,故用一小

人,则众小人争进,小人满朝,天下岂有不乱者,此用人之际,所以不可不慎也。"魏徵对说:"任官当择君子小人,此言诚是,盖如今太平之时,与当初创业之时不同,彼时天下未定,只求能成功济世,或有勇力的,或有智谋的,便都擢用,更不必看他人品邪正、心术好歹。今丧乱既平,不但要他有才能,又要他心术好、有德行,方可用之,若但有才无行,乃是小人之才,用之适足以蠹国殃民,诚不可不慎择也。"盖天下之治乱,系于人才,人才之邪正,系于心术,若心术不好,虽有才能适足以济其奸恶,人主不察而误用之,必为天下大害,此唐虞官人,必以九德,而后世使贪使诈之说,所以至于误国家也。

今评 太宗提出用人要德才兼备,防止选用有才无德的小人。小人为官,他本身祸国殃民,才能越高,祸患越大。

去岁,帝亲录系囚,见应死者,闵之,纵使归家,期以来秋来就死。仍敕天下死囚,皆纵遣,至期来诣京师。至是九月,去岁所纵天下死囚凡三百九十人,无人督帅,皆如期自诣朝堂,无一人亡匿者。上皆赦之。

张居正讲评 太宗于去岁贞观六年尝亲自审录罪囚,见那该死的囚犯,心里怜悯,不忍便杀他,都放了回家看视父母妻子,限到明年秋间,着他自来就死。因此又敕令法司,将天下死囚也都暂放还家,亦限至明年秋里自来赴京。至是岁贞观七年九月,去年所放的罪囚共三百九十人,都感太宗不杀之恩,不要人催督帅领,个个照依期限,齐到朝堂听候处决,没一个逃亡隐匿下的。太宗见这些囚犯依期就死,是他能守信改过了,乃皆赦其罪而遣之。这是太宗恩德所及,感动人心,能使极恶罪人,视死如归,可谓难矣。然帝王以刑赏治天下,自有个大中至正之道,人而无罪,即不当刑,罪而可杀,奚有于纵?倘或纵而不来,将何以示信?若使来而论死,又至于伤恩。所以后人论纵囚之事,以为可偶一为之,非圣人之法。且罪囚至三百余人,一年之间,宁无物故死亡之事,乃谓绝无一人亡匿,此则史臣欲纪太宗之德政,而不觉其辞之过,观者但法其一念好生之心可也。

今评 张居正对太宗纵囚之事基本持否定态度,这是正确的。唐太宗自己就曾说:"赦者小人之幸,君子之不幸。""一岁再赦,善人喑哑。"纵囚之不当,道理也如此。

十一月,以开府仪同三司长孙无忌为司空,无忌固辞,曰:"臣忝预外戚,恐天下谓陛下为私。"上不许,曰:"吾为官择人,惟才是与。苟或不才,虽亲不用,襄邑王神符是也;如其有才,虽仇不弃,魏徵等是也。今日之举,非私亲也。"

张居正讲评 开府仪同三司，是唐时官名。司空，在唐朝为三公。是年十一月，太宗以开府仪同三司长孙无忌为司空，无忌固辞不敢当，说道："臣是皇后之弟，忝预外戚，若处以三公尊位，恐天下人议论，说陛下私厚亲戚。"太宗不许其辞，说道："司空大臣，未易称职，我只要替这样官选择个好人，但是有这样大才的，就与他做，不论亲戚。设或不才，纵是亲戚也不用，如襄邑王李神符，本是朕的叔父，只因他无功劳，但封为王，不任他以官职，所谓虽亲不用也。若是有才能的，虽平日所仇恨也不轻弃，如魏徵等诸人，先事隐太子，同谋害朕，本是仇人，只因他有才能，故倾心委任，忘其旧恨，所谓虽仇不弃也。今日举卿为司空，盖因卿有才德，能称此官，故以此位处之，不因为是皇后的亲戚而用之也。"这一段，见得唐太宗用人至公的意思，这长孙无忌随太宗定天下，本是开国功臣，与其他外戚不同，若论国家待亲戚的道理，还是不要他干预政事，才得常保富贵，又不可藉口太宗之言，以私厚其亲而误国家也。

今评 从太宗用魏徵的虽仇不弃，对李神符的虽亲不用，对长孙无忌的不避亲戚，说明太宗在用人上做到了不徇私情，不讲恩怨，不避嫌疑，因而能选拔广大智能之士为唐王朝服务。

十二月，帝从上皇置酒故汉未央宫，上皇命突厥颉利可汗起舞，又命南蛮酋长冯智戴咏诗，既而笑曰："胡越一家，自古未有也！"帝奉觞上寿曰："今四夷入臣，皆陛下教诲，非臣智力所及。昔汉高祖亦从太上皇置酒此宫，妄自矜大，臣所不取也。"上皇大悦，殿上皆呼万岁。

张居正讲评 上皇，是唐高祖。未央宫，是汉时宫名。下面太上皇，是汉高祖之父。贞观七年十二月，太宗陪侍上皇高祖，在旧时汉家所遗的未央宫中，置酒宴会。那时太宗平定天下，四夷君长都为左右宿卫之臣，也随着群臣侍宴，饮酒中间，高祖命突厥酋长颉利可汗在筵前起舞，又命南蛮酋长冯智戴在席间歌诗，因喜不自胜，笑说："自古中国之患，不是北虏，便是南越，今日胡越酋长，同堂宴会，歌舞为欢，都做了一家人，这等盛事，自古以来未尝有也。"于是太宗自捧酒觞，为高祖上寿，说："这四夷君长，皆来臣服，都是奉父皇陛下平日教诲，不是臣之智力所能及也。昔汉高祖微时不事生产，他有一个兄刘仲，却会治产业，他父太上皇只道高祖不如刘仲。后来高祖得了天下，也曾陪太上皇在这未央宫中置酒，自奉玉卮上寿，却说当初父亲以臣为无用，不如我哥会治家业，今日看臣所创的事业，却比我哥何如？其言如此，是在他父母面前自夸其能，妄自矜大，臣平日甚不取他，岂如我今日父子君臣聚会之盛耶！"高祖见太宗这等谦退，越发喜欢。殿上群臣，皆呼万岁。大汉高祖、唐太宗，皆以盖世之雄起自闾巷，削平僭乱，混一华夷，乃至大业已成，太平无事，又皆尽孝养之典以奉其亲，故未央上寿之仪，前后数百年，若合符节，虽其词之工拙，若有不同，而其情之殷勤，则无或异，真旷世之美谈也。况以继体守成之君，而当四海升平之日，则所谓

养以天下,而奉亲之欢心者,当不在二主之下矣。

【今评】 唐太宗当年喋血玄武门,唐高祖被迫退位,这时家庭之情早已抛弃,忠孝友悌早已忘却,高祖如不退位,能有未央上寿吗?

帝谓左庶子于志宁、右庶子杜正伦曰:"朕年十八,犹在民间,民之疾苦情伪,无不知之。及居大位,区处事务,犹有差失。况太子生长深宫,百姓艰难,耳目所未涉,能无骄逸乎!卿等不可不极谏!"太子好嬉戏,颇亏礼法,志宁与右庶子孔颖达数直谏,上闻而嘉之,各赐金一斤,帛五百匹。

【张居正讲评】 左庶子、右庶子,俱是东宫官名。太宗面谕左庶子于志宁、右庶子杜正伦说道:"太子乃继体之君,不但要涵养德性,又要通晓世务,然世务甚不易晓也。朕年十八岁时,为将家之子,未有官职,尚在民间,凡民间疾痛困苦的事,与人之诚实的、诈伪的诸般情状,皆耳目所闻见,无不尽知之。及居太子的大位,区处世务,或思虑之所不及,或计画之所未精,一日万机,犹不免于差失,况今太子生长深宫,未尝出外,百姓每的艰难,如饥寒困乏之苦,鳏寡孤独之人,皆耳目见闻所未经涉,但安享富贵,不知忧勤,安能无骄纵放逸乎!卿等为东宫官,各有辅导之责,不可不极言谏正,使动皆由礼,而无骄逸之过也。"那时太子承乾,性好闲游戏耍,于圣贤礼法,颇有亏损,于志宁与右庶子孔颖达因遵奉太宗责成之意,凡有过差,每每直言谏止,太宗闻之,嘉此二人忠悫,各赐金一斤,帛五百匹,以褒赏之。这一段是纪唐太宗勉东宫官预教太子的事。盖太子天下之本,四方之人心系焉,教训之功,不可不预,辅导之人,不可不择,是以古之帝王,最慎乎此。自襁褓之中,以至于成人之日,左右前后,罔非正人,出入起居,皆有法度,养成元良之德,而立太平之基,此三代所以有道之长也。有天下者,当知所法矣。

【今评】 张居正指出:太子是天下之本,辅导之人,不可不择。太宗深知取天下困难,守天下不易,所以非常注意对太子承乾的培养,不但择人教子,还以自己的切身体会,特别告诫他们:太子养在深宫,不知民间疾苦,容易骄纵放逸,应严格要求,极力劝正。于志宁、孔颖达因对太子的行为直言谏止,太宗还给予奖励,这些做法无疑是正确的。但有时太子并非理想储君,加之宫内皇位继承权的争夺,培养太子也不一定成功,承乾就最终被废。

上问魏徵曰:"群臣上书可采,及召对多失次,何也?"对曰:"臣观百司奏事,常数日思之,及至上前,三分不能道一。况谏者拂意触忌,非陛下借之辞色,岂敢尽其情哉!"上由是

接群臣辞色愈温，尝曰："炀帝多猜忌，临朝对群臣多不语。朕则不然，与群臣相亲如一体耳！"

> **张居正讲评** 太宗问魏徵说道："朕近观群臣上本奏事，其本内说的话，多有可采取的，及至召他面问，听其奏对，便多仓皇错乱，失其次第，此何故也！"魏徵对说："臣观百司之中，惟有御前奏对实为至难。每欲奏一事，常在数日之前，昼夜寻思，要到上前，如何敷陈，如何议论，莫不预先想下，记忆在心。及到御前，仰见天威严重，把那要说的话，三分之中，说不得一分，已自忘失错乱，不成次第了。况因朝廷过失，直言进谏者多是违拂意旨、触犯忌讳的说话，若非陛下假借他些温和的辞色，而直以天威临之，彼将恐惧畏怕，愈觉仓皇，虽有恳款忠爱之情，亦何由得尽于君上之前哉！"太宗闻魏徵之言，自此以后，接待群臣，辞气颜色，越发温和，惟恐不尽其情，尝说："隋炀帝当时性多猜忌，每临朝接待群臣，不出一语，所以上下不交，君臣间隔，我却不然，看那大小群臣，都是股肱耳目，相亲相信，真如一体，政事得失，只管虚心访问，他每有所欲言，也都着他说尽，唯欲通上下之情而已。"夫人主尊如天地，威如雷霆，堂陛分严，君臣礼隔，若不使臣下尽言，则天下之利病，何由得知？若不降辞色延访，则臣下之忠悃，岂敢自尽！所以唐虞君臣，都俞吁咈于一堂之上，而为千古明良之会也。后世谀佞之臣，欲壅蔽人主聪明，以为天子之尊，不可与臣下接谈，故有临朝渊默，不发一语，如隋炀帝之所为者，真覆亡之轨辙也，宜太宗以之为鉴也与。

今评 太宗重视君臣直接交流，真诚地希望通上下之情，听取大小群臣的意见。

八年正月，上欲分遣大臣为诸道黜陟大使，未得其人，李靖荐魏徵。上曰："徵箴规朕失，不可一日离左右。"乃命：靖与太常卿萧瑀等凡十三人分行天下，察长吏贤不肖，问民间疾苦，礼高年，赈穷乏，褒善良，起淹滞，俾使者所至，如朕亲睹。

> **张居正讲评** 箴规，是谏正的意思。长吏是郡守县令。贞观八年正月，太宗念天下至大，郡邑至众，朝廷上耳目或有不及，思虑或有不到处，要分遣有才望的大臣，为诸道黜陟大使，一时难得其人。李靖荐魏徵可充此差，太宗说："魏徵能直言无隐，朕有过失，全赖他谏正，得以省改，岂可一日离朕左右，舍根本之地，而任出使之事乎。"于是遂命：李靖同太常寺卿萧瑀等一十三人，分投出去，巡行天下，访察天下有司官员，那个贤良该褒升，那个不才该罢斥，又询问民间所疾痛困苦的事，为他处置，民有高年的，优加礼敬，有穷乏的，厚为赈恤，善良的，褒扬而录用之，贤能而淹滞于下位，荐拔而疏通之，凡远方小吏，下民隐情，朝廷不能遍历而周知者，都看他每所到地方一一经理，就如朕亲看见的一般，庶几朝廷之政教，无远不举，朝廷之恩泽，无微不被，以称朕爱民求治的

太宗

意思。这黜陟大使，就是如今巡抚官一般。夫常置魏徵于内，以匡辅君德，间遣李靖等于外，以勤求民瘼，太宗可谓明于治体而善于任人者矣。

今评 正因为唐初在用人、行政方面都做得较好，所以政治比较清明，为恢复生产和发展经济创造了较好条件。张居正赞扬太宗是内有魏徵，外有李靖等，可谓"明于治体"。

中牟：今河南省中牟县。

中牟丞皇甫德参上言："修洛阳宫，劳人；收地租，厚敛；俗好高髻，盖宫中所化。"上怒，谓房玄龄等曰："德参欲国家不役一人，不收斗租，宫人皆无发，乃可其意邪！"欲治其谤讪之罪。魏徵谏曰："贾谊当汉文帝时上书，云可为痛哭者一，可为流涕者二。自古上书不激切，不能动人主之心，所谓狂夫之言，圣人择焉，惟陛下裁察！"上曰："朕罪斯人，则谁敢复言？"乃赐绢二十匹。

张居正讲评 太宗时，有个中牟县丞，叫做皇甫德参，上本条陈时政，说道：朝廷修盖洛阳宫殿，用许多丁夫，劳了人力；有司收地亩租粮，起科太重，厚敛百姓。又民间风俗，妇人好梳高髻，盖因宫女髻高而仿效之也。其大意如此，不过欲朝廷轻徭薄赋，表正风俗而已。太宗看了震怒，谓宰相房玄龄等说道："我才修一宫，便说是劳民，才收些地租，便说道厚敛，至于民间髻高，也说是宫中所致。凭他说起来，必欲使朝廷不役民间一夫，不收百姓斗粟，宫人都无发可梳，方才可其意邪！这等妄言谤讪，宜加以罪。"魏徵劝说："人臣进谏之言，容有过当。如贾谊当汉文帝时，是何等治平，他上《治安策》，还说当时事势，可为痛哭者一件，可为流涕者二件。可见自古以来，上书建言者，若词不激切，则不能耸动人主之心，所以宁为过甚之言，而不敢忌讳也。古人曾说：'狂夫之言，本无足采，圣人恐其或有一得，犹加选择。'今德参固是狂愚，未必有心谤讪，望陛下裁度鉴察，未可深罪也。"太宗一闻徵言，当时省悟，说道："朕方虚怀下问，嘉纳谠言，若因此人之言，遽加罪责，以后大小群臣，谁敢再谏？"即赦德参之罪，仍赏绢二十匹以旌其直焉。夫德参一郡邑小臣，乃能抗疏阙廷，规切时政，虽其言语识见，未必能知大体，而其一念为国之心，不以卑贱而自诿，诚亦有足谅者。太宗始因其辞之已甚，而欲以罪加之。一闻魏徵之言，而洞然开悟，不惟不罪，又从而赏之。虽谤木谏鼓之设，不是过也，岂非万世之所当法者哉！

今评 太宗态度的转变，在于将直谏与讪谤区别开来了。

齐后主（556—578）：即高纬，北齐皇帝。公元565—577年在位。荒淫残暴，不亲政事，被北周军俘获杀害。

九年，上谓魏徵曰："齐后主、周天元皆重敛百姓，厚自奉养，力竭而亡。譬如馋人自噉其肉，肉尽而毙，何其愚也！然二主孰为优劣？"对曰："齐后主懦弱，政出多门；周天元骄

暴，威福在己；虽同为亡国，齐主尤劣也。"

张居正讲评 馋是穷饿、贪食的意思。噉是吃。毙是死。北朝齐后主，叫做高纬，为周宇文邕所灭。周天元帝，叫做宇文赟，为隋杨坚所篡。太宗一日谓魏徵说道："近时齐后主、周天元都穷奢极欲，不恤其民，寻常用度，恣意征取，重敛于百姓，以厚自奉养，竭万民之脂膏，以供一己之逸乐，至于民穷财尽，遂以亡国。就如那穷饿口馋的人，只要他腹饱，乃割自身上的肉，食之以充饥，不知肉既噉尽，身亦随亡，如此昏愚，岂不可笑！然就这两人较论，孰为稍优？孰为最劣？"魏徵对说："齐后主性资懦弱，凡事都无主张，只听那左右的拨置，那左右的人，都得以窃弄权柄，朝政出于多门；周天元性资骄暴，虽是奢侈残虐，却自家能主张国柄，不至下移，威福之权，尚由己出。故虽同为亡国，然周天元在时，杨坚尚不敢篡位；若齐后主遂为敌国所擒，把祖宗的基业，徒供群小的愚弄，尤下愚最劣者也，有天下者，可不戒哉！然二主之事，虽优劣稍殊，而亡国则一。盖'民为邦本，本固邦宁'，自古圣帝明王，莫不惓惓然以约己厚下、节用爱民为务，故深仁厚泽，结于民心，而享国长久。若竭天下之力，以奉一人，而不顾百姓之困穷，至于人心怨叛，瓦解土崩，虽有善者，亦无如之何矣！"究观二主之事，咸以重敛百姓，厚自奉养，力竭而亡，后先一辙，其刚暴之与懦弱，不过五十步之笑百步耳，何足为优劣哉！然则人主欲为宗社万年长久之计，惟在保民而已。

今评 张居正的评论甚佳，指出这二人所为，如出一辙，没有什么优劣可比。评论国君的优劣，主要应看其政策是否有利国计民生。

长孙皇后性仁孝俭素，好读书，常与上从容商略古事，因而献替，裨益弘多。上或以非罪谴怒宫人，后亦阳怒，请自推鞫，因命系囚，俟上怒息，徐为申理，由是宫壸之中，刑无枉滥。及疾笃，与上诀，时房玄龄以谴归第，后言于上曰："玄龄事陛下久，小心慎密，奇谋秘计，未尝宣泄，苟无大故，愿勿弃之。仍愿陛下亲君子，远小人，纳忠谏，屏谗慝，省徭役，止游畋，妾虽没于九泉，诚无所恨。"崩于立政殿。后尝采自古妇人得失事为《女则》三十卷。及崩，宫司奏之，上览之悲恸，以示近臣曰："皇后此书，足以为范百世。朕非不知天命而为无益之悲，但入宫不复闻规谏之言，失一良佐，故不能忘怀耳！"乃召房玄龄，使复其位。

张居正讲评 这一段，是记长孙皇后的女德之美。说皇后天性仁慈孝顺，无所违忤，俭约朴素，不喜纷华，平日宫中无事，只好读书。闲常与太宗从容议论古人行过的事，于凡善恶是非、兴亡理乱，皆能一一评品，就中献可替否，以为劝戒，所以补助治道甚为不少。太宗有时将无罪的宫

太宗

人偶加谴怒，后心知其枉，待要当时分解，又恐违忤上意，也就阳为恼怒，奏请亲自问理，因命左右将这得罪的官人，囚系在掖庭狱中，待太宗怒气已消，却慢慢的与他申理。以此宫壸之中，刑责所加，再没有冤枉滥及者，其内政之善如此。到后来得病沉重，与太宗永诀，那时正遇宰相房玄龄偶被太宗谴怒，罢归私宅，后因与太宗说道："房玄龄奉事陛下为日最久，平时极是小心，谨慎周密，凡与主上商量的奇谋秘计，不可使人闻者，他出到外边，再不肯泄露，其慎密如此。近日谴归私第，不知为何？若是原无大事，愿陛下照旧任用，不可轻弃之也。仍望陛下自此以后，亲近有德之君子，斥远邪佞之小人，嘉纳忠直之言，屏弃谗慝之语，减省不急之征徭，罢止无益之田猎。如此，则圣德日新，太平可保，妾虽没在九泉，亦无遗恨矣。"说罢，遂崩于立政殿。史臣又记皇后在日，曾将自古妇人，上自后妃，下逮士庶，善可为法、恶可为戒的事，采辑成一部书，叫做《女则》，其目有三十卷。太宗一向不曾看见，至是女官方将此书进与太宗。太宗览之，不胜悲恸，将出与侍臣看，说道："皇后此书，劝戒详明，有关风化，真可以垂法百世矣。人之生死，本有大数，朕非不知天命，而为无益之悲，但往时朕有过失，多赖皇后规正，自他没后，入到宫中，再没人把好言语来规谏我，恰似失了一个贤相一般，所以不能忘情耳！"因想皇后的遗言，即召回房玄龄，复其官职，任之如旧。盖闺门之际，实为万化之原，故自古圣贤之君，未有不以内助而成者，三代以来，皆可考而知也。太宗躬行仁义，为一代之贤君，而长孙后宣教宫闱，为一代之贤后，太平之业，固相须而成者矣。然推其令德之所自，则本于性好读书，是以能涵养德性，多识古今，而不流于燕昵之私也，此又不可不知。

今评 长孙皇后贤慧善良，精通经史，崇尚节俭，又能忠直劝谏，使太宗加强自律和避免错误，所以她确是太宗的"后宫良佐"。张居正所云"故自古圣贤之君，未有不以内助而成者"，可为居高位者鉴戒。

宣州：在今安徽宣城。
饶州：在今江西波阳。

治书侍御史权万纪上言："宣、饶二州银大发，采之，岁可得数百万缗。"上曰："朕贵为天子，所乏者非财也，但恨无嘉言可以利民耳。与其多得数百万缗，何如得一贤才！卿未尝进一贤、退不肖，而专言税银之利。昔尧舜抵璧于山，投珠于谷，汉之桓、灵乃聚钱为私藏，卿欲以桓、灵俟我邪！"是日，黜万纪，使还家。

张居正讲评 宣州，即今南直隶宁国府地方。饶州，即今江西饶州府地方。缗，是穿钱的绳，每钱一千为一缗。俟字，解作待字。太宗时有个治书侍御史权万纪，上言说道："近时宣州、饶州两处山中矿银大发，若差人收采，一岁所得，可以值钱数百万缗，亦足以济国家之用。"太宗说："朕贵为天子，纳四海九州的贡赋，所缺者，不在钱财，但恨无贤臣，不得闻好言语可以利

卷之十五 唐纪

益生民者耳。与其多得钱数百万缗,其利有限,岂如得一贤才,为国尽心,为民造福,其利无穷!卿为侍御史,不能荐举一个贤人,退去不肖的人,而专言税银之利,是诚何心?古时圣君如唐尧、虞舜,不以珠玉为宝,抵璧于山岩,投珠于渊谷,弃掷不用,万世称颂其美,惟是汉朝桓帝、灵帝昏乱之君,听信小人欺诳,别于府库之外,积聚钱财为自己的私藏,万世鄙笑他,卿不劝我学尧、舜,却要我做桓、灵,把这等昏乱之君来待我,将谓朕为何等主邪!"即日黜退权万纪,罢职还家,以示朝廷不用言利之臣也。夫自古小人献谄,常说替国家生利,故人主容易信之,如权万纪所言,若非太宗聪明英断,未有不受其欺者矣。今既拒绝其言,又黜退其人,则天下人皆知太宗重贤才,轻货利,虽有怀奸献佞,欲引诱以非礼者,谁敢妄言哉!此贞观之治所以为盛也。

今评 太宗重贤才,轻货利,那些怀奸献佞的人,也就不敢妄言了。太宗重视"杜谗邪",也是贞观之治的特点之一。

魏徵上疏,以为:"人主善始者多,克终者寡,岂取之易而守之难乎?盖以殷忧则竭诚以尽下,安逸则骄恣而轻物;尽下则胡越同心,轻物则六亲离德,虽震之以威怒,亦皆貌从而心不服故也。人主诚能见可欲则思知足,将兴缮则思知止,处高危则思谦降,临满盈则思挹损,遇逸乐则思撙节,在宴安则思后患,防壅蔽则思延纳,疾谗邪则思正己,行赏爵则思因喜而僭,施刑罚则思因怒而滥,兼是十思,而选贤任能,固可以无为而治,又何必劳神苦体以代百司之任哉!"

张居正讲评 殷,是盛。挹,是酌。僭,是过。魏徵上疏于太宗说道:"人主取天下本难,守天下本易,然自今观之,创业垂统,善其始者恒多,而治定功成,保其终者恒少,岂取天下反易,而守天下反难乎!盖由缔造之初,有敌国外患,常怀莫大之忧,故能竭其诚心,以尽下情,当此之时,虽匹夫之言,有重于泰山者矣。及祸乱平定,而身居安逸,则骄泰放恣,而轻忽物情,慢不加意,当此之时,虽公卿之言,有轻于鸿毛者矣。夫能尽下情,则人人乐为效力,虽远而胡越之人,亦与我同心,而况于英雄豪杰乎!故取天下本不易而反易也。待人轻忽,则人人不肯用情,虽近而六亲之人,亦与我离德,而况于四方之远乎!虽震之以威,劫之以势,也只是外貌从顺,心中其实不服,亦终于背叛而已,故守天下本不难而反难也。人主诚能留意于此,事事致思,不敢忽怠,凡声色货利之交,虽若可欲,必思知足而不贪;凡宫室土木之工,虽欲经营,必思知止而不费。托侯王士庶之上,虽高而实危,则思谦虚以自降;处丰亨豫大之时,既满而且盈,则思挹损以自保。遇逸游快乐之事,则思乐不可极,而撙节其放荡之情;居宴安无事之日,则思治不可常,而预防乎后来之患。虑左右壅蔽,则思招贤纳善,以广吾之聪明;恶谗邪之害正,则思正己率下,以杜人之欺罔。爵赏因喜而过,则人无

太宗

所劝,务思赏当其功,而不使有非分之获;刑罚因怒而滥,则人必自危,务思罚当其罪,而不使有无辜之枉。夫人君能慎思此十事,而兢兢不息,则内立保业之本,又能选任贤能,共图化理,则外有保业之具,如是固可以端拱无为,而天下自治矣,又何必劳神苦体以代百司之任为哉!"魏徵此疏不过数十语,而人君为治之大法,已尽于此,真可谓嘉谋嘉言矣。要之十思虽多,总只是一个敬字,随事而见,《书》所谓兢兢业业,一日二日万机,予临兆民,若朽索之御六马,皆此意也,然非有读书穷理之功,亦何以持养此心,而不流于慢易哉,此又徵之所未发也。

【今评】 张居正称赞魏徵此疏是人君为治之大法,可谓嘉谋嘉言。魏徵上《十思疏》,希望太宗对每事都应竭诚尽力,随时正己,居安思危。可是太宗毕竟是封建帝王,他摆脱不了胜利面前的骄逸和自满,所以政治逐渐不如以前。

五月,魏徵上疏,以为:"陛下欲善之志不及于昔时,闻过必改少亏于曩日,谴罚积多,威怒微厉。乃知贵不期骄,富不期侈,非虚言也。昔隋之未乱也,自谓必无乱;其未亡也,自谓必无亡。故赋役无穷,征伐不息,以至祸将及身而尚未之寤也。夫鉴形莫如止水,鉴败莫如亡国。伏愿取鉴于隋,去奢从约,亲忠远佞,以当今之无事,行畴昔之恭俭,则尽善尽美,固无得而称焉。夫取之实难,守之甚易,陛下能得其所难,岂不能保其所易乎!"

【张居正讲评】 贞观十一年五月,此时太宗幸洛阳,以供献不齐备,谴责有司,魏徵既当面谏正,退又上疏说道:"陛下初年,欲善无厌,改过不吝,存心仁恕,待下温和。如今孜孜为善的意思,似不如昔时,闻过必改的勇决,稍亏于往日,谴罚渐积太多,威怒微觉峻厉。这等看来,乃知古人说:贵不与骄期,而骄自至;盖既贵,则尊崇无比,必至于骄矜。富不与侈期,而侈自至,盖既富,则用度有余,必至于奢侈。今以陛下行事观之,岂非富贵已极,自不觉其骄侈乎!古人之言,信非虚语矣。且陛下代隋而有天下,昔隋恃其府藏之富,甲兵之强,户口之多,其未乱也,自谓必无乱,其未亡也,自谓必无亡,以为子孙帝王万世之业,虽妄用些财力,以开拓边境,有何不可?故赋敛差役,无有己期,东西征伐,不得休息,以至民心怨叛,天下土崩,危亡之祸,将及其身,尚不觉悟,隋事之可鉴如此。夫鉴形容之妍媸者,莫如止水;鉴政事之得失者,莫如亡国。隋既以骄侈而致败亡,则今日岂可复蹈其覆辙乎!伏愿陛下取鉴于隋,屏去奢侈,从事俭约,亲近忠直,斥远谀佞,务反隋之所为,毋蹈隋之所败。况当今天下太平无事,而礼贤节用,又陛下初年所已行者,以今之无事,行昔之恭俭,则尽善尽美,无一毫疵议,就如尧舜之荡荡难名,又何得而称焉。夫天下未定,亲与群雄斗智角力以次收取,其实艰难;天下既定,席已成之业,谨守勿失,甚是容易。陛下昔日既能取

天下，得其所难，则在今日岂不能守天下，保其所易乎！"惟不忘昔日之恭俭，便可以贻子孙而垂万世。不然，得之艰难，而失之容易，甚可惜也。魏徵此疏，大要劝太宗以力行恭俭，保守鸿业，可谓忠爱激切之至者矣，不独太宗，万世有天下者所当深思也。

今评 太宗初期不得不自我克制骄逸之情，但随着国家的稳定，经济的发展，开始居功骄傲，意志松懈，淡忘了草创天下的艰难，追求豪华奢侈的生活。

魏徵上疏，以为："《文子》曰：'同言而信，信在言前；同令而行，诚在令外。'自王道休明，十有余年，然而德化未洽者，由待下之情未尽诚信故也。今立政致治，必委之君子；事有得失，或访之小人。其待君子也敬而疏，遇小人也轻而狎；狎则言无不尽，疏则情不上通。夫中智之人，岂无小慧！然才非经国，虑不及远，虽竭力尽诚，犹未免有败，况内怀奸宄，其祸岂不深乎！夫虽君子不能无小过，苟不害于正道，斯可略矣。既谓之君子而复疑其不信，何异立直木而疑其影之曲乎！陛下诚能慎选君子，以礼信用之，何忧不治！不然，危亡之期，未可保也。"上赐手诏褒美曰："昔晋武帝平吴之后，志意骄怠，何曾位极台司，不能直谏，乃私语子孙，自矜明智，此不忠之大者。得公之谏，朕知过矣，当置之几案以比弦韦。"

张居正讲评 魏徵见太宗推诚任下，渐不如初，遂上疏说道："昔《文子》书中曾说：'上下之间，贵以诚信相与，比如一般样的言语，而独能取信于人者，以其有不欺之信，孚于未言之前也，不然，则虽言不信矣。一般样的法令，而独可行于下者，以其有无伪之诚，格于法令之外也，不然，则虽令不行矣。'由此观之，可见为国之道，固必以诚信为本也。自陛下即位以来，励精图治，中外咸宁，王道体美章明，已十有余年于此矣。然而朝廷之德化，犹未浃洽于天下者，盖由待下之情，未尽出于诚信，而多以疑贰参之故也。臣每见朝廷欲修立政事，图致化理，则必委托于君子，而责其成功，至于所行之事，或有得失，则又咨访于小人，而唯其可否。是使智者谋之，而与愚者论之，使贤者虑之，而与不肖者疑之也。其待君子也，非不敬而重之，然实惮其正直，而与之疏远；其遇小人也，固亦轻而贱之，然实乐其柔佞，而与之狎昵。狎昵，则形迹相忘，而其言无所不尽；疏远，则君臣间隔而其情不得上通。夫使小人之言得尽，而君子之情不通，委任之不诚也，无足怪矣！然小人之所以见听者，不过以其捷给之材，或足以中人主之心而已。殊不知中智庸常之人，岂无些小辩慧！然其才不足以经国，识不足以虑远，纵使竭力尽诚，实心为国，尚不免于倾败，况心藏奸宄，谲诈多端，而唯承颜顺旨，以为容悦者，乃欲倚而信之，则其坏法乱纪，蠹国殃民也必矣，其为祸

患岂不深乎！此小人之所以不可任也。君子之所以见疑者，或以其偶有小过，遂不察其平生。殊不知所谓君子者，只是大节过人，才德出众，至于心思之所不及，智虑之所不周，亦岂能全无小过。但其无心之失，不害于正道，即当略而不论矣。今既谓之君子，则已知其正，而复疑其不信，则又以为邪，何异立直木于日中，而又疑其影之邪曲者乎！盖既曰直木，则其影未有不正者也；既曰君子，则其心未有不诚者也，又何疑之有哉！此君子之所以不可不任也。陛下诚能慎选于群臣之中，察其立心行己，光明正大，而确然为君子者，因而接之以礼，驭之以恩，诚心任用，如手足腹心，相为一体，而不使邪曲小人，得以媒糵其间，则彼方能殚竭忠猷，展尽底蕴，君臣同志，上下一心，庶事自无不康，万几自无不理，何忧天下之不治哉！不然，诚信之道一亏，即阻忠良之志；疑贰之心一起，即开群枉之门，天下之事，将日趋于倾败，而危亡之期，不可保也，可不戒哉！"太宗览魏徵之疏，心甚嘉悦，即降手诏褒美说道："昔晋武帝既平定东吴，天下一统，志意骄怠，不复留心政治。那时有太傅何曾退朝，私谓其子何劭说：'吾每见主上，不论经国远图，只说平生常语，此非贻厥孙谋者。一、二世之间，定要大乱，尔辈犹可以免。'因指着诸孙说：'此等必遇乱而死。'后来晋室大乱，其孙何绥，仕至尚书，果为东海王越所杀。前史美之，以为明于先见。朕常以为曾位极三公，责任至重，明知其主骄奢，不能直词正谏，却乃私语子孙，自夸明智，此人臣不忠之甚者也。若使曾能直言匡救，武帝因而改悔，岂至于一传而乱乎！朕今溺于宴安，不自觉其怠忽，兹得闻公之言，方知从前所行，多有不是，所当省改。昔西门豹性急，常佩韦皮以自缓；董安于性缓，常佩弓弦以自急。今朕亦将此疏，置在几案，朝夕省览，以为警戒，就如古人佩韦、佩弦以自矫其过一般，庶可以保其有终也。"尝观自古人君，未有不欲任贤以图治；自古人臣，未有不思竭忠以报主。然上每苦下之不忠，下每苦上之不任者，则以推诚之道，有所未尽也。若必上之任下，无一毫疑贰之心，而后臣之事君，无一念顾忌之意，圣帝明王所以无为而治者，唯此是道而已。魏徵推而言之，深切明著，太宗即能引咎受规，比以韦弦，真可谓能纳忠言者矣。至其论何曾数语，尤中后世人主之病，人主即此而推之，则臣下之忠佞，可不察而知矣。

今评 魏徵上疏极力说明君臣关系应以诚信为本，太宗表示知错能改。但贞观后期，统治群体内耗日增，求谏、纳谏、共治等有活力的政治局面不复出现。

侍御史马周上疏，以为："三代及汉，历年多者八百，少者不减四百，良以恩结人心，人不能忘故也。自是以降，多者六十年，少者才二十余年，皆无恩于人，本根不固故也。陛下当隆禹、汤、文、武之业，为子孙立万代之基，岂得但恃当年而已！今之户口，不及隋之什一，而给役者兄去弟还，道路相继。陛下虽加恩诏，使之裁损，然营缮不休，民安得息！臣观自古以来，百姓愁怨，聚为盗贼，其国未有不亡者。

盖幽、厉尝笑桀、纣矣、炀帝亦笑周、齐矣！不可使后之笑今，如今之笑炀帝也！贞观之初，天下饥歉，斗米直匹绢，而百姓不怨者，知陛下忧念不忘故也。今比年丰稔，匹绢得粟十余斛，而百姓怨咨者，知陛下不复念之，多营不急之务故也。自古以来，国之兴亡，不以畜积多少，在于百姓苦乐。且以近事验之，隋贮洛口仓而李密因之，东都积布帛而世充资之，西京府库亦为国家之用，至今未尽。夫畜积固不可无，要当人有余力，然后收之，不可强敛以资寇敌也。夫俭以息人，陛下已于贞观之初亲所履行，在于今日为之，固不难也。陛下必欲为长久之计，不必远求上古，但如贞观之初，则天下幸甚。又，百姓所以治安，唯在刺史、县令，苟选用得人，则陛下可以端拱无为。今朝廷唯重内官而轻州县之选，刺史多用武人，或京官不称职始补外任，边远之处，用人更轻。所以百姓未安，殆由于此。"疏奏，上称善久之，谓侍臣曰："刺史朕当自选；县令，宜诏京官五品以上各举一人。"

张居正讲评 茌平人马周，以布衣遭遇太宗，不次超擢为侍御史，感激恩遇，知无不言，尝上疏说道："自夏、商、周三代，以及两汉，子孙相承，所历年数多的至八百年，少的也不减四五百年，这等长久。盖因他祖宗开创之初，躬行节俭，以为家法，不劳民之力，不费民之财，深仁厚泽，固结民心，虽其后嗣未必皆贤，赖有先德维持，人心思慕，不忘故也。自魏、晋以降，至于周、隋，多的只五六十年，少的才二十余年，这等短促。盖因他祖宗开创之初，不为子孙远虑，残虐其民，厚敛重役，以致人心怨叛，本根不固故也。今陛下承隋之后，鉴隋之亡，当以三代圣王为法，隆夏禹、商汤、周文、武的德业，由一世以至万世，传之无穷，为子孙立万代之基，岂可但恃当年，只顾目前安享富贵便了，若不恃当年，必为子孙万世之计，则所以厚施恩泽、固结民心者，何可不加之意哉！隋家开皇年间，户口最盛，几至九百万，如今的户口，不及隋家十分中之一，而百姓每供给力役的，终岁不息，户中丁口，更替上班，兄去替役，弟才得还，道路往返，累累相继。陛下虽有恩诏，命有司裁减夫役名数，然朝廷土木繁兴，工作不息，须要人丁充役，如何得裁减！所以有司视恩诏为虚文，必至民穷盗起而后已。臣观自古以来，征役不息，百姓愁怨，至于相聚而为盗贼，所在蜂起，则其国家未有不丧亡者。但衰世昏主，多不自知，千古一律，为后世所笑。盖周家幽王、厉王，尝笑夏桀、商纣，以无道亡其国家，而不悟己之所为，亦如桀、纣。近时隋炀帝，尝笑周天元、齐后主，以无道亡其国家，而不悟己之所为，亦如周、齐。今日正当以此为戒，不可又蹈其覆辙，使后之笑今，亦犹今之笑炀帝也。且人君之心，其为民与否，动于一念，即彰闻于百姓。如贞观初年，天下饥荒，一斗米价值一匹绢，米贵如此，宜乎民不聊生，然而不怨者，知陛下志在养民，忧念不忘，今日虽困苦，终必安乐故也。如今连年丰熟，一匹绢可换米十余斛，米贱如此，宜乎民皆乐生，然而怨嗟者，知陛下志骄意怠，不复忧念百姓，而妄兴土木，其所营缮的，都是没紧要的工

作,以此烦民,虽年谷丰登,终必转死沟壑故也。然则陛下可不察百姓之心,而停不急之务哉!自古以来,国家有兴有亡,然其所以兴者,不是为钱粮蓄积得多;其所以亡者,不是因钱粮蓄积得少,只在百姓苦乐而已。若是暴征横敛,朘削民财,使百姓愁苦思乱,则民穷盗起,其亡无日矣!蓄积虽多何益?若是轻徭薄赋,培养休息,使百姓都安生乐业,则本固邦宁,大业可长保矣!蓄积虽少何伤?只以近日所共见之事证之,隋家父子,壅利行私,将民间财物,尽皆搜索,以为私藏,于洛口仓中,贮下许多粮米,后来被反贼李密占据,开仓散施,道路米厚数寸,洛水两岸,望如白沙;又于东都洛阳城中,积下许多布帛,后来贼臣王世充篡位,资以固守,至以帛汲井,用布为爨;又于长安西京府库,积下许多金宝,后来我国家平定关中,就因其所遗,以为军国之需,至今二十余年,用之未尽,其多可知。由此观之,隋之积蓄,岂不丰富,只因失了人心,所以社稷不保,积下多少财物,适足为敌人之资而已,这便是蓄积的明验。夫国以食为命,蓄积故不可无。然民以食为天,征敛尤不可过,必须家给人足,财力有余,然后以正额收之,彼方不怨,不可将贫敝之民,强行搜括以为寇敌之资也。夫敦行俭约,以休息小民,陛下在贞观初年,亲自行过,年来海内治平,皆其明效。在于今日,若肯将已试之政,加意施行,固不难也。然则陛下必欲为长治久安之计,亦不必远求上古,取法前王,只是照依贞观初年所行,以清心省事、节用爱民为主,则天下苍生自然受福,为幸多矣。又一件最紧要的,欲要王业长久,须是百姓得安。然百姓所以治安,其机只在刺史、县令,这两样官,最为近民,关系甚重,若是刺史选用得人,则一州之民皆受其福,县令选用得人,则一县之民皆受其福。官得其人,则百姓自然乐业,陛下即可以端拱穆清,无为而治矣。乃今日朝廷用人,只是崇重京官,把那州县官看得太轻了,如刺史乃一州之主,却多以武将为之,那武官只能用兵,不晓民事,如何为有司表率?又或京官不能称职,方调补外任,夫州县之事,更难于京官,彼既不称京职,如何能临民莅众?至于边方远处,动系安危,却乃以其荒僻险远,越不经心,只将庸才冗流充之而已。夫设官分职,本以为民,而于亲民之官,乃轻忽之如此。朝廷既轻其选,则其人必不自重,由是迁延岁月,以苟升斗之禄,则视其官如传舍,甚或恣肆贪渔,以充谿壑之欲,则以其民为寇仇,所以百姓不得安生,为此故也。今欲培植国本,为久长之计,则守令之选,其可不加之意哉!"马周疏上,太宗览毕,道他说得好,称赞不已,谕侍臣说:"守令之官,委的当重,今后刺史有缺,朕当自选于群臣,择其可者;至于县令,当令京官五品以上,访有才力操守、可任治民者,各举一人,以备选择,庶不至失人耳。"详观马周一疏,大意欲太宗轻徭薄赋,固结人心,以为子孙万世之业,而其要归在于重守令,诚为致治之急务。至谓朝廷重内轻外,以京官不称职者补外任,以迁谪之人守远方,则又古今通患。古之圣王,详内而略外者,但指法制政令之类而言,若夫亿兆之众,则一般样都是朝廷赤子,岂可以远近视之乎!官不得人,则民不乐业;外郡骚动,则近地亦为之不宁,其所系非浅浅也。愿治之主,宜加意焉。

今评 贞观十年之后,妄兴土木,徭役渐重。到马周进入朝廷时,已不得不大声疾呼,这时的唐太宗已经把自己所说"重敛百姓,厚自奉养……譬如馋人自啖其肉,肉尽而毙"的道理全忘了。

卷之十六

唐　纪

太　宗

三月，著作佐郎邓世隆表请集上文章。上曰："朕之辞令，有益于民者，史皆书之，足为不朽。若其无益，集之何用！梁武帝父子、陈后主、隋炀帝皆有文集行于世，何救于亡！为人主患无德政，文章何为！"遂不许。

张居正讲评　著作佐郎，是秘书省属官，以撰集文章为职。贞观十二年三月，著作佐郎邓世隆，见太宗万几之暇，曾有制作，恐其散逸，请将平日御制的文章，集成一部，传示天下后世。太宗说："文章不贵虚词，在裨实用。朕平日所撰的辞令诏敕等类，其关系国体，有益民生的，史臣都已采而书之，载于国史，不至磨灭，何须更集！若其他一时感触，因事漫言，诗文等类，非关国体，无益民生的，即使集成，将何所用！若近代梁武帝，与其太子萧统最好文章，他如陈后主、隋炀帝这三君，都有文集刊行于世，然武帝身遭侯景之乱，陈、隋二主，同为亡国之君，虽有文集，何救于乱亡！可见为人主的，只怕无大德实政，足以覆被生民流传后世者耳。区区文章，乃雕虫小技，何足为轻重哉！"遂不准所奏。按太宗此言，可谓识其大者矣。盖人主留意文章，虽贤于声色逸游之好，但所以仰承天地祖宗，永保子孙黎民，固自有其大者，不在缔章绘句间也。自古帝王以经天纬地为文，以法祖安民为务，岂与文人学士，争一字一句之长。如唐太宗虽无文集，而其善政善言，至今炳炳尚在史册，万世称圣明焉。有天下者，可不知所务哉！

今评　作为国君和政治家，唐太宗想到的不是编辑自己的文集，而是要写好治理天下这篇大文章。

皇孙生，宴五品以上于东宫。上曰："贞观之前，从朕经营天下，玄龄之功也。贞观以来，绳愆纠缪，魏徵之功也。"皆赐之佩刀。

张居正讲评 绳是木匠的墨线，愆是过。绳愆，是攻其过失如木理之不直者，匠人以墨线弹之而加以裁削也。纠，是矫之使正的意思。太宗因皇孙新生，临幸东宫，宴朝官五品以上，因与诸臣说道："人君以武功定祸乱，必有佐命之元勋，以文治开太平，必有辅理之贤相。昔日在贞观以前，天下未定，那时从朕东征西讨，经营四方，奇谋秘计，日陈于帷幄之中，使朕克有成功者，都是房玄龄之功。及是贞观以来，宴安日久，朝廷之上，肯面折廷诤，以绳朕之过失，纠朕之差缪，使动无过举者，却是魏徵之功。当时若不得玄龄，则一统之大业，何由而成！后来若不得魏徵，则一代之治功，何由而定！二臣之功，均可为一时之冠矣。"因各赐之佩刀以宠异之。尝考太宗之定天下，外则有二十四功臣，为之宣力军旅，乃独称一玄龄者，盖以运筹决胜，其功大也。内则有十八学士之流，论思左右，乃独称一魏徵者，盖以献可替否，其益宏也。然玄龄任于危难，魏徵出自仇雠，若非太宗倾心委任，则二臣亦无以自效矣。然则二臣之功，由太宗知人善任成之也。

今评 房玄龄以奇谋密计，运筹决胜，帮助太宗完成统一事业；魏徵面折廷诤，献可替否，帮助太宗治理国家。但如果没有太宗的知人善任，也就没有房、魏二人发挥才能的机会。

上谓徵曰："朕政事何如往年？"对曰："威德所加，比贞观之初则远矣；人悦服则不逮也。"上曰："远方畏威慕德，故来服；若其不逮，何以致之？"对曰："陛下往以未治为忧，故德义日新；今以治为安，故不逮。"上曰："今所为，犹往年也，何以异？"对曰："陛下贞观之初，恐人不谏，常导之使言，中间悦而从之。今则不然，虽勉从之，犹有难色。所以异也。"上曰："其事可闻欤？"对曰："陛下昔欲杀元律师，孙伏伽以为法不当死，陛下赐以兰陵公主园，直百万。或云'赏太厚'，陛下云：'朕即位以来，未有谏者，故赏之。'此导之使言也。司户柳雄妄诉隋资，陛下欲诛之，纳戴胄之谏而止。是悦而从之也。近皇甫德参上书谏修洛阳宫，陛下恚之，虽以臣言而罢，勉从之也。"上曰："非公不能及此。人苦不自知耳！"

张居正讲评 这一段，是魏徵劝太宗慎终如始的意思。太宗宴五品以上官于东宫，因从容问魏徵说道："朕近日的政事，比之往年何如？"魏徵对说："近日吐谷浑既破，突厥来降，吐蕃、朱俱波、甘棠等国，都遣使入贡，陛下神威圣德，不但平定海内，又且加于四夷，比之贞观初年，所及更远。若论天下的人，心悦诚服则不及贞观之初。"太宗说："远方蛮夷不可以力制，惟是畏惧我之威，悦慕我之德，故来输服，若人心悦服，不逮初年，何以能致远人畏慕如此？"魏徵对说："臣所谓不逮者，正为陛下之心恃此而骄，比前不同，盖贞观初年，天下甫定，四夷未服，陛下方以未治为忧，兢兢业业，惟恐失坠，故一举动不敢纵逸，一施措不敢苟且，而德义日新，天下改观易听，自然心服，到如今天下太平，四夷宾服，陛下遂以既治为安，志得意满，侈然自足，无复意外之虑，天下的人，口虽不敢言而心实不满，故虽勉强服从，终不及初年之悦服也。"太宗因问说："朕自家省察，如今所为也与往时一般，何故不同？"魏徵对说："陛下在贞观初，惟恐己有过差，人不肯谏正，故常委曲开导使之尽言，群臣谏诤，中间有可采者每欢喜听受，无所勉强，今则不然，外面虽勉强听受，中心实不喜，尚有苦难之意见于颜色，是陛下虚心受善不及往时，所以不同。"太宗说："此非谩言，必有事实可指，愿闻其详。"魏徵对说："往时元律师犯法，陛下要杀他，孙伏伽执奏说：'此人所犯，论以律法，罪不至死。'陛下即听从其言，又重赏之，就将兰陵公主的园地价值百万者，给赐与他。或云一言而赐百万，恐过于厚，陛下说：'朕自即位以来，每事岂能尽善，未闻臣下有敢谏正者，今伏伽独能直谏，是以赏之。'这是明示臣下以虚心纳谏之意，开导之，使人人得以尽言无隐也。又如司户柳雄，妄诉隋时出仕的资级，以冒迁转。那时方有明诏，令诈冒者自首，不首者罪死。柳雄既犯此令，陛下欲诛之以示众，戴胄执法谏诤，言雄罪只应流，陛下嘉纳，遂止不诛。这是悦而从之，非勉强也。近日中牟县丞皇甫德参，上疏谏修洛阳宫，言不当劳民。陛下赫然震怒，欲加之罪，虽因臣言得免，其实出于勉强，非是悦从。盖此时治功已成，故陛下志骄意满，不复虚心受善，以此人心悦服不及往时。"太宗感悟说："非卿忠谠，不能为此言。"人情常苦不自知，须时时得人规谏，庶几得省改耳！按魏徵这段说话，乃万世人主之药石。盖致治非难，保治为难，立志非难，持志为难。人主之志，每能励精于多难之时，而不免忽意于功成之后。故忧其未治，乃所以成治，而恃其已治，此所以隳治也。譬之御骏马者，历九折之坂，执辔甚谨，曾无失足，及骋乎康庄，自以为无患，稍弛其衔勒，忽不觉其纵逸而失坠矣。图治者其戒之哉！

今评 成功后防骄纵，做事应善始慎终，对所有的人都是药石之言。

上问侍臣："帝王创业与守成孰难？"房玄龄曰："草昧之初，与群雄并起角力而后臣之，创业难矣！"魏徵曰："自古帝王，莫不得之于艰难，失之于安逸，守成难矣！"上曰："玄龄与吾共取天下，出百死，得一生，故知创业之难。魏徵与吾共安天下，常恐骄奢生于富贵，祸乱生于所忽，故知守成之难。然创业之难，既已往矣；守成之难，方当与诸公慎之。"玄龄等拜曰："陛下之言及此，四海之福也。"

太宗

张居正讲评 太宗问侍臣说道:"帝王开创基业与保守成业,这两件何者为难?"房玄龄说:"开创之始,英雄并起各以材力斗争,战胜攻取,费尽心力,然后得之,可见创业为难。"魏徵说:"天下之事,每成于勤苦,而坏于怠荒,而人之常情,每谨于有初,而忽于成事,观自古帝王得天下,都从艰难勤苦;即成大业,后来失天下,只因安逸骄肆遂至乱亡,可见守成为难。"太宗说:"玄龄与我共取天下,亲见我出百死得一生,故晓得创业之难。魏徵与我共安天下,常恐我安享富贵,或至骄纵奢侈,一时一事,忽略不留心,祸乱必从此生,故晓得守成之难。二人之言,皆有所见,然创业之难,既已往矣,固不必言;守成之难,正是今日君臣该警戒的事,方当与诸公谨慎而保守之。"玄龄等拜说:"陛下肯念守成之难,命臣等同加谨慎,言及于此,必不肯恃富贵而起骄奢;必不肯因安逸而忘祸乱,庶乎太平可以常保,苍生有所利赖,真四海之福也。"这是记太宗与群臣相警戒谨守成业的意思,古来帝王保自己新创的基业,谨守者多;惟是享祖宗见成的基业,谨守者少,盖因不曾见前人开创之艰难,故不信天命人心之可畏,既无深远之虑,又无劝戒之人,所以祖宗得之甚难,后人失之甚易,有由然也。太宗身兼创守,君臣相警如此,其垂戒后世,亦深切矣!使唐之子孙,能留心谨守,常如太宗之治,则乱亡之祸,何从而起哉!有天下者,当知所监戒也。

今评 创业难,守成也难。守业很难,难在帝王不能严以自律。

十五年正月,上指殿屋谓侍臣曰:"治天下如建此屋,营构既成,勿数改移;苟易一榱,整一瓦,践履动摇,必有所损。若慕奇功,变法度,不恒其德,劳扰实多。"

张居正讲评 榱是屋上的椽子。贞观十五年正月,太宗在便殿,指着殿屋,对左右侍臣说道:"人君治天下,就如建造这殿屋一般。初时须聚集工匠,经营结构以成之,及营构既成,只宜安处其中,谨守勿动,不可数数改移;若轻易抽换一椽,整理一瓦,虽是小小动作,然更变之际,攀援践踏,屋宇皆动摇,必有所伤损处,终不若初时结构之牢固也。人君初有天下,为子孙黎民万世之虑,创制立法,以贻后人,必须熟思审处,一成而不可变;法制既定,只宜与天下遵守,慎勿轻易纷更。若慕非常可喜之功,而变一定不易之法,今日如此,明日如彼,便是不恒其德了。这非但无益于治,将见官无定守,民无定志,朝廷之上,议论纷纭,方以为可行,而又复止,方以为可罢,而又复兴,其为劳扰,不亦多乎!"这一段,是说法度不可轻变的意思,喻以建屋,其理甚明,法祖图治者,可以深省矣。

今评 对待法制的变动要慎重,这是很重要的,但随着社会的进步,面对新问题,慎重地、合理地对已有法制进行变革,也是必要的,一成不变是行不通的。

上谓侍臣曰："朕有二喜一惧。比年丰稔,长安斗粟直三、四钱,一喜也;北虏久服,边鄙无虞,二喜也。治安则骄侈易生,骄侈则危亡立至,此一惧也。"

张居正讲评 太宗一日与侍臣说道："朕今为天下主,当太平之日,有两件可喜,有一件可惧。盖自古国家,只怕年岁饥荒,民生不遂,今连年以来,天下丰登稔熟,长安城中,每一斗米只直三、四文钱,百姓富足如此,则国家根本坚固,这是第一件可喜;自古国家,最怕四夷侵扰,边境不宁,今北虏突厥,久已服属,边鄙安静,无有意外之虞,疆宇宁谧如此,则国家基业益隆,这是第二件可喜。然自古以来,人君处艰难多事之时,皆知谨慎,唯是天下治安,无可忧虞,则骄慢奢侈之心,不觉自生,骄侈一生,民受其害,则危亡倾覆之祸,不期而至矣,这一件深可惧也。看来可惧之事,正伏于可喜之中,故当可喜之时,常不忘可惧之念,朕之保治如此。"大抵宴安酖毒,实人主之通患,而骄侈二字,则其膏肓之病也。骄则一人临天下,而不见其可忧,由是怠荒毒虐,而过不自闻矣;侈则以天下奉一人,而犹以为未足,由是穷奢极欲,而民不堪命矣。如秦始皇、隋炀帝,威命灵爽,振耀华夷,只因骄侈心生,遂至于败亡而不可救,人主可不鉴哉!

今评 对太宗所说"二喜一惧"的事,确实是"可惧之事,正伏于可喜之中",这是很有见地的。

并州大都督长史李世勣在州十六年,令行禁止,民夷怀服。上曰："隋炀帝劳百姓,筑长城以备突厥,卒无所益。朕唯置李世勣于晋阳而边尘不惊,其为长城,岂不壮哉!"乃以世勣为兵部尚书。

张居正讲评 并州,即今山西太原府地方。唐时每州置一大都督府,佐以长史,镇守其地。贞观中,以功臣李世勣为并州大都督府长史,在任一十六年,世勣有才能,又居官久,百姓都信服他,所下的政令,无有不奉行者,凡有所禁约,无有不即止者,内而吏民,外而夷狄,皆悦慕其德,畏服其威。太宗闻而嘉之,谓侍臣说:"昔隋炀帝怕突厥犯边,乃抽丁起役,劳动中国的百姓,往筑一带长城以备御之,然终不能限隔虏骑,使不得入,虽劳无益。今朕不然,惟以李世勣置于并州督府,着他保守晋阳地方。今一十六年,民夷怀服,虏骑不侵,至令塞上烟尘不动,百姓宴然,只用这一员良将,就足以折冲御侮,比之长城,岂不更为雄壮哉!"乃召李世勣,入为兵部尚书,虽以赏功,亦平内外、均劳逸之意也。按太宗称世勣之言,实万世守边之要。盖御虏固以守险为急,尤以得人为本,苟得其人,则整练军马,修葺城堡,皆其职任事耳。不然,或假借修边之名,以糜费财力,或虚饰修边之功,以冒滥升赏,或奏报方行,而旋见倾坏或堵堞空存,而乏人防守,虽长城万里,只益边民之困耳。守边者不可不知。

太宗

【今评】太宗称赞李世勣是更为雄壮的"长城",而使用这座"长城"的太宗也功不可没。

上尝临朝谓侍臣曰:"朕为人主,常兼行将相之事。"给事中张行成退而上书,以为:"禹不矜伐而天下莫与之争,陛下拨乱反正,群臣诚不足望清光,然不必临朝言之。以万乘之尊,乃与群臣校功争能,臣窃为陛下不取。"上甚善之。

【张居正讲评】太宗一日临朝,与侍臣说道:"朕虽贵为天子,深居九重,然内而裁决庶政,巨细必亲,外而统驭三军,所向无敌,是常兼行将相之事也。"太宗此言,盖自夸其才,以为群臣莫能及耳!时有给事中张行成,与闻此言,退朝之后,即上一疏谏说:"自古帝王功德,莫盛于禹,观其地平天成,万世永赖,是何等事业!然禹未尝自矜其功,而天下莫与之争功;禹未尝自伐其能,而天下莫与之争能。使禹而自矜自伐,与臣下校量,则禹亦小人矣。今陛下拨转乱世,反之于正,雄才大略,振古无前,一时群臣诚不足以仰望清光。然帝王之体,与臣下不同,纵使功烈过人,皆其分内之事,亦不必临朝对众,自言所长。至以万乘之尊,而与将相群臣校一日之功,争一艺之能,似非圣人不矜不伐之道也。臣之私心,窃所不取。"太宗览奏,深以为善,盖自觉其非矣。尝谓人君之道如天,天不自有其功,而四时五行之序,皆天之功也。君不自以为能,而群臣百官之事,皆君之能也,尧舜之治天下,垂衣拱手恭己南面,而皋夔稷契之流,为之寅亮天工,共成雍熙之化,万世之下,何尝不以为尧舜之功哉!太宗乃以将相之才自负,而喋喋言之,盖亦昧于大体者矣。

【今评】此时君尊臣卑的思想,逐渐替代了太宗认为个人才智有限的思想,以致发展到在朝堂上与大臣的较功争能,这种情况与太宗先前虚心容人、兼听广纳的作风相比,判若两人!

十六年,上谓谏议大夫褚遂良曰:"卿犹知起居注,所书可得观乎?"对曰:"史官书人君言动,备记善恶,庶几人君不敢为非,未闻自取而观之也!"上曰:"朕有不善,卿亦记之邪?"对曰:"臣职当载笔,不敢不记。"黄门侍郎刘洎曰:"借使遂良不记,天下亦皆记之。"上曰:"朕行有三:一,监前代以为元龟;二,进善人共成政道;三,斥远群小不受谗言,朕能守而勿失,亦欲史氏不能书吾恶也。"

【张居正讲评】谏议大夫、黄门侍郎,都是门下省官。起居注,是史官所记天子言动,其以他官兼者,叫做知起居注。贞观十六年,太宗问谏议大夫褚遂良说:"卿还兼知起居注之事,所纪录的史书,我可得见乎?"遂良对

卷之十六 唐纪

说:"史官之职,凡人君一言一动皆当书之,或善或恶,都要备细记载,庶几为君者,有所警惧,恐后人讥笑,不敢为非,若是人主自家要看,则史官不敢从实直书,何以取信后世?从前未闻人主自观史书者也。"太宗问说:"朕所行或有不善,卿也纪录之邪?"遂良对说:"臣之职掌,在秉笔以记事,若隐讳不书,便是废职,臣岂敢不记。"黄门侍郎刘洎奏说:"人君的举动,天下人所观望,或善或恶,远近传布,决不能掩。纵使遂良要隐讳那不善的事,不肯记载;天下人既皆知之,亦皆私记之。岂能都使他隐讳不书哉!"太宗说:"朕平日所行有三件:一件是看前代古人的行事,以为元龟,取其善者为法,鉴其恶者为戒;二件是进用善人君子,与他共成治道;三件是斥远谗邪小人,不听他巧言,被其欺蔽,朕能谨守这三件,不敢差失,正要史官从实记载,我无有不好的事,他自然不能书吾恶也。"按太宗这三件事,真是万世为君之法,盖欲监观前代,必然日亲经史,日接儒臣,古人的善恶才能通晓;欲进用善人,必然亲信委任,谏行言听,治道才能共存;欲斥远群小,必然察之极真,断之极决,邪党才能销灭。果能如此,则君德日进,治道日隆,史官书之以为美谈,万代仰之以为准则矣。有天下者,岂可一日不留心于此哉!

今评 褚遂良对太宗当面说自己要秉笔直书,且拒绝太宗自己观看记载,不愧为直诚的史官。

　　特进魏徵有疾,上手诏问之,且言:"不见数日,朕过多矣。今欲自往,恐益为劳。若有闻见,可封状进来。"徵上言:"陛下临朝,尝以至公为言,退而行之,未免私僻。或畏人知,横加威怒,欲盖弥彰,竟有何益!"徵宅无堂,上命辍小殿之材以构之,五日而成,仍赐以素屏风、素褥、几、杖等以遂其所尚。

张居正讲评　　特进,是唐时宰相加官。史臣记特进魏徵有疾,于私宅调理,不能朝参,太宗心甚想念,即降手敕,差人往问其疾,因说:"自卿给假,已数日不见,朕之所行,无人规正,过失必多,今欲亲自临幸,与卿一言,只恐越增劳扰。故特遣官往问,卿若有闻见朕行的不是处,可封本进来,以便省改。"魏徵回奏说:"陛下临朝与群臣议论,常说为政要至公无私,及退朝之后,行出来的事,未免有偏私颇僻的去处。或有时自觉其非怕人窥见,却又横加威怒,以震慑其心,殊不知人心至愚而神,上之意向所在,无有不知,欲要遮盖,越发彰显,竟有何益!总不如无偏无党,以大公至正之心行之,方是人君之体也。"其疏中大意如此。此时魏徵寝疾已笃,所住的私宅中,尚未有厅堂,太宗知之,那时方欲构一小殿,材用已具,即命撤去,与魏徵起盖厅堂,只五日就完成了。又知徵素性俭朴,室中所须器物,都赐以素屏风、素褥,及几、杖等物,以遂其所好,正以彰其贤也。夫太宗之待徵,数日不见,则想闻其言,其信之专如此;私第无堂,至辍殿以营之,其遇之厚如此,真可谓恩礼兼尽者矣!为之臣者,安得不鞠躬尽瘁,忘身报主,而天下之治,又安有不成者乎!

太宗

[今评] 关心臣下的生活，亲自过问臣下的衣食住行和生老病死是太宗用人的一个特点。

上曰："朕为兆民之主，皆欲使之富贵。若教以礼义，使之少敬长、妇敬夫，则皆贵矣。轻徭薄赋，使之各治生业，则皆富矣。若家给人足，朕虽不听管弦，乐在其中矣。"

[张居正讲评] 百万叫做兆。太宗谓侍臣说："国以民为本，民以食为天。朕荷上天眷命，为兆民之主，以天下养一人可谓富矣；以天下事一人，可谓贵矣。天既与朕以富贵，而朕独不思所以安养兆民，岂上天之意哉！故朕已富，要使百姓每都富；朕已贵，要使百姓每都贵，只在教养之而已。诚能教以礼义，使知尊卑内外之理，上下事使之宜，年少的都敬那年长的，为妇的都尊敬那为夫的，则父兄役使子弟，男子役使女人，虽无爵位，也如官府一般，这就是贵了。轻徭役，不尽其力，薄赋敛，不尽其财，使百姓每都有余闲，各去治理生业，为长的得以怀其少，为夫的得以育其妇，渐有蓄积，不至匮乏，这就是富了。既然如此，那百姓每家家饱暖，无有不给的；人人优裕，无有不足的，这等安乐，朕为民父母，也自安乐，不须听那丝竹管弦之声，自然快活，天下极乐的事，也就在这里面了。"此与民同乐之道，而不徒以九重之贵、四海之富，自奉其身者也。夫前代中主，莫不挟其贵以侮百姓，而太宗欲教以礼义，使之皆贵；莫不恃其富以夺百姓，而太宗欲导以生养，使之皆富；莫不溺于声色以为娱乐，而不恤其民，太宗乃以家给人足为乐，胜于听丝竹管弦。为人君者，能常存此心，天下岂有不治者哉！

[今评] 太宗从天下太平中得到的快乐，远远超过那丝竹管弦之声。

二月，上问谏议大夫褚遂良曰："舜造漆器，谏者十余人。此何足谏？"对曰："奢侈者，危亡之本；漆器不已，将以金玉为之。忠臣爱君，必防其渐，若祸乱已成，无所复谏矣。"上曰："然。朕有过，卿亦当谏其渐。朕见前世帝王拒谏者，多云业已为之，或云业已许之，终不为改。如此，欲无危亡，得乎！"

[张居正讲评] 业，是已成的意思。贞观十七年二月，太宗问谏议大夫褚遂良说："昔帝舜始造漆器，其臣谏者十余人。一器之微，何关得失，而纷纷论谏如此？"遂良对说："人君好尚，所系甚大，惟崇尚节俭，乃是治安之本；若崇尚奢侈，便是危亡之本。以漆为器，虽未至奢侈，然为漆器不已，必将以金玉为之，是乃奢侈之渐也。大凡忠臣爱君，惟恐德业不成，故不待其过失昭彰，方去救正，只从那微细的去处，预先提防，如费用稍有不节，便恐渐入于奢侈；起居稍有不敬，便恐渐流于怠荒；闻直言稍不乐从，便恐渐至于拒谏；任君子稍有疑

贰，便恐渐惑于逸邪，是以朝夕图惟，必防其渐。若使见之不早，防之不豫，至于大坏极蔽，祸乱已成，则虽有爱君之心，无所复用其谏矣。"于是太宗说道："卿之言，说的极是。朕一日万几，岂能无过，卿亦当谏其渐。每见前世帝王，拒阻谏诤者，多以成心为主。或是政事有当改行的，只说业已做就了；诏旨有当改正的，只说业已许他了，文过遂非，终不为改。如此，则君德必然日损，政事必然日非，欲无危亡，其可得乎！"这一段说话，于人臣忠君爱国之心，人君防微杜渐之道，最为明切，不可不深体也。

今评 奢侈是危亡之本，为力戒奢侈，必防微杜渐。但要真正做到防微杜渐，既要君主能严于自律和虚怀纳下，又要臣下能忠君爱国和正直敢言。

上曰："人主惟有一心，而攻之者甚众。或以勇力，或以辩口，或以谄谀，或以奸诈，或以嗜欲，辐辏攻之，各求自售，以取宠禄。人主少懈，而受其一，则危亡随之，此其所以难也。"

张居正讲评 辐，是车轮中木。辏，是集。太宗谕群臣说："人主居万民百官之上，应接事务，只有一个心，下面小人，欲希图富贵，千方百计，只要引诱君心，把那许多不好的事，来攻之者甚众。故人主或好武功，他便以勇力来动之；或好谈论，他便以口辩来动之；或喜人赞扬，便献其谄谀，称颂功德，以迎合之；或略可欺瞒，便行其奸诈，颠倒是非，以蛊惑之；或意向有所偏好，便以各样嗜欲，如声色、器玩、宫室、游幸等事来奉承之。以众人之巧计，攻人主之一心，就如那车轮众辐，都攒凑做一处，各人都要求售其计，以图得上心，而规取宠禄。人主少有懈怠，一时不隄防他，这几件中，但只有一件引动，则君心迷惑，政事废弛，危亡之祸，随之而至矣，此君道之所以为难也。"这一段，是论人君当持守此心的意思，太宗天性英明，又历练世故，下人的情状，都看得透彻，然犹虑攻之者众，自觉其难，不敢少有懈怠，此其所以成贞观之治也。有天下者，能以此言常自警省，则众欲之攻，何足以动之哉！

今评 任何时候都会有执掌权力的人受到形式多样的"攻心"，是否被引动，关键在掌权者自己。

李世勣尝得暴疾，方云须灰可疗，上自剪须，为之和药。世勣顿首出血泣谢。上曰："为社稷，非为卿也，何谢之有！"世勣尝侍宴，上从容谓曰："朕求群臣可托幼孤者，无以逾公。公往不负李密，岂负朕哉！"世勣流涕辞谢，啮指出血，因饮沉醉，上解御服以覆之。

太宗

张居正讲评 这一段,是记太宗信任功臣的意思。那时李世勣忽然得个病症,甚是危急,医方上说:用人须烧灰,可治此病。太宗只要世勣的病好,就将自己的须剪与他和药。世勣病愈,感太宗这等恩眷,叩头出血,涕泣谢恩。太宗说:"朕赖卿以安社稷,卿安则社稷安,今剪须以治卿病,乃是为着社稷,非是为卿一身也,何用叩谢!"一日世勣侍太宗饮宴,情意欢洽,太宗从容向世勣说:"朕在位久,太子幼弱,朕为社稷远虑,遍求群臣中,可付托以幼孤的,莫过于卿。记卿往时在李密部下,那时李密败降,卿据守其地,尚念这土地人民,原是李密的,虽决计来降,然不欲邀功,必启李密自献,不负他一时恩德。况今朕之待卿,忘形迹,披腹心,义虽君臣,恩同父子,卿岂不尽忠于朕所托之幼孤,而负朕恩德哉!"世勣见太宗这等信任他,不胜感激,既荷知遇,又怕不能胜任,遂流涕辞谢,乃自啮其手指,至于出血,以见此身可捐,此恩不可负的意思。因忘分尽欢,无复疑忌,饮至沉醉,昏卧殿上,太宗就解脱自己所御的袍服,以覆盖之。一时君臣之遇,真不啻家人父子之亲也。夫君之待臣如此,人臣有不感戴上恩,而誓死图报者,此岂有人心者哉!

今评 太宗用人的长处之一,是关心臣下的生活,对一些有功之臣尤为体贴入微。

太子:指李治(628—683),即唐高宗。太宗第九子。即位初年,遵守贞观遗规,社会秩序稳定,对外东攻百济、高丽,西破突厥。中期后,政权落入武则天手中。

上谓侍臣曰:"朕自立太子,遇物则诲之。见其饭,则曰:'汝知稼穑之艰难,则常有斯饭矣。'见其乘马,则曰:'汝知其劳,不竭其力,则常得乘之矣。'见其乘舟,则曰:'水所以载舟,亦所以覆舟,民犹水也,君犹舟也。'见其息于木下,则曰:'木从绳则正,后从谏则圣。'"

张居正讲评 太宗既立晋王为太子,一日谕侍臣说:"朕自立太子之后,凡遇一物一事,必委曲诲谕之以启发他的志意。如见太子进膳,就教之说:'农夫终岁勤苦,耕耘收获,种得谷成方有此饭,汝若用饭之时,即念稼穑艰难,此饭不容易得,推此心去体恤农夫,节省用度,则天禄可以永保,而常得用此饭矣。'如见太子乘马,就教之说:'马虽畜类,亦是生命,所当爱惜。汝若乘马之时,即念此马之劳,驱驰有节,不尽其力,则马不至于困敝,而常得乘之矣。'如见太子乘舟,就教之说:'水本以载舟,故舟藉水以运,然而水亦能覆舟,则舟不可倚水为安。那百姓每就譬之水一般,为君上的,譬之舟一般,君有恩德及民,则民莫不戴之为君,若是暴虐不恤百姓,则人亦将视之为寇仇而怨叛之。譬之于水,虽能载舟,亦能覆舟,不可不慎也。'如见太子息阴于树下,就教之说:'木生来多有枉曲,惟匠氏以绳墨正之,则斫削的端正,可为宫室器物之用。人君生长深宫,未能周知天下之务,行事岂无差错,惟虚心听从那辅弼谏诤之臣,则智虑日明,历练日熟,自能遍知广览而成圣人矣。这是《书经》上的说话,不可不知也。'"太宗教诲太子,其用心谆切如此,惟以太子将有君人之责,故欲成就其德而诲之,不得不详耳。况于人主之身,正天下安危所系,岂豫养者所可比!诚

能因物自警，如太宗之所指，则其为进德讲学之助，岂浅浅哉！

今评 太宗教子的思想中，也表现出他作为封建帝王对人民深怀畏惧，时存戒心，故以水舟为喻启发之。

十八年，上曰："盖苏文杀其君，残虐其民，今又违诏命，不可不讨。"褚遂良曰："陛下指麾则中原清晏，顾盼则四夷詟服，威望大矣。今乃渡海远征小夷，万一蹉跌，伤威损望，更兴忿兵，则安危难测矣。"李世勣劝上伐之。上欲自征高丽，褚遂良上疏谏，上不听。

张居正讲评 高丽国，即今朝鲜。贞观十八年，太宗将征高丽，先与群臣商议说："今高丽乱臣盖苏文，弑其君高武，残虐其国中百姓，又无故兴兵，侵扰新罗的疆界。朕特遣使谕使罢兵，盖苏文抗违诏命，不肯听从。这等凶暴梗化之人，法不可容，朕为华夷之主，岂可不声罪致讨。"褚遂良谏说："陛下初起晋阳，平定海内，但一举手指麾，中原便清肃晏安，一举目顾盼，四夷便恐惧畏服，这是何等威望，震古耀今，盛大无比。今区区东夷，限隔辽海，乃劳王师渡海远征，冒风涛之险，以问罪于小夷，若能指期克捷，似无不可，设或不虞，万分之中，一有挫折，彼小夷得以藉口，说大唐天子也无奈我何，岂不伤损了威望。到那时节，甘休不得，更起忿兵，夫兵忿者败，臣恐胜负安危，难以逆料，非万全之计也。"彼时朝臣皆以征辽为不可，独李世勣劝太宗发兵讨之，盖世勣武人，识见不足，太宗以其意与己合，遂决计亲征。褚遂良退而上疏说："天下譬如一身，四夷乃身外之物，高丽诚有罪，必要征他，只消发四五万兵，遣一二员将帅便了，何至劳车驾亲行。"然此时太宗之意已决，终不能听从也。盖太宗平生，百战百胜，当时群雄如李密、王世充等，与我角力者，今皆削平，四夷如突厥、吐蕃等，为我借资者，今皆臣服。独高丽僻处东隅，隋炀帝竭天下之力以从事于此，而不能克，今幸当其危乱之时，又恃我富强之力，以为取之若振槁，可以震动四方，夸耀千古也。故虽在位既久，而雄心未忘，至于劳万乘而不辞，违群议而自用，卒之辽左无功，竟以天下之众，困于小夷，终其身悒郁追悔，皆一念好大喜功之心为之也。有天下者，可不戒哉！

今评 想"震动四方，夸耀千古"，有"好大喜功之心"，这是张居正对太宗很恰当的评议。

上好文学而辩敏，群臣言事者，上引古今以折之，多不能对。刘洎上书谏曰："帝王之与凡庶，圣哲之与庸愚，上下悬绝。是知以至愚而对至圣，以极卑而对极尊，徒思自强，不可得也。陛下降恩旨，假慈颜，凝旒以听其言，虚襟以纳

旒（liú）：古代帝王礼帽前后的玉串，能随戴帽者头部的转动而摆动。所以以"凝旒"表示帝王专心听人说话，连头也不转动。

其说,犹恐群下未敢对扬;况动神机,纵天辩,饰辞以折其理,引古以排其议,欲令凡庶何阶应答!且多记则损心,多语则损气,心气内损,形神外劳,初虽不觉,后必为累。"上飞白答之曰:"非虑无以临下,非言无以述虑,比有谈论,遂致烦多,轻物骄人,恐由兹道,形神心气,非此为劳,今闻谠言,虚怀以改。"

【张居正讲评】 飞白,是字体。史臣记太宗天性嗜好文学,辩论敏给,遇群臣奏事,必援引古今,与之折辩,群臣多不能对。侍中刘洎上疏谏说:"凡人名分相同,智识相若,方好彼此往复辩论。若乃帝王之与凡庶,圣哲之与庸愚,势位智识,上下相去,悬绝甚矣。故群臣奏事于明主之前,乃是以至愚而对至圣,以极卑而对极尊,堂陛既已森严,才识又复短浅,往往慑于天威,仓惶失措,徒欲勉强自效,不可得也。陛下于群臣论奏,虽明降恩旨,假借慈颜,凝旒静听,使之得尽其词,虚襟广纳,使之得行其说,犹恐群下不能对扬休命。况复内动神机,外纵天辩,文饰词说以屈其理,旁引古事以排其论,却教那凡庶之流何由应答,而尽其所言哉!然此不但失待下之体,亦非自养之道。盖记闲事太多,则心必为所损,言语太多,则气必为所损,心气既内损,又且外散形神,虽今日春秋鼎盛,不觉其劳,然日积月引,久后必受其累矣。"太宗见刘洎所言,剀切忠爱,乃自写飞白字答之说:"人君居上临下,若于所陈章奏,不加思虑审究,中间取舍,岂能无失。然思虑在心,若非言语,又无以发之,所以近来每有谈论,遂致烦多,由此不改,将至于矜己傲物,恃才陵人,诚有如卿之言者,若形神心气,则不以此为劳也。今既闻忠谠之言,即当虚怀以改。"夫天下事重,万几至繁,若非君臣相与当面商确,岂得事事停当,但或以才辩高人,而果于自用,则臣下反不得尽言,此刘洎之所为惓惓于太宗也。

【今评】 君臣对谈,上下交流,有利于沟通思想;互通情况,对治国决策多有好处。但君王若自恃才辩和博学,必使臣下理屈辞穷而后快,则臣下必产生畏惧心理,达不到预期目的。

上以辽左不能成功,深悔之,叹曰:"魏徵若在,不使朕有是行也!"乃驰驿祀徵以少牢,复立所制碑。

【张居正讲评】 高丽国在辽水之东,故称辽左。少牢,是羊。魏徵平生能直言极谏,面折廷争,太宗甚重之,但有举动过差处,常怕他知道,或未行而止,或因谏而罢,就是太宗决意要做的,若于事理未当,他也能极力挽回。魏徵没后,太宗眷念不忘,亲制碑文,立于墓所,表扬他平生好处,后乃被人谮谮,把这碑仆了。及车驾亲征高丽,无功而还,止取得盖州、辽州二城,反折了许多人马,大损威望,太宗深自追悔,却思量起魏徵来,叹息说道:"朕此一行,轻举妄动,若魏徵尚在,必能谏阻,不使朕有是行也!"于是遣人驰驿到魏徵墓所,

祭以少牢，仍将前时御制的碑文，立于墓上，以见追思魏徵之意。大抵忠鲠之臣，人主所畏惮，当其时为苦口之言，逆耳之听，若龃龉而难入，然徐而思之，裨益甚大。盖惟心有畏惮，则事无过差，一举一动，必然斟酌停当，而可免于后悔，然非明圣英断之君，能省身克己，改过不吝，从善如流，亦未有不后事而追悔者也。如唐太宗造次征辽，功隳而后思魏徵；唐玄宗仓皇幸蜀，乱成而后思张九龄，亦无及矣。故为人主者，必持志养心，惩忿窒欲，不以强盛而骄，不以治平而怠，常若法家拂士之在侧，师保箴规之在耳，则何至有后事之悔哉！

今评 太宗的虚骄心理和轻敌思想，直接导致了这场失败战争的发生。

萧瑀，性狷介，与同僚多不合，尝言于上曰："房玄龄与中书门下众臣，朋党不忠，执权胶固，陛下不详知，但未反耳。"上曰："卿言得无太甚！人君选贤才以为股肱心膂，当推诚任之。人不可以求备，必舍其所短，取其所长。朕虽不能聪明，何至顿迷臧否乃至于是！"

张居正讲评 史臣记特进萧瑀天性狷洁孤介独行己意，不能谐俗，与同僚共处，多不相合。一日奏太宗说："陛下以房玄龄为勋旧，信任不疑，却不知他与中书门下诸臣结成朋党，不肯尽忠朝廷，执掌大权，私意胶固，其所行的事，陛下不得详知。看他专擅之状，已甚明著，但未至于反耳。"太宗闻萧瑀之言，心甚不悦，面斥之说道："卿之所言，岂不太过！人君选择贤才，置之辅弼，托以为股肱心膂，当推一片诚心去委任他，方肯尽忠为国，无所顾忌。若一心以用之，又一心以疑之，人臣谁不解体。且人之才行，本不能全，有所长，必有所短，用人者岂可求全责备，只宜略其所短，取其所长，然后人人得以自效。若将那好处不说，只就其一事之短，以概人之平生，则天下无可用之人矣。朕因玄龄忠谨，所以倾心委任，你却说他朋党不忠，是朕之用人贤否混淆、邪正颠倒矣。朕虽不能聪明，无帝王知人之哲，亦岂应顿迷贤否，至于如是！卿之所言不亦过乎？"按玄龄奉公体国，知无不为，诚一代之贤相，萧瑀乃以素不相合而极力攻之，使非太宗之明哲，鲜不为所惑矣！夫自古以来，攻任事之臣者，大率有二：非诬之以专擅，以动人主之心，则指摘其一言一行之失，以掩其所长。故任人之道，莫善于推诚，莫不善于求备，能推诚而器使，则二者之言，无由而入矣。太宗数语，真可为万世法也。

今评 善用人之长，不求全责备，不因一事之短掩盖其长，这对治理国家极为重要。

太宗

齐州:治所在今山东省济南市。

齐州人段志冲上封事,请上致政于皇太子。太子闻之,忧形于色,发言流涕。长孙无忌等请诛志冲,上手诏曰:"五岳陵霄,四海亘地,纳污藏疾,无损高深。志冲欲以匹夫解位天子,朕若有罪,是其直也;若其无罪,是其狂也。譬如尺雾障天,不亏于大;寸云点日,何损于明!"

张居正讲评 齐州,即今山东济南府。封事是奏章。亘字解做遍字。疾是毒害之物。太宗在三代以后,可谓希世贤君,但其末年,征伐并兴,土木继作,以此稍失人心。那时齐州有个狂人,叫做段志冲,无故上本,说太宗在位日久,厌倦政事,莫若自家退闲,及早把这天下传与皇太子罢。太子闻得这话,甚不自安,心切忧惧,形于颜色,每一发言,辄为流涕。国舅长孙无忌等,请太宗诛戮此人以正典刑,太宗不听,手诏答说:"五岳为群山之宗,陵逼霄汉,何等高峻;四海为众水之会,横亘地脉,何等深广。这五岳四海,也容纳那污浊的,也包藏那疾恶的,然岳常自高,海常自深,何曾有纤毫亏损。今志冲乃一匹夫耳,就要朕解去大位,使天子退闲,此不必论其言之是非,但当自省朕之罪过。若朕果有罪,天心弃之,民心厌之,要是他正直敢言也,直的固不当诛;使朕果无罪,上不负天,下不负民,便是他颠狂妄言也,狂的亦不必诛。天下后世,自有公论,区区狂言,岂足为轻重。譬如天被尺雾障蔽,依旧是这等广大,不因此而少亏;日被寸云点缀,依旧是这等光明,不因此而少损。今只当置之不问便了,何用诛戮!"然志冲狂言,不但不足以累太宗,天下后世,因此益见太宗度量之大,识见之明,能容人所不能容,忍人所不能忍,出于寻常世主万万也。

今评 太宗处理段志冲之事,固然令人钦佩。但从容而论,太宗晚年屡有失德,征高丽失败,又患病在身,段志冲让他禅位,也是有道理的见解。

二十二年正月,上作《帝范》十二篇以赐太子,曰《君体》、《建亲》、《求贤》、《审官》、《纳谏》、《去谗》、《戒盈》、《崇俭》、《赏罚》、《务农》、《阅武》、《崇文》;且曰:"修身治国,备在其中。一旦不讳,更无所言矣。"又曰:"汝当更求古之哲王以为师,如吾,不足法也。夫取法于上,仅得其中;取法于中,不免为下。吾居位以来,不善多矣,锦绣珠玉不绝于前,宫室台榭屡有兴作,犬马鹰隼无远不致,行游四方,供顿烦劳,此皆吾之深过,勿以为是而法之。顾我弘济苍生,其益多;肇造区夏,其功大。益多损少,故人不怨;功大过微,故业不堕;然比之尽美尽善,固多愧矣。汝无我之功勤而承我之富贵,竭力为善,则国家仅安;骄惰奢纵,则一身不保。且成迟败速者,国也;失易得难者,位也;可不惜哉!可不慎哉!"

张居正讲评 这一段,是记太宗教诲太子的事。贞观二十二年正月,太宗自作一书,叫做《帝范》,凡十有二篇赐与太子。第一曰君体,言人君当正身修德,以端万化之原;其次曰建亲,言人君当敦睦宗藩,以固本支之祚;其次曰求贤,盖得贤者昌,故必广求人才,以资理道;其次曰审官,盖知人则哲,故必甄别贤否,以正官常;其次曰纳谏,盖从谏则圣,故言路不可不开;其次曰去谗,盖偏信生奸,故谗佞不可不远;其次曰戒盈,言满则必覆,当持之以戒慎;其次曰崇俭,言富不期侈,必守之以撙节;其次曰赏罚,盖赏罚人主之大权,故必当其功罪,而后人心服;其次曰务农,盖农桑天下之大本,故必使之力本,而后百姓足;其次曰阅武,言肄兵讲武,以备非常,帝王之武功也;其次曰崇文,言重道隆儒,以施教化,帝王之文德也,其书中篇目如此。因教太子说:"这十二篇书,帝王修身治国的道理备在其中。我若一旦不讳,临终之时也更无别言嘱咐,只是这一部书就尽了。"又命太子说:"汝当更求古之贤哲帝王以为师,如我为君,不足法也。盖取法那上等的人,仅能成中等,若取法那中等的人,将不免为下等矣,岂可不求法乎上哉!我自居位以来,所为不善的事多矣:如古人不贵异物,贱用物,而我锦绣珠玉,不绝于前;古人不作无益害有益,而我宫室台榭屡有兴作;田猎本非美事,我则犬马鹰隼无远不致;巡幸民之所苦,我则行游四方,供顿烦劳。这都是我之深过,汝不可当做好事去仿效。然我所以不败者,盖隋政不纲,天下大乱,我能翦除暴乱以拯济苍生,其有益于民甚多;混一土宇以创造华夏,其有功于世甚大。后来虽有这些过失,却以益人处多,损人处少,故人心不怨;有功处大,有过处微,故基业不堕;若比那古帝王尽善尽美,无一事之可议者,则羞愧多矣。汝不曾有我之功勋,而承受我之富贵,从此竭力为善,则国家仅可少安;若再骄惰奢侈,则一身恐不自保。且成之甚迟、败之甚速者,国家之业也;失之甚易、得之甚难者,天子之位也;岂可不自爱惜哉!岂可不自慎重哉!"太宗之教太子,恳切如此,盖开创之君,以百战得天下,故知大业难成,天位难保,是宜其言之谆谆也,使继体守成者,能一一遵而行之,则何至于颠覆哉!伊尹之告大甲曰:"率乃祖攸行。"傅说之告高宗曰:"监于先王成宪,其永无愆。"有天下者,不可不深长思矣。

今评 太宗能真诚和比较实事求是地反顾自己晚年的失误,以此教育太子,确是一位有自知之明的君主。

上营玉华宫,务令俭约,惟所居殿覆以瓦,余皆茅茨。徐惠以上东征高丽,西讨龟兹,翠微、玉华,营缮相继,又服玩颇华靡,上疏谏,其略曰:"以有尽之农功,填无穷之巨浪;图未获之他众,丧已成之我军。昔秦并吞六国,返速危亡之基,晋武奄有三方,翻成覆败之业;岂非矜功自大,弃德轻邦,图利忘危,肆情纵欲之所致乎!"又曰:"珍玩伎巧,乃丧国之斧斤;珠玉锦绣,实迷心之酖毒。"又曰:"作法于俭,犹恐其奢;何以制后!"上善其言,甚礼重之。

斧斤:泛指砍木斫物的工具。

太宗

张居正讲评

徐惠，是贤妃徐氏，名惠。龟兹，音丘慈，是西域国名。翠微宫、玉华宫，都是京师游幸的去处。鸩鸟的羽有毒，入酒中能杀人，叫做酖毒。太宗晚年颇兴土木，尝选胜地，营造玉华宫一所，戒饬督工诸臣，务从俭约，惟是临御的正殿覆盖用瓦，其余的皆用茅草苫盖，虽极节省，然所费亦不少矣。那时宫中有个贤妃徐氏名惠者，甚有贤德，读书能文，见太宗东征高丽，西讨龟兹，外面征伐不息，又作翠微宫、玉华宫，内里营缮相继，又御前服饰器玩，俱尚华靡，渐见奢侈成风，乃上疏规谏，其大略说道："农夫终岁劳动，所得几何？今征辽之役，乃裹粮渡海，轻冒不测，往往漂没，把这有限的农功，填委在那无涯巨浪之中，岂不可惜！我军几年训练方才成就，今即用以东征西伐，要四夷臣服，然他方之众，未必便来臣服，而我训练已成之军，反先自丧失了，岂不可悯！昔日秦始皇并吞了韩、赵、魏、楚、齐、燕六国，天下一统，似可无虞，乃仅二世而亡，曾不旋踵，其速如此；晋武帝奄有了魏、蜀、吴三方，天下一统，似可无虞，乃仅数传而灭，覆败之祸，若在朝夕，这是何故？盖秦始皇既灭六国，矜其功高，恃其势大，不务修德保邦而轻弃之，心以强盛而骄，故方兴而忽亡；晋武帝既平吴蜀，止顾目前利便，遂忘意外之变，不悟危亡所伏，而快意荡情，纵肆无极，武备弛于外，女谒盛于内，心以治平而怠，故方成而遽败，此前事之明鉴也，可不戒哉！"疏中又说："人知斧斤之能伤物，不知珍玩之器、技巧之工，非但耗蠹财力，亦且妨废农桑，也能断丧人国，如斧斤一般。人主好此，是怀斧斤以自戕也。人知酖毒之能害生，不知珠玉之宝、锦绣之华，非但诱引耳目，亦且蛊惑志意，也能迷乱人心，如酖毒一般。人主好此，是饮酖毒以自害也。"又说："人主创业垂统，乃后世子孙所观望，顾其作法者何如，诚使躬行节俭，以为后世表率，尚恐子孙每生长富贵，渐忘艰难，日盛一日，以至于奢；若作法于前者，先自奢侈，则后来骄溢，何所不至，动以祖宗藉口，谁能裁制之，诚不可不慎也。"其言词剀切如此。太宗道他说得好，甚加礼重焉。按徐妃虽一妇人，乃其告太宗者，类皆格言，有裨于君德治道，人主所当朝夕体念者也。

今评 徐惠妃不是在内宫与人争宠和安享富贵，而是关心国家大事，骨鲠上疏，而且疏文内容充实，有理有据，感情真切，对太宗当能起到比一般大臣更有利的作用，真是难能可贵。

房玄龄疾笃，谓诸子曰："吾受主上厚恩，今天下无事，惟东征未已，群臣莫敢谏，吾知而不言，死有余责。"乃上表谏，以为："陛下每决一重囚，必令三覆五奏，进素膳，止音乐者，重人命也。今驱无罪之士卒，委之锋刃之下，使肝脑涂地，独不足愍乎！向使高丽违失臣节，诛之可也；侵扰百姓，灭之可也；他日能为中国患，除之可也。今无此三条而坐烦中国，内为前代雪耻，外为新罗报仇，岂非所存者小，所损者大乎！愿陛下许高丽自新，倘蒙录此，死且不朽！"上自临视，握手与诀，悲不自胜。薨。

卷之十六 唐纪

张居正讲评

太宗晚年，征讨高丽，不能成功，又选将练兵，欲图再举，海内为之骚然。那时宰相房玄龄得病沉重，因与诸子说："吾奉事主上，三十余年，荷蒙厚恩，不能图报，如今天下已定，无事可言，只是东征辽左，不肯休兵，在廷群臣，惟恐违拂意旨，不敢进谏，我既知其不可，若是终于无言，虽死亦有余责矣。"因上一表谏说："陛下盛德宽仁，每决一重囚定要三覆五奏，始命行刑，且为之进素膳，止音乐，无非怜悯人性命的意思。今辽左之役，兴师不已，驱迫那无罪的士卒，委弃在锋刃之下，任他身死草野，肝脑涂地，这许多性命，独不可怜悯乎！夫不忍一囚之死，而忍三军之命，陛下之心，必有不能安者矣。然天下之事，亦有出于不得已者，向使高丽违失臣节，不肯奉顺朝廷，诛其罪可也；或是侵犯边境，扰害百姓，灭其国可也；或是他兵势强盛，他日能为中国之害，及早除之亦可也。今高丽既不曾失了臣节，又不曾侵扰百姓，蕞尔小夷，又不能为我患害，三者无一于此，而坐烦中国之民，以事无用之地，内则因隋朝不能平定，而为之雪耻，外则因新罗被其侵伐，而为之报仇，岂非所存者小，所损者大乎！愿陛下因高丽服罪，计其自新，休兵息民，以固根本，自然华夷庆赖，远迩得安。臣临终之言，倘蒙录用，虽死亦不朽矣！"表上，太宗闻知玄龄病重，遂幸其所居，亲握其手，与之为别，悲痛之怀，不能自胜。玄龄遂薨。然辽左之师，自是亦不复出矣。夫玄龄以济世之才，遭不世出之主，佐成帝业，遂致升平。三十余年，帷幄密勿之中，所以弥纶匡赞者，世皆不得而闻，所以号为贤相，而无迹可寻。至于一息尚存，而犹忧念国家，冀以垂绝之言，动人主之听，可谓鞠躬尽瘁，死而后已者矣，岂非万世人臣之轨范哉！

今评 房玄龄理解太宗对他的信任，竭尽心力地辅佐太宗夺取政权和治理国家，先后三十二年，"可谓鞠躬尽瘁，死而后已"。

高　宗

名治，太宗第九子，在位三十四年。

唐高宗（628—683）：李治，650—683年在位。即位后多承太宗旧制，击西厥、高丽，立武则天为后。

永徽元年正月，上召朝集使，谓曰："朕初即位，事有不便于百姓者悉宜陈，不尽者更封奏。"自是日引刺史十人入阁，问以百姓疾苦，及其政治。有洛阳人李弘泰诬告长孙无忌谋反，上立命斩之。无忌与褚遂良同心辅政，上亦尊礼二人，恭己以听之，故永徽之政，百姓阜安，有贞观之遗风。

张居正讲评 朝集使，是各处朝觐官。刺史即今之知府。高宗永徽元年正月，召天下朝觐官面谕之说道："朕今初即位，要为天下兴利除害，作新化理，以永保我皇考洪业。但朕生长深宫，外面的事，未能周知，尔等分职四方，于凡民情苦乐，政令得失，必能知其详细，除事体停当，百姓称便的，都照

高宗

旧执行。外若事有不便于百姓，或建置非宜，所当更革；或措理未善，所当改定；或行之已久，而时势不同；或法意本良，而条理未备，尔等须一一为朕据实陈奏。若地方事多，奏对之间，一时仓卒不能尽陈者，更须具疏实封奏闻，庶乎朕虽不出户庭，得以尽知天下之事。"高宗既宣谕众朝觐官，从此后遂每日引诸州刺史十人，使由阁门见于便殿，问以百姓每所患苦的情状，及刺史所施行的政治，究观其可否如何，用知他才调短长，人品高下，以为黜陟兴革的张本，其留心吏治，勤求民瘼如此。又用先帝顾命大臣长孙无忌、褚遂良为相，那时有洛阳人李弘泰，诬告长孙无忌谋反。高宗知无忌忠勤为国，更不推究，即时传令将弘泰处斩，使小人不敢妄生谗谤，摇动朝廷。无忌与遂良同心协力，辅佐新政。高宗亦尊重二臣，优加礼貌，恭己南面，凡朝廷事务，虚心委任，听其裁决，绝无嫌疑，其信任贤臣，不惑谗间又如此。所以永徽初政清明，百姓每阜盛安乐，有太宗贞观之遗风焉。夫笃信耆旧，以端化理之本原，博访外臣，以悉闾阎之利病。高宗初年，励精图治如此。使能持之有常，其盛德可少訾哉！惜乎溺爱衽席，渐不克终，无忌、遂良，竟见疏弃，孽后干政，宗社几危，可为永鉴也。

今评 高宗初年还是能励精图治的。后来大权落入武后手中，可见帝王善始慎终之难。

显庆元年，上谓侍臣曰："朕思养人之道，未得其要，公等为朕陈之！"来济对曰："昔齐桓公出游，见老而饥寒者，命赐之食。老人曰：'愿赐一国之饥者。'赐之衣，老人曰：'愿赐一国之寒者。'公曰：'寡人之廪府安足以周一国之饥寒！'老人曰：'君不夺农时，则国人皆有余食矣；不夺蚕桑，则国人皆有余衣矣！'故人君养人，在省其征役而已。"

张居正讲评 显庆元年，高宗谕侍臣说道："朕为天下之主，常思惠养小民，使之各得其所，但不得其要，卿等宜为我言之。"中书令来济对说："养民之道无他，惟在不扰而已。昔者齐桓公出游郊外，见一个年老的人，饥寒可悯，桓公命赐之以食，那老人说：'国中之人，不独我一人受饥，愿赐一国之饥者。'桓公又赐之以衣，那老人说：'国中之人，亦不独我一人受寒，愿赐一国之寒者。'桓公说：'寡人仓廪府库，所积有限，安足以遍一国之饥寒！'那老人说：'所谓赐之以食者，不必分君之粟米，以济人之饥；所谓赐之以衣者，亦不必分君之布帛，以济人之寒也。只想那百姓为何受饥，因不得力农故耳。为民上者，但能不夺其务农之时，使得尽力于畎亩，则粟米丰登，而国人皆有余食，这就是君赐与他食了，何必人人而食之哉！百姓为何受寒？因不得蚕绩故耳。为民上者，但能不夺其蚕桑之时，使得尽力于纺织，则布帛充足，而国人皆有余衣，这就是君赐与他衣了，何必人人而衣之哉！'观老人之言如此，可见人君欲养天下之民，不在于家赐而人给之，只是体恤下民，善立法治，省其征求，使财不竭于暴敛，省其徭役，使力不困于公家，则民皆乐业安生，而衣食自足，所谓养民之道，莫要于此

卷之十六 唐纪

矣。"夫来济以省征役为养民之要,其言固已甚当,然非省费用则不能省征求,非省工作则不能省徭役。必须将用度之过当者,皆为撙节,然后费出有经,而征求可薄;工作之不急者,一切停罢,然后征调有度,而徭役可轻。此又济之所未及也。

今评 节省不当用度,停止不急工作,最关键在于国君,国君必须严于自律,崇尚节俭,力戒骄奢,任用廉吏,这样才能轻赋役,息征战,真正做到省其征役。

麟德元年,初,皇后能屈身忍辱,奉顺上意,故上排群议而立之;及得志,专作威福,上欲有所为,动为后所制。自是上每视事,则后垂帘于后,政无大小,皆预闻之。天下大权,悉归中宫,黜陟、生杀,决于其口,天子拱手而已,中外谓之"二圣"。

皇后:指武则天(624—705),名曌,690年称圣神皇帝,改国号为周,705年中宗复位,不久即去世。

张居正讲评 这一段,是记武后擅权之由,以著唐家的祸本。高宗麟德元年,此时武后裁决政事,权侔人主。史臣追述其初时,武后以太宗才人废弃为尼,因高宗后王氏与萧淑妃争宠,荐引入宫。武后巧慧有机权,能自甘卑屈,忍受耻辱,委曲奉顺人主的意思,得其欢心。以此高宗被他蛊惑,大见宠幸,拜为昭仪,就要废了王皇后、萧淑妃,立他为皇后。那时长孙无忌、褚遂良、韩瑗极力谏止,高宗不听,竟排斥众议,册立武氏为皇后。武后既已得志,便肆无忌惮,乘高宗之昏,窃弄权柄,遍置私人,内杀皇后、萧淑妃,外杀长孙无忌、褚遂良、韩瑗,专作威福,但是高宗要做的事,动辄为他所牵制,不得自由。高宗怒其专恣,尝命近臣上官仪草诏欲废之,竟为武后所胁沮,反诛了上官仪。自此以后,高宗每出临朝视事,武后便随出垂帘坐于其后,外廷政事,不论大小,皆得预闻。高宗昏庸,又都委他裁决,以此天下大权悉归中宫,凡官员之黜陟、刑狱之生杀,都决断于武后之口,天子不能做主,但拱手听命,尸位而已。于是中宫之尊,与天子并,内外臣民称为"二圣",而威福之柄,不自天子出矣。《易经》上说:"男正位乎外,女正位乎内,男女正,天地之大义也。"《书经》上说:"牝鸡司晨,惟家之索。"自古妇人不与外事,阴于阳位,鲜有不致祸败者。唐自武后专政之后,遂以女主临朝,革唐为周,实开辟以来所未有之大变,然原其始,则高宗一念之嬖爱为之也。是以人君必清心寡欲,贵德贱色,修身齐家,谨于幽独之中,察于燕私之际,使妇不得乘夫,内不得干外,然后君权无旁落,而宗社可常保也。

今评 武则天能擅权,固与她个人特性有关,但追其根源还是在于唐高宗。

时承平既久，选人益多。是岁，司列少常伯裴行俭始与员外郎张仁祎设长名姓历榜，引铨注之法，又定州县升降、官资高下。其后遂为永制，无能革之者。大略唐之选法，取人以身、言、书、判，计资量劳而拟官。始集而试，观其书、判；已试而铨，察其身、言；已铨而注，询其便利；已注而唱，集众告之。各给以符，谓之告身。

张居正讲评 这一段，是记唐时选法之详。司列少常伯即吏部侍郎。告身即今之诰敕。唐初承兵革之余，人不乐仕，候选者少。到高宗时，天下承平日久，入仕之途渐广，每年应选的人数，比旧增多。是岁，司列少常伯裴行俭与吏部员外郎张仁祎，见人材壅滞，乃调停斟酌，设为长名姓历榜法，以定其留放，引铨注之法，以为之规格，又将州县大小分为八等，因量官资除授，如资望高者，授以上等州县，资望卑者，授以下等州县。自二人更定，此法甚为便利，以后吏部铨选，遂守以为定制，无有能变之者。大抵唐之选法，其取人有四：一曰身，是观其仪状；二曰言，是听其应对；三曰书，是试其书写；四曰判，是考其批判，合是四者，又计其资俸之浅深，量其效劳之多寡，而后拟官以授之。每年十月以里，天下候选人员，皆集于吏部，选至三月而尽。初集则先考试，所谓观其书、判是也，已试而后铨择，所谓察其身、言是也，已铨而后填注，面问其地方相宜、官资相当与否，以注其阙；已注而后唱名，使选者皆集，各以其官告之，于是上问下省审定，请旨奉行，各给敕文，以为符验，叫做告身。其详节如此。盖辨官论材，是朝廷第一要务，固贵处得其当，犹须任得其人。当时裴行俭有知人之明，其详品士类，必以器识为先，而浮华浅躁之流，虽材不取。故唐初以来，掌铨者以为称首，固不专恃立法之善而已。自此以后，铨总之法益密，而伪滥之途益增，至于糊名易书、假手代进，而所谓身、言、书、判者，亦不过文具而已，则任法之不如任人可见矣。

今评 制度的具体实行还在于人，高宗之后，铨选制度开始破坏，营私舞弊之风逐渐兴起，所以张居正指出，任法不如任人重要。

上既封泰山，欲遍封五岳，监察御史里行李善感谏曰："数年以来，菽粟不稔，饿殍相望，四夷交侵，兵车岁驾；陛下宜恭默思道以禳灾谴，乃更广营宫室，劳役不休，天下莫不失望。"上虽不纳，亦优容之。自褚遂良、韩瑗之死，中外以言为讳，无敢逆意直谏，几二十年；及善感始谏，天下皆喜，谓之"凤鸣朝阳"。

张居正讲评 监察御史里行，是官名，如今之试御史。菽，是豆。稔，是熟。殍，是饿死的人。此时高宗仿秦汉封禅之仪，既亲幸泰山，加上于山上以祭天，因欲并封嵩山、霍山、华山、恒山遍周五岳，遂于嵩山之南，营造

奉天宫，以为驻跸之所。监察御史里行李善感上疏谏说："封禅之举，本以天下太平告成功也。今数年以来，天下凶荒，五谷不熟，饿死的人，举目皆是，又四夷都来侵犯，我中国兵车岁岁驾行，不得休息，这等景象，岂是太平！意者天降灾谴，以为言戒。陛下正宜深居内省，端拱静默，思量治道，以消禳灾谴，庶乎天变可回，人心可慰。今乃更事巡游，广营宫室，劳役百姓，耗天下之财力，所在骚然，民不堪命，岂不大失天下仰望之意乎！"这疏内所言，高宗虽未听纳，亦宽容而不罪也。盖自高宗初年，褚遂良、韩瑗二人谏立武后，得罪贬死，由是内外群臣，以言事为忌讳，虽心知其非，未有敢违逆上意而直言极谏者，天下不闻谏疏，几二十年；至是善感始有此疏，天下闻之，莫不喜庆，比于"凤鸣朝阳"。盖凤凰之鸣，旷世而一见，善感之谏，亦数十年而始闻，诚悲其稀阔，幸其仅有，又深叹其难得也。夫言路国家之血脉也，血脉流通，则荣卫调畅，血脉壅塞，则疾病横生。今以言官之常职，比于世所希有之物，此岂盛世之事哉！故惟明主不罪逆耳之言，然后人臣敢陈苦口之说，使言路常通，则政事可无阙失而天下治矣。

今评 张居正将言路比拟成国家的血脉。李善感的勇敢正直值得称赞，人们对他的称赞，其实是对高宗的批评与讥讽。

卷之十七

唐 纪

中宗　睿宗

名显，是高宗第七子。即位之后，太后武氏废为卢陵王，后复正位，前后在位六年，中间武后革命二十一年，今通作中宗年分。

武后革命：指武则天称帝，改唐为周时期（690—705）。

有告皇嗣潜有异谋者，太后命来俊臣鞫其左右。太常工人安金藏大呼谓俊臣曰："公既不信金藏之言，请剖心以明皇嗣不反。"即引佩刀自剖其胸，五脏皆出，流血被地。太后闻之，即命俊臣停推。睿宗由是得免。

张居正讲评

昔，武后生四子：长太子弘，次雍王贤，皆为武后所杀；又次中宗，即位之后，亦为武后所废；止有少子豫王旦，因立为皇帝，是为睿宗。已而武后改唐为周，自称帝号，又以睿宗为皇嗣，使之退处东宫。是时，武后任用酷吏来俊臣等，大兴罗织之狱，将唐家宗室、大臣诛灭殆尽，仍欲立其侄武承嗣为太子，皇嗣不能自保。有一人承望风旨，上本告皇嗣暗怀别心，图谋争位，欲假此陷害睿宗，以绝唐家社稷。武后听信其言，就命来俊臣将皇嗣左右的人拿去鞠问。俊臣用酷刑拷讯，那皇嗣左右人受苦不过，都要招认。此时有个太常寺工匠，叫做安金藏，也是东宫人数，独一力保救皇嗣，大声叫呼，向俊臣说道："皇嗣实无异谋，公既不信金藏之言，情愿将我的心剖出以明皇嗣不反。"即拔所带的刀，自家剖破胸腹，五脏皆出，血流满地。太后闻知，方信皇嗣受诬，为之感叹。即命来俊臣将这东宫左右停止推问。睿宗由此得免于祸，皆安金藏之力也。按武后以女主当阳，潜移大命，唐室宗支，枝连蔓引，横遭屠戮，虽其子亦不免焉，如线之绪，止有中宗、睿宗二人而已。使当时一有动摇，则高宗、太宗之基业，自此倾矣！金藏一区区贱役，乃能不惜其身，剖心为主，以上感武后之心，而下消觊觎之望，可谓有功于社稷者矣！可见忠义之在人心，不以贵贱而有异；亦可见人心之思唐室，虽以武后之虐焰，而不能加于匹夫，岂非其祖宗德泽入人之深哉！

今评 安金藏可当"有杀生以成仁、无求生以害仁"的志士仁人。

十五年春三月，帝还东都。武承嗣、三思营求为太子，太后意未决。狄仁杰每从容言于太后曰："文皇帝栉风沐雨，亲冒锋镝，以定天下，传之子孙；大帝以二子托陛下。陛下今乃欲移之他族，无乃非天意乎！且姑侄之与母子孰亲？陛下立子，则千秋万岁后，配食太庙，承继无穷；立侄，则未闻侄为天子而祔姑于庙者也。"又劝太后召还庐陵王，太后意稍寤，由是遣徐彦伯召庐陵王及其妃、诸子诣行在。九月，立庐陵王为皇太子。

十五年：原纪年是则天后圣历元年。张居正不承认武则天废中宗、睿宗，改唐为周的历史，而推算的。

帝还东都：指庐陵王被召回京师。帝，指中宗。

张居正讲评 武承嗣、武三思，都是武后的侄。初武后既僭帝位，废中宗为庐陵王，徙居房州，至十五年春三月，始召还东都。然中宗所以废而复正，唐家社稷危而复安者，皆狄仁杰之功。史臣叙其始末说道，初武后二侄武承嗣、武三思听信小人拨置，以武后既为天子，改唐为周，岂可复用李姓为嗣，乃百计营求武后立他为皇太子。武后之意，犹豫未决。狄仁杰为宰相，每乘间从容以天理人情切要求处，开悟武后，说道："今日天下，原是我太宗文皇帝及大帝高宗的天下。昔文皇帝开创之初，历了许多艰难辛苦，昼夜暴露，与群雄战争。头不暇梳，风为之梳，面不暇洗，雨为之洗，亲身冒犯刀刃箭镞，间关行阵，出百死得一生，方才能剪除群雄，平定海内，创造基业，传与子孙。此乃天之所授，岂是容易。大帝高宗，兢兢嗣守，临崩之际，亲把他二子庐陵王及豫王，付托与太后。以太后国母，可以托孤，必不负平生之言也。今乃欲立武氏为嗣，灭绝唐家社稷，其无乃违上天眷顾李氏之意乎！违天者不祥，虽夺之，恐亦不能有也。且武承嗣、武三思是太后之侄，太后乃姑也；庐陵王、豫王是太后之子，太后乃母也。人家姑侄与子母，那个最亲？妇人从夫，以父母家为外家，侄是外人，子母乃天性之爱。太后若立子为嗣，则子有天下，太后千秋万岁后，配食高宗，永享太庙之祭，子子孙孙，永继无穷。若立侄为嗣，则自古以来，未闻有侄为天子，而其姑得以配享太庙者也。为太后远计，亦不当舍子而立侄矣。今庐陵王见在房州，莫若召还以为皇嗣，则人心安，天意得，而太后亦永有所托矣！"因力劝之。太后以仁杰言词剀切，稍稍开悟。由是遣职方员外郎徐彦伯，宣召庐陵王还东都。是年九月，立庐陵王为皇太子，中宗之位始定。而武承嗣等，不敢复萌觊觎之心。其后张柬之等，因得奉中宗以正大位，反周为唐，皆狄仁杰之力也。大抵人心蔽锢，非以从容开导之，则不入；非以至情感动之，则不从。姑侄子母之说，始发于李昭德，仁杰不过申明其意耳。然武后不悟于昭德，而悟于仁杰，则仁杰之重望至诚，又太后之所深信故也。故人臣谏君，必以积诚养望为本，又能徐伺机会而不骤，切中肯綮而不泛，则天下无不可悟之君，无不可成之事矣！

今评 张居正文末论谏诤要领，是经验之谈。

以天官侍郎苏味道为凤阁侍郎、同平章事。味道前后在相位数岁，依阿取容，尝谓人曰："处事不宜明白，但摸棱持两端可矣。"时人谓之"苏摸棱"。

张居正讲评 武后时，改吏部为天官，中书省为凤阁，门下省为鸾台。平章即古百揆之任，言揆度百事，而使之平正章显，乃宰相之职也。摸棱，是含糊两可的意思。武后临朝，擢天官侍郎苏味道为凤阁侍郎，与凤阁鸾台长官，一同平章政事。史臣因记说，味道前后再入相位，共有数年，其任不为不重，却只依附阿私，以取容悦，不能奉公守法，有所匡正。曾与人说道："大凡处天下事，不要十分明白，恐惹嫌怨，但只摸着边棱，在是非可否之间，两下里都占些分数。使其事行之而有利，我固可以安享其成功；使其事行之而有害，我亦可以苟免于罪责。"味道此言，都是全身远害的意思，其人品心术，因可概见。故当时之人，闻其言者，皆非笑之，因呼他做"苏摸棱"，其鄙之如此。大抵人臣之事君，只当论义理可否，不当顾一身利害。事苟有益于国，虽众人皆以为非，亦断然行之而不疑；事苟有害于国，虽众人皆以为是，亦决然止之而不为。至于成败利钝，又未尝期必于其间，这才是为国为民之心。岂有身为宰相，而以摸棱为计者乎？味道之言，不惟一时之所鄙，亦后世之深戒也。

今评 不堪为相的人，到底是不能为相的。

娄师德薨。师德性沉厚宽恕，狄仁杰之入相也，师德实荐之；而仁杰不知，意颇轻师德，数挤之于外。太后觉之，尝问仁杰曰："师德贤乎？"对曰："为将能谨守边陲，贤则臣不知。"又曰："师德知人乎？"对曰："臣常同僚，未闻其知人也。"太后曰："朕之知卿，乃师德所荐也，亦可谓知人矣。"仁杰既出，叹曰："娄公盛德，我为其包容久矣。吾不得窥其际也。"是时罗织纷纭，师德久为将相，独能以功名终，人以是重之。

张居正讲评 武后僭位之十六年，宰相娄师德薨。史臣叙说，师德之为人，性资沉深厚重，待人宽恕有容，有恩不使人闻知，有仇不与人计较。初武后用狄仁杰为相，实为师德疏荐其贤，而师德未尝自言。仁杰不知，意颇轻忽师德，以为不堪宰辅，屡屡要排挤他出为外任。武后觉得仁杰不能容师德，盖由不知其荐引之故,因问仁杰说:"宰相以知人为先,师德亦可谓知人乎?"仁杰答说:"知人甚难,臣尝与师德为同僚,相处最熟,未尝闻他有知人之明。"武后说:"我所以知卿之贤而用为宰相者,实由师德荐引之故。他能知卿之贤而举之,不可谓不知人矣。"仁杰闻武后之言,才知由师德汲引,故至宰相。既出,不觉叹服说道:"娄公盛德长者,于我有荐举之恩,我乃薄待之,而娄公终不以为言,是我在其包容之中,非一日矣。其度量宽广,真如沧海一般,吾不得窥其涯涘也。"那时武后开告密之门,任鸷酷之吏周兴、来俊臣等,罗织人罪,纷纭多事,文武大臣动辄为人所告,指为谋反,或下狱,或贬死,虽仁杰不免。而师德在朝最久,出将入相,独保全功名终其身,绝无间隙,则以其盛德长者,上下信之,不为世所疑忌故也,人以此莫不敬重焉。大抵宰相荐贤,本以为国,非为私也,故荐人而人不知,乃谓之公,若一求人知,则不免有市恩之心。有市恩之心,则不免有望报之意,而其弊将至于借公举,以树私人,为害有不可胜言者矣。仁杰若知师德之荐己,宁肯以薄待。乃师德之终身不言,则庶几乎断断无他技,休休如有容者矣。此可为相天下者之法。

[今评] 怎样才算举贤为公?唐太宗曾提出"内举不避亲,外举不避仇",其实这只是举贤为公的外延标准;张居正却从娄师德推荐狄仁杰的品德中看到了举贤为公的内涵准则,这就是"荐人而人不知"。

　　太后信重内史梁文惠公狄仁杰,群臣莫及,常谓之国老而不名。仁杰好面引廷争,太后每屈意从之。太后尝问仁杰:"朕欲得一佳士用之,谁可者?"仁杰曰:"未审陛下欲何所用之?"太后曰:"欲用为将相。"仁杰对曰:"文学缊藉,则苏味道、李峤固其选矣。必欲取卓荦奇才,则有荆州长史张柬之,其人虽老,宰相才也。"太后擢柬之为洛州司马。数日,又问仁杰,对曰:"前荐柬之,尚未用也。"太后曰:"已迁矣。"对曰:"臣所荐者宰相,非司马也。"乃迁秋官侍郎;久之,卒用为相。仁杰又尝荐夏官侍郎姚元崇、监察御史桓彦范、太州刺史敬晖等数十人,率为名臣。或谓仁杰曰:"天下桃李,悉在公门矣。"仁杰曰:"荐贤为国,非为私也。"

[张居正讲评] 这一段是记狄仁杰的事。仁杰封梁国公,谥文惠。卓荦,是超绝的意思。长史、司马,都是刺史佐贰官。秋官,是刑部。夏官,是兵部。史臣记武后晚年,以梁文惠公狄仁杰素有德望,因擢为宰相,甚是委信敬重他,在朝群臣,皆莫能及。每见仁杰奏对,只称为国老,而不呼其名,其信重之如此。仁杰亦感激知遇,尽心辅理,遇有所行不当,辄面引廷争,无所顾忌。武后虽天性暴虐,然谅其忠恳,亦每每屈意从之。武后曾问仁杰说:"朕要得一贤士用之,只今群臣中谁为可者?"仁杰说:"不知陛下欲用为何官?"太后说:"要堪

为将相者。"仁杰对说:"今群臣之中,若论文章学识,酝藉抱负,则凤阁侍郎苏味道、成均祭酒李峤,一时人望所推,无出其右,只用此二人可矣。若必欲求卓荦出格的奇材,可以担当大事者,目前却不多得,只有荆州长史张柬之,此人年纪虽老,观其器略,却是个宰相之材,不可不及时而用之也。"武后闻仁杰之言,就升柬之做京畿洛州司马,尚未决意大用。数日之后,又问仁杰访求贤士,仁杰对说:"臣前荐张柬之,陛下尚不曾用,何必他求?"武后说:"张柬之因卿之荐,已迁为洛州司马矣。"仁杰说:"臣荐柬之,谓其可为宰相,非司马也,若止以司马处之,岂足尽其才耶?"武后见仁杰之荐,遂升柬之为秋官侍郎;久之,卒用为宰相。仁杰又曾荐夏官侍郎姚元崇、监察御史桓彦范、太州刺史敬晖等,共有数十人,都是当时贤士,武后一一任用,其后皆能建功立业,为唐室名臣。或谓仁杰说:"方今天下贤才,皆为公所引进,一似种了许多桃李在门墙之下,不亦盛乎!"仁杰答说:"引荐人才,只是要同心共济,为国家分献宣力,岂为树恩于人,以图一己之私乎!若有一毫自私之心,虽汲引无遗,亦非为国之公矣,我之心不如是也。"夫自古以来,名臣贤相,未有不以荐贤为首务者,然心之公私少异,而其孚格顿殊。武后虽猜忌之主,而于仁杰所荐,用之如恐不及;不少致疑者,益谅其心之纯于为国故也。若一有树恩好名,徇情为己之心,则虽以太宗英明之君,不能不疑魏徵之为党,况其他乎! 可见为宰相者,不徒贵于能荐贤,尤贵于至公也。

今评 狄仁杰可称唐时伯乐,唯武后听而录用数人,正好成为反周复唐中坚,亦颇具戏剧意味。

是岁苏安恒复上疏曰:"臣闻天下者,神尧、文武之天下也,陛下虽居正统,实因唐氏旧基。当今太子追回,年德俱盛,陛下贪其宝位而忘母子深恩,将何圣颜以见唐家宗庙,将何诰命以谒大帝坟陵? 陛下何故日夜积忧,不知钟鸣漏尽! 臣愚以为天意人事,还归李家。陛下虽安天位,殊不知物极则反,器满则倾。臣何惜一朝之命而不安万乘之国哉!"太后亦不之罪。

张居正讲评 前此十八年,武邑人苏安恒上疏请武后禅位东宫,自怡圣体,武后慰谕而遣之矣。既阅岁不行,至是十九年,苏安恒又上疏说:"臣闻今日之天下,非武氏之天下,乃我高祖神尧皇帝、太宗文武皇帝,栉风沐雨,亲冒锋镝得来的天下。太后今日改唐为周,虽居正统,非偏安窃据之比,其实因唐家旧时开创的基业,还是李氏子孙的故物,岂容久假不归。方今太子幸自房陵追回东宫,年垂五十,阅历既多,孝敬著闻;德730甚盛,天下人心,朝夕属望。太后以母代子,贪恋大宝之位,遂忘母子天性之爱,孤负高宗大帝之付托,使九庙无依,不知太后将何颜面以见唐家的宗庙,将何词命以谒大帝的坟陵? 名不正,言不顺,明有人非,幽有鬼责,反之于心,得无愧乎? 且天位至重,机务至烦,太后有子在,可以代劳,何故日夜自积忧勤? 譬之天色将明,钟已鸣矣,漏已尽矣,年衰

力倦，犹贪恋权势，不肯少休，岂不愚乎？臣愚以为高宗、太宗功德在人，人心如此，天命可知。今日天意人事，不在武氏，还归李家。太后虽欲据之以为安，殊不知安危相倚，无往不复。大凡物理到那极处，其势必反，如热极则寒，荣极则悴；又如虚器注水，至于盈满，必然倾覆，不可不戒。故能传位太子，则安如泰山；若贪位不止，则危如朝露。臣固知触犯忌讳，言出而祸随之，然万一开悟，则国家之福，臣何惜一朝之命，而不以安万乘之国哉！惟太后采纳，臣死且不朽。"是时武后年已衰耄，故安恒之疏，虽词多触犯，亦不加罪也。夫以一布衣而能奋其气于鼎镬之前，即此可以见人心之在唐，天理之不泯，而唐室诸臣，乃俯首听命，唯唯不敢出一言，或反为诸武画策者，视此可以内愧矣。

今评 史书记载苏安恒两次上疏，意在表彰他迫切匡复唐室的精诚，同时也承认则天女皇的宽宏大量。

　　神龙元年春正月，太后疾甚，麟台监张易之，春官侍郎张昌宗居中用事，张柬之、崔玄暐与中台右丞敬晖、司刑少卿桓彦范、相王府司马袁恕己谋诛之。柬之谓右羽林卫大将军李多祚曰："将军今日富贵，谁所致也？"多祚泣曰："大帝也。"柬之曰："今大帝之子为二竖所危，将军不思报大帝之德乎！"多祚曰："苟利国家，惟相公处分。"遂与定谋。柬之又用彦范、晖及右散骑侍郎李湛皆为左右羽林将军，委以禁兵。

张居正讲评 神龙，是中宗复位年号。中台右丞，是尚书省佐贰官。司刑少卿，即大理少卿。相王府司马，是王府官僚。右羽林卫大将军，是上直宿卫官。右散骑侍郎，亦是领亲军官名。神龙元年春正月，武后寝疾在宫，病势沉重。此时中宗为皇太子，不得进见，只有两个嬖臣叫做张易之、张昌宗，朝夕在里面用事。这两人自知罪过深重，人心不平，恐武后一旦不讳，为朝臣所诛，因潜谋倾陷太子，势甚危急。宰相张柬之、崔玄暐与中台右丞敬晖、司刑少卿桓彦范、相王府司马袁恕己五人同心商量，要诛戮二贼，以安社稷，只少一个管领禁兵的人，为之内应。时有右羽林卫大将军李多祚，他是高宗的旧臣，柬之等要引他共事，只不知他心事何如，先把一句言语去打动他，说道："将军，你今日这富贵，是谁与你的？"多祚因想起高宗来，不觉垂泣说："我今日这富贵，都是先帝的恩。"柬之因说："如今皇太子是大帝之子，被易之兄弟二竖谋害，旦夕不保，将军既知追感先帝之恩，可不思所以报之乎？如今若能除了二贼竖，保全得皇太子，则先帝之恩报，而将军之富贵，可以长保矣。"多祚遂感奋说道："当今事体，苟有可以利国家者，随相公如何处置，我无有不从。"柬之见多祚忠义，遂与定谋。又恐他一人不能独济，再用桓彦范、敬晖及右散骑侍郎李湛皆为左右羽林将军，将宿卫禁兵委之管领。已而同谋举兵，诛戮二张，迎中宗于东宫，复正大位。重立唐家社稷，皆五人之功也。按武后改物革命二十余年，虽用狄仁杰之言，立

中宗为太子,以系属天下人心,然内而二张之流,盘据禁苑,外而诸武之党,布列朝廷,瞬息之间,事不可测矣!柬之等乃能协力同心,匡复神器,使唐之宗社,绝而复兴,其功可谓大矣。然柬之等皆狄仁杰所荐用,故后世论功者,不称柬之等之定难,而称仁杰之能荐贤也。

今评 反周复唐,张柬之的谋划组织,起了重大作用。

二张之诛也,洛州长史薛季昶谓张柬之、敬晖曰:"二凶虽除,产、禄犹在,去草不去根,终当复生。"二人曰:"大事已定,彼犹机上肉耳,夫何能为!所诛已多,不可复益也。"季昶叹曰:"吾不知死所矣。"朝邑尉武强刘幽求亦谓桓彦范、敬晖曰:"武三思尚存,公辈终无葬地;若不早图,噬脐无及。"不从。

张居正讲评 二张,即前张昌宗、张易之。吕产、吕禄,是汉吕太后的侄,吕后称制时,并封为王,及后崩,二人领南北军,欲为乱,为太尉周勃所诛。机,是切肉的案。噬,是啮;麝脐有香,被人追急,乃自啮脐抉出其香,以求脱免。初张柬之与中台右丞敬晖、司刑少卿桓彦范等,既诛张昌宗、易之,而迎中宗复位,那时武氏族人,尚有武三思在。洛州长史薛季昶忧之,对张柬之、敬晖说:"今昌宗、易之二凶虽诛,而武三思尚在,就如汉时吕产、吕禄一般,使其居中用事,为祸不浅。譬如去草不去其根,这根在土,终当复生;至于滋蔓,便难图矣!"张柬之、敬晖二人都无远虑,不着三思在意,不从其言,说道:"今反周为唐,大事已定,区区一三思,其生死在我辈手中,就如案上的肉,要割便割,要切便切,量这竖子干得甚事。且二张之党,一时诛杀已多,岂可又加杀戮!"季昶见计不从,知祸乱且及己,乃叹息说:"留此祸根未能除灭,吾不知此身当死在何处矣!"又有朝邑尉刘幽求,亦知三思必能为祸,也对桓彦范、敬晖说:"武三思尚在,公等必为所害,终无葬身之地;若不及今早图,恐一旦得志,悔之晚矣!虽复噬脐求免,将何及哉!"彦范等亦不能听。后来韦后专权,三思与之私通,依旧如武后时,中宗暗弱不复能制,将柬之等五王,尽都杀了,为武氏报仇,而唐之社稷几于再乱,果如季昶、幽求之言。古语云:"树德务滋,除恶务本。"又云:"焰焰不灭,炎炎若何?涓涓不塞,将成江河;毫末不伐,将寻斧柯。"由是观之,乱常生于所忽,几常失于不断,祸常伏于不足畏,功常隳于无远图。有天下者鉴诸。

今评 张柬之等人并不是不想诛灭武氏势力,问题是在当时条件下不敢下手。其原因约有:一,这次政变是由几大势力联合进行的,目标是诛杀二张,如再诛杀武三思,将引发一场大拼杀。二,李、武两家已经联合和好,李、武三代联姻,盘根错节,关系密切,武氏诸侄孙又在中央及地方握有军政大权。三,张柬之等与中宗缺乏君臣信任,政变后,张柬之等驱逐大批旧臣,左右朝

政,对君权构成威胁,以致中宗用封五王之名,而罢其参与政事。这就使武氏势力保存下来了。

上将立太子,以宋王成器嫡长,而平王隆基有大功,疑不能决。成器辞曰:"国家安则先嫡长,国家危则先有功;苟违其宜,四海失望。臣死不敢居平王之上。"涕泣固请者累日。大臣亦多言平王功大宜立。刘幽求曰:"臣闻除天下之祸者,当享天下之福。平王拯社稷之危,救君亲之难,论功莫大,语德最贤,无可疑者。"上从之,立平王隆基为太子。

平王隆基(685—762):即唐玄宗。睿宗李旦第三子。英断多艺,景云元年(710),中宗被韦后毒死,隆基联合太平公主举兵诛杀韦后,李旦复位,立隆基为太子。先天元年(712),睿宗传位于隆基,是为玄宗。

【张居正讲评】 宋王成器,是睿宗长子。平王隆基,即玄宗,是睿宗第三子。中宗复位之后,皇后韦氏又乱政,鸩毒中宗,诸韦之党,布列左右,此时唐家社稷,几于再危。睿宗时在潜邸,其子隆基与太平公主同谋,举兵诛韦氏,拥立睿宗。睿宗即位,欲立太子,以宋王成器是嫡长子当立,而平王有匡复社稷之功,因此心下狐疑,不能决断。成器亦知平王功大,内不自安,因向睿宗力辞说:"天下之事,有经有权,假如国家无事,固当先立嫡长以正本宗;若是国家多难,幸有非常之才,出而平定之,当此之时,社稷事重,须要以功为先,不必论长。若平定大难的人,不享其报,却只以长幼之序,使无功享其成,则事违其宜,岂不失四海臣民仰望之心乎!今日之事,必立平王为是。臣宁死决不敢居平王之上。"因涕泣固请,累日不止。那时在朝大臣也都说:"平王有大功,当立为太子。"中书令刘幽求亦奏说:"臣闻天位至重,不可虚享,必是能除得祸乱的人,为天命人心所归,方当享受天下之福。近日女主临朝,国家不造,陛下在危疑之地,亦不能自保,赖平王仗义讨贼,拯济社稷之危,救护君亲之难,其功甚大;且孝友著闻,在诸王又为最贤,功德兼隆如此,正当立为太子,无可疑者。"睿宗见成器谦让,人心有归,因从诸臣之请,立平王为太子。夫古之立后者,嫡均以长,长均以贤,此不易之常道。但或遇有非常之功,如太宗之创业,玄宗之中兴,则不可以例论。高祖不能舍建成而立太宗,故建成不保首领,而太宗亦贻万世之讥;睿宗能舍成器而立玄宗,故成器得享富贵,而玄宗亦全友爱之名。二事相类,而得失之效较然矣!

【今评】 舍成器而立隆基得执经通权之义,亦时势所必然也。

玄 宗

名隆基,是睿宗第三子。平韦后之乱,奉睿宗即位,以功立为皇太子,寻受禅,在位四十三年。

以同州刺史姚元之为兵部尚书、同中书门下三品。上初即位，励精图治，每事访于元之，元之应答如响，同僚唯诺而已，故上专委任之。元之请抑权倖，爱爵赏，纳谏诤，却贡献，不与群臣亵狎，上皆纳之。

> 唐制凡朝廷政务：中书省裁决，门下省审验，尚书省施行，这三省长官便是宰相。后以他官作相，或阶秩稍卑则令同侍中中书令视事，给三品禄秩，叫做同中书门下三品。姚元之，即姚崇。初为武后宰相，再相睿宗，以计黜太平公主得贬。玄宗素知其才，欲相之。此时元之做同州刺史，在畿辅近郡，玄宗猎于渭川，遣中使召至，即拜兵部尚书、同中书门下三品。初玄宗即位，承韦武大乱之后，乃励精求治，既任元之为相，凡朝廷政务，事事咨访于他。元之素有干济才略，于天下事无不经心，随问随答，如响应声，更无疑滞，其余同僚在政府者，都只唯诺承顺而已。以此元之独称上意，玄宗专一委任，亲信无间焉。元之初拜相时，亦尝以十事要说玄宗，度上可行，然后受命。其中紧要的在于劝玄宗：裁抑权倖之臣，使不得干犯法禁；爱惜朝廷爵赏，不至于滥及匪人；中外群臣皆得触犯忌讳，以容纳谏诤；罢却戚里贡献，以塞媚悦之门；勿与群臣亵狎，以肃朝廷之礼。皆关系国体，切中时弊，玄宗一一嘉纳焉。尝观玄宗之任姚崇，诚千载一时之遇。君之任相也，拔之投闲置散之余，用之众忌群猜之日，可谓独断于心。臣之为相也，本以识机应变之才，济以量时救弊之略，可谓不负所任。此其君臣相得树立可观，而开元之治庶几贞观之风也。

今评 玄宗与姚崇这种君臣相得共理天下的融洽关系，确称得上是"千载一时之遇"，对开创"开元之治"，很有重要作用。

姚元之尝奏请序进郎吏，上仰视殿屋，元之再三言之，终不应；元之惧，趋出。罢朝，高力士谏曰："陛下新总万机，宰臣奏事，当面加可否，奈何一不省察！"上曰："朕任元之以庶政，大事当奏闻共议之；郎吏卑秩，乃一一以烦朕邪！"会力士宣事至省中，为元之道上语，元之乃喜。闻者皆服上识人君之体。左拾遗曲江张九龄以元之有重望，为上所信任，奏记劝其远谄躁，进纯厚。元之嘉纳其言。

> 左拾遗，是门下省官。曲江，是地名，即今广东始兴县。玄宗即位之初，以姚元之为宰相，倾心信任。一日，元之将升转郎官名次，面奏请旨，玄宗不答，只仰面看殿屋；元之又再三奏请，玄宗终不答应。元之只说玄宗怪他，恐有得罪，不敢再奏，疾趋而出。及朝罢，内侍高力士谏说："陛下新即大位，总理万机，宰相奏事，正宜面定可否，何故只仰看殿屋，通不察省？"玄宗说："我以元之为相，将国家庶政都付托与他，委任至重，惟有军国大事，不能自决者，方当奏闻，我与他商议。今郎吏小官，只可便宜处补，却也来一

一奏请,使朕裁决,岂朕所以任元之之心耶?"这是玄宗专任宰相的意思,元之却不知,心怀疑惧。适遇高力士以传奉旨意到中书省中,因将玄宗的言语备细说与元之。元之心上方安,不胜欣喜。群臣闻知,都说玄宗不亲细事,而委任贤相,得为君之体。此时,左拾遗曲江张九龄以元之负天下重望,为玄宗所信任,正是可以有为之时,只恐他所用非人,无裨治道,乃上一书与元之,劝其屏斥谄谀浮躁之流,奖进纯谨忠厚之士。盖谄躁之人,凡可以阿意求容者,无所不至,必至大坏风俗,为国家之害;若是那纯厚的人,一心惟知奉公守法,必不至纷纷造作,以长事端。元之见他说得是,嘉纳其言。自是一时所用皆贤人君子,而开元之治成矣。夫人主劳于求贤,而逸于任人。玄宗之任元之,真可谓知大体矣。然须是真知宰相之贤,乃可以委任责成,不劳而治;若不择其人,而轻授以用舍之柄,将至于威权下移,奸邪得志,其危害又岂浅浅哉! 故以玄宗论之,开元之中专任姚元之、宋璟而治;天宝之中专任杨国忠、李林甫而乱。委任非不同,而治乱之效如此,岂非万世之明鉴哉!

今评 宋代史臣范祖禹曾对玄宗专任姚崇为相一事评论说:"人君劳于求贤,逸于任人。苟得其人,则任而勿疑,乃可责其成功。"在这里,"任而勿疑"的前提是"劳于求贤"。

上素友爱,近世帝王莫能及;初即位,为长枕大被,与兄弟同寝。于殿中设五幄,与诸王更处其中,谓之五王帐。薛王业有疾,上亲为煮药,回飙吹火,误爇上须,左右惊救之。上曰:"但使王饮此药而愈,须何足惜!"

张居正讲评 幄,是帷幕。回飙,是旋风。爇是烧。玄宗平日与众兄弟每极相友爱,及即大位,也不改变,近代为帝王的都莫能及他。初登宝位,即制为长枕大被,与众兄弟每一处宿歇。又于便殿中安设五个幄次,与兄宋王成器、申王成义、弟岐王范、薛王业、从兄豳王守礼,每日更递居处其间,饮食行坐,都不相离,就叫做五王帐。一日,薛王业患病,玄宗自己替他煎药,偶被旋风吹起药炉中火来,误烧着玄宗的须,左右侍人惊慌上前扑救。玄宗说:"但愿薛王服了这药,病得痊可,我须虽焚,何足爱惜!"其友爱恳切如此。夫兄弟至亲,本同一气,然常情多以其势分之,逼而生猜忌之心,故亲之欲其贵,爱之欲其富,一忧一喜,莫不与共,惟舜能之。玄宗之友爱,近世莫及,非虚语矣。考之唐史,叙长枕大被,继以睿宗闻知喜甚。此玄宗不独全兄弟之爱,亦以顺父母之心也。彼以兄弟相残,贻忧父母,而祸延国家,如晋、隋之世者,独何心哉!

今评 历代帝王为争夺权位,有手足相残的一面,然更多的是笃爱自己的亲属,依靠血缘关系来团结宗室,以巩固整个皇族的统治。

玄宗

上以风俗奢靡，秋七月，制：“乘舆服御金银器玩，宜令有司销毁，以供军国之用；其珠玉、锦绣，焚于殿前；后妃以下，皆毋得服珠玉锦绣；天下更毋得采珠玉、织锦绣等物；罢两京织锦坊。”

张居正讲评 玄宗初年，见当时风俗奢侈华靡，心甚恶之，欲痛革其弊。乃下诏凡上用服御器玩，系是金银妆饰打造的，着有司尽行销毁；却将这些金银就充朝廷军国的费用。其内府所积珠玉锦绣，都取在殿前用火烧了，以示不用。又以后官不先禁止，外面人未免效尤，乃诏后妃以下，勿得用珠玉锦绣为服饰。又诏天下官民人等，再不许采取珠玉，织造锦绣等物。两京旧日有织锦坊，也命撤去了不复织造。盖珠玉锦绣，徒取观美，其实是无益之物。人君喜好一萌，必至征求四方，劳民伤财，无所不至；又且天下化之，习尚奢侈，渐至民穷财尽，贻害不小。玄宗初年，心志精明，能刻励节俭如此，所以开元之治大有可观。到后来溺于女宠，心志蛊惑，作为奇技淫巧，穷奢极丽，竭天下之财，不足以供之，至于倾覆而后已。可见治乱之机，惟系于人主之一念而已。有天下者尚鉴之。

今评 这是中国历史上罕见的自我焚宝事件。究竟是将宫内宝物全部销毁，还是搞的"告示"性宣传，史无记载，可能"告示"性宣传的成分更多一些。

宋王成器等请献兴庆坊宅为离宫，制许之，始作兴庆宫。仍各赐成器等宅，环于宫侧。又于宫西南置楼，题其西曰"花萼相辉之楼"，南曰"勤政务本之楼"。上或登楼，闻王奏乐，则召升楼同宴，或幸其所居尽欢，赏赉优渥。

张居正讲评 天子所御宫殿外，别有临幸处所，叫做离宫。初玄宗在藩邸与宋王成器等五兄弟同居兴庆宫，号五王宅。及为天子，成器等以潜龙旧邸，不敢复居，请献兴庆坊宅为天子离宫。诏从宋王等所请，始就其处盖造宫殿，名为兴庆宫，仍各赐成器等别宅一区，环列于兴庆宫之旁。又于宫之西南，置楼二座，各题匾额，西边的题做"花萼相辉之楼"，盖取《诗经》上"棠棣之华，鄂不韡韡"二句，以棣花相映比兄弟相好的意思；南边的题做"勤政务本之楼"，盖言于此察民俗，采风谣，观稼穑，劝农功的意思。玄宗暇时登楼眺望，偶闻楼下诸王宅中奏乐，即遣侍臣宣召登楼与之宴饮，兄弟同乐，或车驾亲幸其宅，酌酒赋诗，从容尽欢；赏赐金帛，优裕隆渥，近古以来，未之有也。考之玄宗事势，与太宗同，宋王成器能让，故终身享其荣，太子建成不能让，故不旋踵受其祸。此可见兄弟之际，让则福成，而彼此俱荣；争则祸成，而彼此俱辱。非独其身，且延及国家，不可不察也。

卷之十七 唐纪

【今评】 有人认为这种"友爱之道"是玄宗暗中伺察诸王的一种手段。

山东大蝗,民或于田旁焚香膜拜,设祭而不敢杀。姚崇奏遣御史督州县捕而瘗之。议者以为蝗众多,除不可尽;上亦疑之。崇曰:"今蝗满山东,河南北之人流亡殆尽,岂可坐视食苗,曾不救乎!借使除之不尽,犹胜养以成灾。"上乃从之。卢怀慎以为杀蝗太多,恐伤和气。崇曰:"昔楚庄吞蛭而愈疾,孙叔杀蛇而致福。奈何不忍于蝗而忍人之饥死乎!若使杀蝗有祸,崇请当之。"

> 楚庄吞蛭而愈疾:楚庄,即春秋时的楚庄王,事见贾谊《新书》。
> 孙叔杀蛇而致福:孙叔,即春秋时楚国令尹孙叔敖。事见刘向《说苑》。

【张居正讲评】 唐时建都关中,自陕以东都叫做山东。膜拜,是长跪而拜。姚崇,即姚元之,因避开元年号,复名为崇。蛭,是水虫,即今之蚂蝗也。开元三年,山东各处地方,有蝗虫食民禾稼,民间以为天灾流行,无计可施,都只在田地之旁焚香设祭,长跪叩首,祈祷于神以为禳解,终不敢捕杀。宰相姚崇因奏请差遣御史,分诣被灾地方,督率州县官民夜间于田旁设火,凿成坑坎,将蝗虫四面驱扑,焚而埋之。议者以为蝗虫众多,恐驱除不尽,枉费人力;玄宗心亦疑之。姚崇说:"今蝗满山东,将田禾食尽,那河南、河北的百姓不能自存,都流离就食,几于尽绝,其为害至于如此,即尽力捕之,犹恐不及,岂可坐视食苗而不为之救乎!借使人力有限,不能除尽,然除得一分,亦救得一分,犹胜养之以遗患也。"玄宗见姚崇如此说,方允所奏。那时宰相卢怀慎私与姚崇商议说,蝗虫都是生命,恐杀得太多,有伤和气,反致为灾。姚崇说:"祸福之来,自有定数,只当以为民除害为主。昔楚庄王因食寒菹中有蛭虫,思量饮膳不洁,监食之臣其罪当死,若露而不罚,则法令有亏;若谴而诛之,则中心不忍,因将那蛭虫吞食,使人不见,以此腹中有疾,不能饮食。适遇令尹问疾,庄王以此告之,令尹说:'王有如此仁德,疾不为伤。'已而王疾果愈。又楚人孙叔敖为儿时,路上遇见两头蛇,杀而埋之,回家涕泣。母问其故,叔敖说:'闻见两头蛇者必死,我今遇之,所以涕泣。'母问:'蛇今安在?'叔敖说:'恐后来人复见,已杀而埋之矣!'其母说:'吾闻有阴德者,天必报以福,汝不死矣!'其后官至令尹,享受福禄。可见人之祸福,原不在此。如今日这等拘忌,蛭也不该吞,蛇也不该杀了。今蝗灾已甚,纵而不捕,民将饿死,奈何不忍于蝗,而忍民之饿死乎?若使多杀蝗虫,果有祸报,崇请以一身当之,不以累人也。"夫王者以好生为心,故虽昆虫草木,皆当爱惜,然以大分较之,则民命为重,物命为轻。况物之害于民者,若不驱而除之,岂所以全好生之德乎!自魏以来,世皆溺于佛家杀生之戒,往往不敢伤害物命,而于小民之疾苦,反不相关,熟视其转于沟壑而莫之救,真可谓倒施矣!姚崇之言,因为捕蝗救灾而设,然即此而推之,则凡以其不爱及其所爱者,皆可以反观矣。

【今评】 姚崇关心民瘼、提倡抗灾自救的重大创举,既有破除迷信、人定胜天的思想,也多少减轻了灾民的损失,具有保护农业生产的效果。

玄宗

或言于上曰："今岁选叙太滥，县令非才。"及入谢，上悉召县令于宣政殿庭，试以理人策。惟鄄城令韦济词理第一，擢为醴泉令。余二百余人不入第，且令之官；四十五人放归学问。

> **张居正讲评**　县令，即今知县。鄄城县，在今山东濮州。醴泉县，在今陕西乾州，唐时都关中，醴泉为京师大县。理人，是治民，唐高宗名治、太宗名世民，故唐人讳治为理，讳民为人。
>
> 玄宗时，有人建言说："今年吏部铨选叙用官员，大为冒滥，各处县令，皆非其才，全不简择，朝廷宜察之。"及新选官入朝谢恩，玄宗乃尽召那除授县令的都在宣政殿丹墀中，亲自出题考试，问他治理百姓，当如何设施，各对策一篇。那时县令所对的策，惟有鄄城令韦济，词理都好，取居第一，就擢用他做京兆府醴泉县令，量才优处之。其余二百余人，文不中第，考居中等，姑令赴任，以观其政绩何如。又四十五人，考居下等，放回原籍读书学问，以其学问未成，则道理不明，事体不熟，恐不堪作民父母故也。夫县令亲民之官，县令不好，则一方百姓都受其害，故愿治之主，每加意此官。观玄宗初政，励精如此，那为县令的，谁敢不尽职！吏部选官的，谁敢不尽心！此所以成开元之治也。

> **今评**　玄宗这次亲考县令，震动很大，使地方吏治得到了显著的改善，成为促进"开元之治"的因素之一。

十二月，姚崇罢为开府仪同三司，源乾曜罢为京兆尹、西京留守，以刑部尚书宋璟守吏部尚书兼黄门监，紫微侍郎苏颋同平章事。璟为相，务在择人，随材授任，使百官各称其职；刑赏无私，敢犯颜直谏。上甚敬惮之，虽不合意，亦曲从之。

突厥默啜，自则天世为中国患，朝廷旰食，倾天下之力不能克；郝灵荃得其首，自谓不世之功。璟以天子好武功，恐好事者竞生侥倖，痛抑其赏，逾年始授郎将；灵荃恸哭而死。

> 郝灵荃得其首：首指突厥可汗默啜的脑袋。开元四年（716）默啜领兵北侵击败铁勒九姓之拔曳固，恃胜轻归，在柳林归途中遇袭身亡，时入蕃使郝灵荃其首级并送至京师。

> **张居正讲评**　默啜，是突厥可汗。开元四年十二月，宰相姚崇、源乾曜罢政，遂以刑部尚书宋璟、紫微侍郎苏颋同平章事。史臣因记宋璟为相，专以选择人才为主，每有铨补，必随其材器所宜，而授以职任，使大小臣工各尽所长，以修职业，无有不称其官者；且有罪必刑，有功必赏，皆秉公道而行，无所私曲。又遇政事有失，敢犯颜色正谏，不肯阿谀顺旨，以取容悦。玄宗见他这等正直，甚敬惮之，虽所言不合意旨，亦常委曲从之，其忠诚感动人主如此。突厥可汗默啜，在北房中最为雄黠，自武后时即侵扰边境，为国患害且三十年。朝廷设谋备御，常至日晏不食，倾尽天下财力，竟不能制。后于开元三年间，有大武军

子将郝灵荃，奉使突厥，因得默啜之首，献于朝廷，自谓建了不世奇功，必有破格升赏。时遇宋璟当事，思量玄宗亲平内乱，本好武功，灵荃之功虽奇，若是骤加重赏，恐有干宠喜事之人，争欲生心侥倖，图立奇功，致开边患，因痛抑灵荃之赏，守候一年，始授右武卫郎将之职。灵荃见功大赏薄，心怀悲愤，恸哭而死。盖宋璟是唐时贤相，故即拜相之日，并记其大略如此。其抑灵荃之赏，盖以防人主未萌之欲，故虽一夫抱愤而有所不恤。后来天宝年间，玄宗果然好尚边功，宠任蕃将，致有安禄山之乱，方知璟之深谋远虑，非人所可及也。然考默啜之死，本为别种胡夷所杀，适遇灵荃奉送，遂传至京师，不过因人成事而已，故虽裁抑其赏亦不为过。向使灵荃果能身履行阵，得虏酋之首，而朝廷曾无以激励之，则赏功之典不信于天下矣，宋璟必不为也。

【今评】 宋璟本应抓住机会表彰郝灵荃及颉质略，立即挥动已经部署在北边的大军，一举击溃为患多年的突厥汗国，恢复唐初的靖边政策。但他采取妥协退让政策，错失了战机，结果突厥又重振起来，为患不已。

姚、宋相继为相，崇尚应变成务，璟善守法持正，二人志操不同，然协心辅佐，使赋税宽平，刑罚清省，百姓富庶。唐世贤相，前称房、杜，后称姚、宋，他人莫得比焉。二人每进见，上辄为之起，去则临轩送之。及李林甫为相，虽宠任过于姚、宋，然礼遇殊卑薄矣。

【张居正讲评】 殿簷下叫做轩。玄宗开元初年，姚崇、宋璟相继为宰相，姚崇资性明达，善应事机，于人所难处的，能委曲通变以成国家之务；宋璟资性刚直，善守法度，于所迁就的，能执持坚定，不失事理之正。这二人志向操行，虽各不同，然皆忘私徇国，协力同心，彼此相资，先后共济，辅佐玄宗，经理天下，使赋役宽平，刑戮减省，百姓每都财产饶足，户口蕃多，而天下治安。故唐家三百年贤能宰相，前在太宗时只称房玄龄、杜如晦，后在玄宗时只称姚崇、宋璟。盖玄龄善谋，如晦善断，共成贞观之治；姚崇尚通，宋璟尚法，共成开元之治。他人为相者，皆莫得而比焉。姚崇、宋璟这两人为相，玄宗甚加优礼，每进见时，玄宗在御座上站起来接待，及事毕退去，必出至簷下亲临送之，似宾客一般，其礼遇之隆如此。后来李林甫为相，虽是玄宗爱幸的人，宠眷信任，过于姚、宋，然心里便轻忽他，不加敬重，礼貌接遇甚是卑贱鄙薄，不及姚、宋远矣！此可见人主之心，其于忠佞，未尝不明。但佞臣每顺人主之欲，而人主狎之；忠臣每拂人主之欲，而人主惮之。狎者易亲，惮者易疏，其势然也。然玄宗任姚、宋则成开元之治，任林甫则成天宝之乱，敬贤狎佞，只在一念之间，而治乱遂有霄壤之别。任相者可以鉴矣。

【今评】 姚崇、宋璟二人先后为相的时间加在一起，只有八年，这八年的

玄宗

政绩对开创"开元之治"局面却起有重要作用。玄宗不但能用贤相,而且能礼敬贤相。所谓"君使臣以礼,臣事君以忠",这正是"开元之治"的成功经验之一。

开元十年。初,诸卫府兵自成丁从军,六十而免,其家又不免杂徭,浸以贫弱,逃亡略尽,百姓苦之。张说建议,请召募壮士充宿卫,不问色役,优为之制,诸逃者必争出应募;上从之。旬日得精兵十三万,分隶诸卫,更番上下。兵农之分,从此始矣。

张居正讲评 这一段是记唐家府兵废坏之由。成丁是二十岁。开元十年,始募兵充宿卫。初太宗既定天下,内设十二卫,分领诸府,外设六百三十四府,分隶诸卫,凡民六家共出一兵,无事则散耕于野,而以农隙讲习武事,每月量地远近,更番上京,以备宿卫,粮饷资装,六家共备。有事征发,则以鱼书下府征发,而命一卫将统行;事罢则将归于朝,兵散于野。国无养兵之费,兵无失业之患,将无握兵之权,而京师又得居重之意,本是良法。但其定制,民自二十岁成丁,即简选为军,至六十岁衰老才免役回籍,中间四十年在官,而其家隶于有司,庸调之类一概征派,又不免其杂徭,以此府兵渐至贫穷削弱,宿卫之士,逃匿殆尽,百姓被累,甚病苦之。至是宰相张说建议:"请出榜召募壮士,以补宿卫之缺,不必追问他是何色人役,既募为军,一切杂徭,量行优免,著为定制;那府兵逃匿的,必争出应募,不待勾摄佥补而自充矣。"玄宗从其所请,下诏募兵,才及旬月,便得兵十三万,以分隶于十二卫,谓之"彍骑",定为六番,更番上下,自是长从宿卫,不免税民以供军,而兵农之分,实自此始矣,此府兵之一变也。夫自古有国家者,其祖宗立法,虽至精至当,然数世之后,亦未有不坏者,要在善守法者,补其偏,救其敝,期不失立法之初意可也;一举而更新之,不可也。唐之府兵,虽为良法,然至于中季,闾阎贫困,宿卫单弱,则其法已敝,亦有不容不变者,但尽改更番之制,而用召募充之,兵不土著,类皆市人,徒有虚名,不胜战斗,其后宿卫之兵渐弱,而方镇之势益强,此不善变之过也。

今评 隋唐以来形成的府兵制是一种寓兵于农的制度,对唐初的国防起过重要的作用。府兵制的败坏始于高宗和武则天时期,到唐玄宗初年,宿卫之卒逃亡殆尽,于是张说又提出了召募壮士以充宿卫的建议。从此募兵制成为制度化。

出身:唐代通过科举考试录取所得到的身份、资格。中礼部试,称为及格;中吏部试,称为出身。

十八年四月,以裴光庭兼吏部尚书。先是,选司注官,惟视其人之能否。或不次超迁,或老于下位,有出身二十余年不得禄者。又,州县亦无等级,或自大入小,或初近后远,皆无定制。光庭始奏用循资格,各以罢官若干选而集,官高

者选少，卑者选多。无问能否，选满即注。限年级，毋得逾越，非负谴者，皆有升无降。其庸愚沈滞者皆喜，谓之"圣书"；而才俊之士无不怨叹。宋璟争之不能得。

张居正讲评 开元十八年四月，以侍中裴光庭兼吏部尚书，掌管铨选。唐制吏部选司，铨注官员，惟视其人之能否，以为升降。若有才能卓越者，或不拘次序，超拔升迁；至于庸才凡品，或终身不得升转，老于下位，甚至有出身二十余年，尚以铨试黜落，不得食禄者，中材之人，不免淹滞。又且州县大小，亦无等级分别，或由大州大县反补简僻地方，或初任附近，及至再迁，反得边远，升降高下，皆无一定之制。至是裴光庭为吏部尚书，始奏请用循资铨选之格，大略候选人员，只据他在先考满去任之后，经选凡几，各以多少为次，而集于吏部，原官高者，人数不多，少候几选，原官卑者，人数本众，多候几选，通不问其贤愚优劣，只是候选期满，即挨次铨注。限其年之浅深，以为升转之级，若是资俸尚浅，就有奇才异等，也不得超过前人。应选之人，自非有罪负谴，不得叙用的，都照年限迁转，有升无降。此法一行，那庸愚的人，平日淹滞下僚，一旦得积日累月，历级而升，不至沉废，人人欢喜，把光庭这选法，称为"圣书"；而才能俊杰之士，反为资序所限，不得超拔，以致老于常调，无不怨叹。宰相宋璟以为不便，极力争之，竟不能回。自此以后，升转铨选，皆以资格为准，无能变之者矣。大抵资格之法，如工之治木，规矩准绳，一定而不可易，虽拙匠可守而行。超迁之法，如医之诊疾，聆音察色，洞视五脏，必卢、扁而后可耳。然人固不可常得，而法亦不可纯任；守一定之法，而任通变之人，于资格之中而寓超拔之意，则选法不患其不平矣。

今评 裴光庭提出循资格选注官员的办法，目的是为了把官吏的选注加以制度化，解决官员过多和升迁不平均的矛盾。但是把资格绝对化，压抑了拔能用贤。张居正主张："于资格之中，而寓超拔之意，则选法不患其不平。"这是折中之见，也可能是他亲任宰相的经验之谈。

二十一年三月甲寅，以韩休为黄门侍郎、同平章事。休为人峭直，不干荣利；及为相，甚允时望。始，嵩以休恬和，谓其易制，故引之。及与共事，休守正不阿，嵩渐恶之。宋璟叹曰："不意韩休乃能如是！"上或宫中宴乐及后苑游猎，小有过差，辄谓左右曰："韩休知否？"言终，谏疏已至。上尝临镜，默然不乐，左右曰："韩休为相，陛下殊瘦于旧，何不逐之！"上叹曰："吾貌虽瘦，天下必肥。萧嵩奏事常顺指，既退，吾寝不安。韩休常力争，既退，吾寝乃安。吾用韩休，为社稷耳，非为身也。"

玄宗

张居正讲评 开元二十一年三月甲寅日，玄宗用尚书右丞韩休为黄门侍郎、同平章事，盖宰相之职也。韩休为人，峻峭质直，未尝阿意希宠，以干求荣贵利达，那时人都敬重他，至是拜相，甚协时望。宰相萧嵩，初时只说他恬柔和顺，容易钤制，故引荐他。及与他同在政府议论国事，韩休守正不阿，事有未当，每每坚执，不肯曲意附和，萧嵩渐不能平，意颇憎恶之。夫尽心于国事，而不徇私恩，尽言于官长，而不为私党，这正是韩休的好处。宋璟此时罢相在京，闻知叹说："不意韩休为相，乃能持正如此！"玄宗有时在宫中宴乐，及后苑游猎，或举动非礼，稍有过差，怕韩休知道，辄问左右说："韩休曾知道否？"恰才说了，他的谏疏已到御前，其知无不言，为人主所敬惮如此。玄宗一日临镜，照见貌瘦，默然不乐。左右揣知其意，便逢迎说："自韩休为相，凡事固执，违拂上意，以致陛下圣容，比于往时甚是消瘦，何不逐去他，以自快乐。"玄宗叹说："韩休乃贤相，每事规正我以礼，我得他为辅佐，百姓每都阴受其福，我容虽是消瘦，天下必然充肥，岂可爱一身而忘天下。他与萧嵩共事，萧嵩每来奏事，事有不可，常顺我的意指，委曲承奉，我心非不欢喜，及退而思省，这等行去，甚有害于百姓，自其终夜睡卧不安。韩休每来奏事，事有不可，却极力谏诤，不肯顺从，我心虽不欢喜，及退而思省，这等行去，甚有益于百姓，自觉终夜睡卧得安，可见韩休是社稷之臣。我用韩休以为社稷，非为一身，岂可忘社稷之安危，而计一身之肥瘠乎！"由是观之，韩休守己之正，事君之忠；玄宗知人之明，任贤之笃，皆可见矣。至于敬惮韩休一节，尤为盛德。盖自常情言之，人主尊无二上，势莫予违，况外庭临御，既劳心于万机，则宫中行乐，虽稍有过差，似亦无害者。人臣于此，岂宜与闻，就使得闻，何须苦谏；而玄宗乃兢兢然若师保在前，惟恐其见知，使能常持此心，岂有一念之纵肆，一事之过差乎！惜乎韩休去，而李林甫进，玄宗敬贤之心，终不胜其悦佞之意，而开元之治，遂转而为天宝之乱矣。

今评 唐玄宗所说："吾貌虽瘦，天下必肥。"其实是自诩作态。韩休是开元二十一年三月被任相的，刚任相几天，怎么就弄得玄宗消瘦了呢？玄宗既说韩休忠心为社稷，为什么仅半年时间就将其罢去相位呢？这简直是口是心非了。须知此时的玄宗已非开元初期的玄宗了。

二十四年，张守珪使平卢讨击使、左骁卫将军安禄山讨奚、契丹叛者，禄山恃勇轻进，为虏所败。夏四月辛亥，守珪奏请斩之。禄山临刑呼曰："大夫不欲灭奚、契丹邪，奈何杀禄山！"守珪亦惜其骁勇，欲活之，乃更执送京师。张九龄批曰："昔穰苴诛庄贾，孙武斩宫嫔，守珪军令若行，禄山不宜免死。"上惜其才，敕令免官，以白衣将领。九龄固争曰："禄山失律丧师，于法不可不诛；且臣观其貌有反相，不杀必为后患。"上曰："卿勿以王夷甫识石勒，枉害忠良。"竟赦之。

玄宗

资治通鉴

【张居正讲评】平卢讨击使，是幽州部下军官。穰苴、孙武都是春秋时名将。王夷甫是晋人王衍的字。石勒是胡人，称帝秦陇，国号后赵。先是营州塞上有胡人安禄山，逃入中国，养在幽州节度使张守珪部下，官至平卢讨击使。至开元二十四年，适有奚、契丹二种胡人反叛，守珪遣禄山追讨，禄山恃勇率兵轻进，遂为虏所败。守珪奏闻朝廷请将禄山依军法处斩，有旨允奏。禄山临刑大呼说："大夫不要平灭奚、契丹二虏耶？若要平灭二虏，如何将禄山杀了，何不留我以责后效！"守珪见他辞壮，惜其骁勇，欲全活之，但已奉有明旨，不敢自专，乃执送京师，听朝廷处断。奏至中书省，宰相张九龄不从所请，遂引古事批说："昔楚景公以司马穰苴为将，使宠臣庄贾监军，那庄贾素日骄贵，穰苴与他约定日午会于军门，庄贾至日夕方至，穰苴遂对众斩之，以令三军，由是军威大振。可见君之宠臣，若犯了军法，尚不可赦，况其他乎！又吴王阖庐，曾出宫中美女，令孙武试阵法，以宠姬二人为左右队长，约束已定，鸣鼓进兵，那宠姬大笑，孙武即将这二姬斩了，别用两个妇人为队长，鼓声一振，那妇人每左右前后跪起，皆中规矩，于是吴王知孙武善用兵，任以为将。可见君之宠姬，即试以军法尚难假借，况其他乎。今守珪为大将，军令若果能行，禄山既犯军法，即当处死，不宜轻免。"玄宗见禄山有才，不忍即杀，有旨革其官职，只着以白衣领兵，立功赎罪。九龄固争说道："禄山失了纪律，丧败师徒，于法不可不诛。且臣见他状貌有谋反之相，今日若不早杀，后来必为国家之患。"玄宗说："卿要学王夷甫识石勒乎？当时石勒微时，曾随人行贩洛阳，王夷甫见而异之，说：'这胡雏有奇志，将来必为天下患。'即遣人追之，不及而返。后果扰乱中原，为晋室之祸，这是王夷甫有识见处。但禄山本是忠良之臣，如何比得石勒，卿乃以是律之，岂不枉害了他！"竟将禄山赦免，仍加宠任。后来禄山果反，玄宗方思九龄之言，虽悔无及矣。按禄山失律丧师，罪本当死，即使其无反相，亦不可赦，况骁雄黠狡之人，必有一段过人之材，足以辣动人主，而其奸猾叵测之情状，亦必有不可掩者，九龄之断，固有所试矣。玄宗不能行法，反从而崇养之，宜其及于祸也。

【今评】安禄山"失律丧师"，按军法当斩，但这是过失罪。张九龄以其"貌有反相"而坚欲正法，是把过失罪上纲为反叛罪，却是不可取的。

秋八月壬子，千秋节，群臣皆献宝镜。张九龄以为以镜自照见形容，以人自照见吉凶。乃述前世兴废之源，为书五卷，谓之《千秋金镜录》，上之；上赐书褒美。

千秋节：开元十七年（729）八月初五，是玄宗四十四岁生日，他将此日定为"千秋节"，每年庆祝。这是中国古代帝王把自己生日定为节令的第一人。

【张居正讲评】开元二十四年秋八月初五日，壬子乃玄宗生辰，是日受群臣朝贺叫做千秋节。朝中群臣都献宝镜以祝圣寿，寓圆明久照之意，独宰相张九龄说："古时镜铭上两句道得好，以镜自照见形容，以人自照见吉凶。盖把镜来照面不过见自己的形容而已，若把他人行过的事来反观内照，便知那件合道理是吉祥的事，当以为法；那件悖道理是凶祸的事，当以为戒。岂不尤切于君身,有关于治理。"于是乃备述前代帝王行事,起初兴创必有所以兴创之由;后来废败必有所以废败之故,如水有源而流之清浊,皆出于此。作事鉴十章,分为五卷,以备法戒,叫做《千秋金鉴录》,献上玄宗,盖于祝颂之中,致规讽之意。玄宗览其书甚喜,特赐御札褒答称美焉。当初太宗尝说:"以铜为鉴,可正衣冠;以古为鉴,可知兴替。"这《千秋金鉴录》,便是此意。贤相之嘉谟,即烈祖之成法,所当置之座右,以备观省也。然非人主留心体验,加意推行,则亦徒具虚文,存故事而已,竟何补哉。玄宗徒能赐书褒美于献纳之时,而不能体验推行于政事之实,故天宝以后,渐不克终,质之录中所载前代事迹,往往悖其所以兴,蹈其所以废。当是时九龄虽去,而《金鉴录》犹存,尚能观省否邪?悦而不绎,玄宗之谓矣!

今评 开元中期的玄宗,喜欢谀臣之歌功颂德,听不进忠臣之诤谏,宰相张九龄只好通过"事鉴",婉转地向他提出劝谏。可惜玄宗对九龄的良苦用心不予重视,虽然予以赞扬,而实际未加采纳。

初,上欲以李林甫为相,问于中书令张九龄,九龄对曰:"宰相系国安危,陛下相林甫,臣恐异日为庙社之忧。"上不从。时九龄方以文学为上所重,林甫虽恨,犹曲意事之。侍中裴耀卿与九龄善,林甫并疾之。是时,上在位岁久,渐肆奢欲,怠于政事。而九龄遇事无细大皆力争;林甫巧伺上意,日思所以中伤之,日夜短九龄于上,上浸疏之。于是上积前事,以耀卿、九龄为阿党,并罢政事。以林甫兼中书令;牛仙客为工部尚书,同中书门下三品。

张居正讲评 先是吏部侍郎李林甫,为人柔佞奸猾,能迎合上意,玄宗甚宠爱之,要用为宰相。访问于中书令张九龄,九龄知林甫是奸臣,即对说:"宰相之职,辅佐人主,统率百官,关系国家安危。若用得其人,则政事清明,而天下安;若用非其人,则纪纲紊乱,而天下危。岂可不择人而授。林甫乃邪佞之臣,陛下若以为相,臣恐其误国殃民,异日为宗庙社稷之忧,悔之无及。"玄宗正喜林甫,不信九龄之言,竟以林甫为礼部尚书、同中书门下三品。那时九龄方以文章学术为玄宗所重,宠遇甚隆,林甫闻其言,心虽怀恨,外面还曲意奉承,不敢显露。时有侍中裴耀卿,与九龄相厚,林甫因恨九龄,遂连耀卿也疾恶,谋欲并伤之,只不得间隙。适是时玄宗在位年久,见天下治平,心志懈惰,渐肆奢欲,将国家政事,怠而不理。九龄却不肯阿顺,遇事无大小,都要正言力争,玄宗心里已有些不快;那李林甫善于窥伺,揣知上意,每日寻思要暗害九龄,见有一二事忤旨,遂日夜在玄宗面前谮毁九龄之短。玄宗不知林甫之奸,只以所言为实,待九龄觉疏慢。至是以耀卿、九龄为阿党,并罢政事,即令林甫兼中书令以代九龄。又朔方节度使牛仙客,曾被九龄沮抑,因拜为工部尚书,同中书门下三品,与林甫并相,盖林甫欲引九龄所不悦之人,以固其党耳。按玄宗即位以来,所用宰相如姚崇、宋璟、卢怀慎、韩休、张说、张九龄，都是正人君子，各尽所长，同心匡辅，所以二十四年之间，海内宴然，闾阎富庶，治平之效，直与贞观比隆。只因用一李林甫，被他以甘言佞辞，逢迎为悦，外面却专权乱政，壅蔽朝廷，以致政事日非，生民受害，至于酿成天宝之乱。则君子小人进退之间，乃治乱安危之机也，可不慎哉！

今评 唐玄宗任用李林甫取代张九龄为相，是他的统治从治到乱的重要转折。

上以户部郎中王鉷为户口色役使，鉷志在聚敛，以有籍无人者皆为避课，按籍成边六岁之外，悉征其租庸，有并征三十年者，民无所诉。上在位久，用度日侈，后宫赏赐无节，不欲数于左、右藏取之。鉷探知上指，岁贡额外钱帛百亿万，贮于内库，以供宫中宴赐，曰："此皆不出于租庸调，无预经费。"上以鉷为能富国，益厚遇之。鉷务为割剥以求媚，中外嗟怨。

张居正讲评 这一段是记玄宗用聚敛之臣，以快己欲而失民心的事。藏，是库藏，唐设左、右藏，以收贮每岁天下额征的钱帛。其取民只有三件：有田则有租，如今税粮便是；有身则有庸，如今差徭便是；有家则有调，如今绢布便是。天宝四年，玄宗用户部郎中王鉷为户口色役使，盖管理民间户口及杂色徭役之官也。王鉷是个邪媚小人，他的意向只在聚敛钱帛以供人主之费，全不顾百姓的穷苦。且如旧制抽丁戍边，六年一换，这六年中都免纳粮当差，后来只因那戍边死者，边将多不申报，以致原籍未与开豁，空有籍贯，本无人丁。王鉷乃按据户籍，逐一查出那戍边死亡的，只除六年不征外，其余不拘年月久近，一概都问他追征粮差。其最久的，有连征三十年者，这都是里中百姓赔偿，家家被累，无处告诉。只举这一件，别事可知。此时玄宗在位日久，心志荒惑，御前用度日渐奢侈，后宫赏赐滥费无节，不欲数数关白有司，就左藏右藏里面取给，要别做个方法。王鉷探知玄宗这意思，乃于每年租庸调正额外，更贡献钱帛百数十万，别贮于内庭库藏，专以供给宫中宴乐、赏赐之费，奏说："这钱帛都不出于租庸调三件里面，不关系正经钱粮，无损于民者。"玄宗只道他会设法取用，以富足国家，是个有才干的人，愈加宠任，礼遇优厚。王鉷亦自以为得计，专一额外巧取，刻剥小民，以媚悦主上。民不能堪，内而京师，外而郡国，无有不嗟叹怨恨者矣。玄宗初政清明，足称有唐英主，末年乃信用聚敛之臣，驯致大乱而不悟何哉？盖内蛊于多欲，外惑于巧佞故也。夫天地生财，止有此数，不在民，则在官，安得常赋之外，又有百亿万之入。巧佞之臣借言不加赋而用足，其实都是刻剥小民取来，人主但见眼前充足，便喜其能，而不知闾里号啼之声，困苦之状，有耳目所不忍闻见也。然使为人主者清心寡欲，节用爱人，绝无益之玩好，裁无名之赏赐，则虽有聚敛之徒，工为巧佞，亦何至于中其术哉！此治乱安危之几，不可不深念也。

今评 王铁等聚敛之徒搜括得越多,得到的宠任也越大。这导致天下嗟怨,民心丧失,官僚腐败,统治削弱。

八载春二月,引百官观左藏,赐帛有差。是时州县殷富,仓库积粟帛,动以万计。上以国用丰衍,故视金帛如粪壤,赏赐贵宠之家,无有限极。

张居正讲评 玄宗末年,用宇文融、王铁之流,掌理天下财赋,暴征横敛,无所不至,故一时帑藏充溢,自古未有。至是年天宝八载二月,玄宗因率百官进到左藏中,阅视所积金帛,以夸耀富盛,因以帛分赐百官,大小有差。盖是时天下承平日久,各处州县,都殷实富足,所以诸臣巧立名色,竞为聚敛,仓库中所积的粟米布帛,动以万计。玄宗晚年志昏,又见财用丰足,心遂侈荡,无有撙节,看那金帛等物犹如粪土一般,任意浪费。一时贵宠之臣,但是心中所喜的,即横加赏赐,无复限量,如杨国忠五宅珠玉锦绣,充溢街衢;为安禄山造第,官室器具皆以金银为饰,自古赏赐之滥,用度之奢,未有甚于此矣。夫朝廷之财赋,皆百姓之脂膏,有司头会箕敛,箠楚诛求,小民至于鬻妻卖子,以充赋役。人主深居九重之中,不知财货之所由来,艰苦如此,往往暴殄天物,以作无益之事,赏无功之人,而乱亡之祸随之,盖亦深可哀矣。有天下者,尚鉴之哉。

今评 唐玄宗率领百官观左藏钱帛,说明其骄奢纵欲之习已发展到恶性膨胀阶段,超过了前代昏君。

十一月,李林甫薨。上晚年自恃承平,以为天下无复可忧,遂深居禁中,专以声色自娱,悉委政事于林甫。林甫媚事左右,迎合上意,以固其宠;杜绝言路,掩蔽聪明,以成其奸;妒贤嫉能,排抑胜己,以保其位;屡起大狱,诛逐贵臣,以张其势。自皇太子以下,畏之侧足。凡在相位十九年,养成天下之乱,而上不之悟也。

张居正讲评 天宝十一载十一月,宰相李林甫薨。史臣因记林甫为相,大略以著其奸邪之状,说:"玄宗自开元以来,励精图治,海内无虞,及至天宝年间,自恃天下承平,以为治功已定,无复可忧,遂只深居宫中,专以音乐女宠自取娱乐,将国家政事都委托于林甫,任其所为。于是林甫独掌大权,威福由己,日惟曲为谄媚,以奉事左右,探知玄宗心所欲为,每每先意迎合,要奉承得主上欢喜,以固结其宠眷;又恐臣下进言发其奸状,于是杜绝言路,使大小群臣都不敢上疏建言,以掩蔽朝廷耳目,因而自遂其奸;又且妒忌贤能,不使进用,若有才望功业胜似自家的，必百般排抑之，以保其禄位；这等专权用事，又恐天下人心不服，于是用一般深刻的人，屡起大狱，将朝廷贵臣牵连罗织，诛戮贬窜，以张大自家的权势，使人人惧怕。其平日所为，虽不能尽述，大率不出此四者。那时自皇太子以下，贵戚大臣莫不畏其倾陷，侧足而行，其权势薰灼，至于如此。凡在相位专任十九年，致海内绎骚，人心离叛；天下之乱，虽由禄山等发之，其实是林甫养成，而玄宗不之悟也。"夫自古人主若明知臣下之奸，必不肯用；惟是不知其奸，而终以为贤，所以信任而不疑。然使其将大小政事，件件自家留心，则虽有奸臣，亦不能壅蔽；惟是安于逸乐，而不亲庶政，所以壅蔽而不知。然则明于知人之道，固所当求，而逸于任人之说，尤不可不讲也。

【今评】 李林甫所干的种种坏事都曾得到玄宗的庇护和授意。李林甫刚死，他就颁布贬斥诏说，李林甫"外表廉慎，内怀凶险"。何以恍然大悟得如此快捷，过去十九年悠悠岁月都瞎眼了吗？不是。这是玄宗在玩弄政治手腕，洗刷自己。在这一点上，他比李林甫更为狡诈。

　　侍御史、剑南留守李宓，将兵七万击南诏，全军皆没。杨国忠隐其败，更以捷闻，益发中国兵讨之，前后死者几二十万人；无敢言者。上尝谓高力士曰："朕今老矣，朝事付之宰相，边事付之诸将，夫复何忧。"力士对曰："臣闻云南数丧师，又边将拥兵大盛，陛下将何以制之！臣恐一旦祸发，不可复救，何谓无忧也！"上曰："卿勿言，朕徐思之。"

【张居正讲评】 南诏是蛮夷国名，即今云南地方。唐时南诏，在剑南边外。自高宗以来，世入中国朝贡，至玄宗末年，因宰相杨国忠用其故人鲜于仲通为剑南节度使，处置乖方，将南诏激反，后遂连兵不解。至是国忠遥领剑南节度使，以侍御史李宓为留后，领兵七万进讨南诏。那夷王阁罗凤故诱官军深入重地，举国攻围，李宓遂为所擒，全军皆没，无一人生还者。国忠以启衅由己，失事地方又是自家所管，遂将这败军情由隐下，反报功奏捷，欺罔朝廷，益大发中国之兵，分道讨之。那云南在万里之外，又多瘴疠，师老财费，不能取胜，前后死者几有二十万人。朝中群臣明知此事，只畏国忠之威，无人敢说，玄宗不知，只道天下无事，曾向内侍高力士说道："朕在位四十余年，今已老矣，看来天下承平，不必劳心，今只将朝廷政事付托与宰相使之办理，边上军情付托与诸将使之防御，朕只恭己无为而已，夫复何忧。"力士对说："陛下深居禁中，不知外面的事。臣闻云南自用兵以来，虽屡有捷报，其实丧了许多人马，都隐匿不闻；又各边节度使专制一方，坐拥强兵，威权太盛，陛下将何以制之。臣恐养成祸乱，一旦窃发，将至不可复救，何谓无忧也。"力士此言，明指杨国忠、安禄山二人。玄宗心里也觉悟，因说："你且莫言，待我慢慢思量，再作区处。"盖亦知其不可，而老耄偷安，不能决断耳。古人有言："堂上远于百里，堂上远于千里。"言壅蔽之害深

也。明皇以朝事付之杨国忠,至于丧师二十万而不知;以边事付之安禄山辈,至于逆谋已成而不悟,当其祸机之伏,岂止力士知之,下至咸阳父老亦知其必败,而玄宗方自以为泰山之安。壅蔽之祸至于如此,可不戒哉!

今评 唐玄宗推说自己老了,恐怕是不能卸脱昏庸误国的责任的。

十一月甲子,禄山发所部兵及同罗、奚、契丹、室韦凡十五万众,号二十万,反于范阳。于是引兵而南。时海内久承平,百姓累世不识兵革,猝闻范阳兵起,远近震骇。河北皆禄山统内,所过州县,望风瓦解,守令或开门出迎,或弃城窜匿,或为所擒戮,无敢拒之者。

张居正讲评 范阳,即今顺天永平一带地方。天宝十四载十一月甲子日,安禄山反。初,安禄山以平卢节度使兼河北、河东,专制三道,久蓄异志;宰相杨国忠又数以事激之。至是遂假密诏,尽发其部下兵共十五万众,反于范阳,引兵而南。此时天下承平日久,百姓安乐,累世以来不识兵革,一旦闻范阳兵起,远近震骇。河北地方,又在禄山统属之内,威令素行,但是贼兵所过的去处,大州小县都望风瓦解,不能抵挡。那为郡守县令的,或开门迎降,或弃城逃避,或稍稍出战便被擒缚诛戮,无有敢拒敌者。于是东京不守,而贼势日逼,天子幸蜀,而宗社几亡矣。原其所以至此,非禄山能乱唐,乃唐自乱耳。盖玄宗末年,溺于声色,用度奢侈,信任小人,专意聚敛,剥民膏血,天下人心久失,法令不行,武备废弛。而禄山本胡雏异类,乃引为腹心,宠任太过,养成骄悍;又使之专制三道,委以重兵,听选番夷以代汉将,是启其异志,而资其横行也。虽欲不乱,其可得乎!人主察此,则所以固人心,振武备,慎威福,节宠倖者,诚不可一日不兢兢矣。

今评 唐玄宗尝到了自己酿成的苦果。面对山河破碎,黎庶涂炭,不知在"幸蜀"途中作如何想。

初,平原太守颜真卿,知禄山且反,因霖雨,完城浚濠,料丁壮,实仓廪;禄山以其书生,易之。及禄山反,檄真卿以平原、博平兵七千人防河津。真卿遣平原司兵李平间道奏之。上始闻禄山反,河北郡县皆风靡,叹曰:"二十四郡,曾无一人义士邪!"及平至,大喜曰:"朕不识颜真卿作何状,乃能如是!"真卿使亲客怀购贼牒诣诸郡,由是诸郡多应者。真卿,杲卿之从弟也。

张居正讲评　平原、博平，是唐时河北二郡，俱在今山东地方。史臣记说当时安禄山未反时，有平原太守颜真卿，因在河北统内，与范阳相近，见禄山阴蓄异志，知其将反，要预先防备，恐他知觉，适遇霖潦，因假以为名，修筑城垣，浚深濠堑；又佥补民间丁壮，以备选兵；积蓄仓廪粟米，以储粮饷。禄山只道他是个书生，无能为，心里轻易他，不把来当事。及禄山已反，发兵南下，河北郡县都是所属地方，大半降附，因行文牒与真卿，着他领平原、博平二郡兵七千人，防守黄河渡口，以备官军。真卿拒而不从，即遣平原司兵参军李平，由小路潜入京师奏报。玄宗初时闻禄山反，河北郡县都望风而靡，因叹息说："河北地方共有二十四郡，这许多官员都是朝廷臣子，就没一个忠义之士替国家出力耶！"及李平赍奏至京，方知平原一郡不肯从贼，玄宗大喜说："朕平昔不认得颜真卿是怎么模样，乃能尽忠为国如此！"真卿又遣所厚宾客密怀文牒"悬购贼赏格"，分诣邻近各郡，那各郡守臣见真卿如此忠义，也都感奋相率起兵，推真卿为盟主，同心讨贼。真卿乃常山太守杲卿从弟。常山亦在河北统内，杲卿仗义勤王，与真卿声势相倚，旋为禄山所攻，力不能支，骂贼而死。后来真卿官至太师，奉使贼臣李希烈军中，亦不屈而死。这是颜真卿兄弟始末。按唐太宗有言："疾风知劲草，板荡识忠臣。"人臣平居之时，俱享朝廷爵禄，一旦国家有难，往往全躯自保，甚至甘心从贼；而真卿兄弟独能以二郡之兵，纠合忠义，同奖王室，至于先后节死，若合符契。其芳名大节，直与日月争光，真万世人臣所当法也。

今评　安禄山叛变后，烧杀淫掠，极端残暴野蛮。当河北、河南各郡县望贼披靡之际，颜真卿、颜杲卿兄弟在平原、常山举兵讨伐叛军，他们的军力虽小，但具有重大政治影响，它严重打击了叛军的嚣张气焰，有力地牵制了叛军西进的力量，极大地鼓舞了河北广大军民奋起抗战。颜氏兄弟忠君报国，先后遇难，其忠烈精神是值得肯定的。

卷之十八

唐 纪

肃 宗

名亨,是玄宗第三子。开元中,立为皇太子。安禄山之乱,玄宗幸蜀,太子分兵北行,至灵武为诸将所拥立,在位七年。

上惧,召宰相谋之。杨国忠首倡幸蜀之策。上然之。乙未,出延秋门,至咸阳,日向中,上犹未食,国忠自市胡饼以献。于是民争献粝饭。有老父郭从谨进言曰:"禄山包藏祸心,固非一日;亦有诣阙告其谋者,陛下往往诛之,使得逞其奸逆,致陛下播越。是以先王务延访忠良,以广聪明,盖为此也。臣犹记宋璟为相,数进直言,天下赖以安平。自顷以来,在廷之臣以言为讳,惟阿谀取容,是以阙门之外,陛下皆不得知。草野之臣,必知有今日久矣。但九重严邃,区区之心无路上达。事不至此,臣何由得睹陛下之面而诉之乎!"上曰:"此朕之不明,悔无所及。"慰谕而遣之。

【张居正讲评】 蜀地,即今四川。唐时长安禁城西门,叫做延秋门。咸阳,即今陕西西安府咸阳县。初,安禄山既反,宰相杨国忠尚以为不足忧;及潼关失守,玄宗方才畏惧,乃召宰相商议计策。杨国忠独先倡说,请车驾幸蜀地,以避贼兵。那时玄宗仓皇失措,便道他说的是。六月乙未日黎明,玄宗带领官眷、皇子、皇孙径出延秋门,望西去,行四十里,至咸阳县。所过地方,官吏逃窜,供给缺乏,日已向中,玄宗尚未进膳,杨国忠自往民家买得些蒸饼,献上充饥。于是百姓每知道御前不择美恶,争献粗饭,那皇孙辈以手掬食,须臾而尽,其途中困苦如此。有个年老的百姓,叫做郭从谨,因进前说道:"安禄山恃宠眷,拥强兵,阴怀反意,要倾危社稷,已非一日。人皆知其谋,也曾有亲到阙下,告他谋反

唐肃宗(711—762):名李亨,玄宗第三子。安史之乱第二年(756),玄宗逃蜀,李亨北上灵武,自立即位,积极指挥平叛,收复两京;然宠信宦官李辅国、鱼朝恩,朝纲不振,洛阳重陷,乱兵四起,内廷生变,统一大业未成,于宝应元年(762)晚于玄宗十三日而卒。

者,陛下往往不信,反将告的杀了。遂使安禄山肆无忌惮,得逞其奸逆,以致今日乘舆播迁,道路颠沛,皆壅蔽之为祸也。是以古先帝王,不敢偏信独任,务在延访忠良,以天下为耳目,广开聪明,使上下之间无有间隔,为是故耳。臣犹记开元之初,宋璟为相,凡朝政得失,四方利病,往往直言无隐,故主上聪明日广,天下赖以治平。近年以来,在廷诸臣,惟恐直言得罪,以为忌讳,每事只阿顺谄谀,徒取容悦而已。是以人主深居禁中,耳目有限,阙门之外,皆不得知,上下隔绝,奸宄恣行。臣在草野,必知国家有此祸乱,不待今日。但君门远于万里,下情不得上通,向使事不至此,则陛下高拱九重,无由与百姓相接,臣亦何能仰睹天颜,而诉此衷曲乎。"玄宗说:"此朕往时昏蔽不明,致有今日,实其自取,虽复追悔,亦何及哉。"因慰谕郭从谨而遣之,以谢其殷勤之意焉。由是观之,此一君之身耳,当其清明,直臣在朝,民情无所蔽则治;当其昏惑,佞臣在朝,民情无所诉则乱。方其治也,端居九重,玉食万方而有余;及其乱也,道路播迁,粝食充饥而不足。治乱安危之几,亦可畏矣。况幸蜀之举,又失策之甚者,安有为天下主,乃委弃其宗庙社稷、九族百官于贼,而苟图自全者乎。且蜀地虽险,偏安一隅,可以退守,不可以进取。向非天意祚唐,百姓拥留太子,收兵灵武,克服两京,则天下事去矣。然则人君守社稷,即有急难,国都岂可轻弃哉。

今评 草野老人的坦陈直言,实际是对玄宗的谴责,谴责他不配再当皇帝。

　　太子至平凉数日,朔方留后杜鸿渐迎太子于平凉北境,说太子曰:"朔方天下劲兵处也。今吐蕃请和,回纥内附,四方郡县大抵坚守拒贼,以俟兴复。殿下今理兵灵武,按辔长驱,移檄四方,收揽忠义,则逆贼不足屠也。"秋七月辛酉,太子至灵武。裴冕、杜鸿渐等上太子笺,请遵马嵬之命,即皇帝位。太子不许。冕等言曰:"将士皆关中人,日夜思归,所以崎岖从殿下远涉沙塞者,冀尺寸之功。若一朝离散,不可复集。愿殿下勉徇众心,为社稷计。"笺五上,太子乃许之。是日肃宗即位于灵武,尊玄宗为"上皇天帝",赦天下,改元至德。

张居正讲评 平凉,即今陕西平凉府。朔方,即今宁夏地方。署掌节度使叫做留后。灵武,即朔方镇城。马嵬是驿名,在今陕西兴平县地方。先是禄山攻破潼关,玄宗出奔幸蜀,行至马嵬驿,父老百姓都遮道请留,玄宗不住,命太子在后面宣慰,那父老人等遂拥住太子,请回兵兴复长安,玄宗因宣旨传位,太子不受。于是车驾西幸,太子领兵北行,至平凉,屯驻数日。时有朔方留后杜鸿渐闻太子此来,欲请至朔方共图匡复。乃令人整顿资储,亲自迎接太子,至平凉北境,因说太子道:"朔方一镇,士马精强,四方无比,乃天下劲兵处也。西面则吐蕃请和,北面则回纥内附,皆可以借兵入援。内而四方郡县虽被贼

肃宗

攻掠，然大率都为国家坚守拒贼，以待大兵东讨，兴复社稷，可见天下大势未至动摇。今殿下只驻劄灵武，整兵蓄锐，按辔徐行，长驱而进；传布文檄于四方，收揽忠臣义士，以为己用。将见四方人心，闻风响应，出兵勤王，唯恐或后。量这些逆贼岂有不屠灭者乎！"太子从其言。秋七月，遂至灵武。时又有河西司马裴冕也在灵武，与鸿渐图谋，因见玄宗入蜀，恐人心离散，遂上笺太子请遵马嵬传位之命，即皇帝位，以系属人心。太子以未经请命，不肯允许。冕等因说："殿下不即大位，固是孝思。但这些从行将士都是关中人，离家远来，日夜思归。所以不惮崎岖艰难，跟随着殿下远到这沙漠穷边，无非欲乘时讨贼，希望立尺寸之功，以求爵赏。今若不正位号，则人心失望，倘或一旦解散，恐再不可收集，凭何恢复？愿殿下勉强曲徇众心，为社稷大计。"笺凡五上，太子方允其请。是日甲子，肃宗即位于灵武城南楼，遥尊玄宗为"上皇天帝"，大赦天下，改元至德。

今评 不少唐史著作认为马嵬兵变的幕后主谋者是太子李亨。从客观上讲，马嵬兵变确实帮助李亨铲除了主要的政敌杨国忠；此后他又及时而巧妙地摆脱了玄宗对他的长期猜忌、冷落和控制，走向北上平叛的道路。李亨在灵武即位自立，虽有抢班夺位之嫌，但他以太子身份即位，名正言顺。面对唐王朝处于瘫痪瓦解的非常时刻，他毅然树起平叛旗帜，号召天下，收复失地，拯救黎民，是顺应天意民心的。

灵武使者至蜀，上皇喜曰："吾儿应天顺人，吾复何忧！"乃制："自今改制敕为诰，表疏称太上皇。四海军国重事，皆先取皇帝进止，仍奏朕知；俟克复上京，朕不复与事。"仍命韦见素、房琯、崔涣奉传国宝玉册，诣灵武传位。

张居正讲评 肃宗既即位于灵武，因遣使奉表入蜀，奏知玄宗。使者至蜀，具陈群臣恳请，太子辞避之意，玄宗大喜说道："朕避贼西行，中原无主，天命人心皆归太子。吾儿此举，上应天命，下顺人心，使宗社有所付托，苍生有倚寄，吾复何忧！"乃下诏说："自今以后，凡朕所出的制诏敕命，改称为诰；臣下所进的表章奏疏，只称太上皇，以别于新君。天下事务，但关系军国大事，都先奏知皇帝，取其裁决以为进止，然后奏朕知道。待后克复长安，还归都邑，朕自退居别宫，不复预闻政事，悉听皇帝处分。"于是特命宰执大臣韦见素、房琯、崔涣等赍捧传国宝玺，及玉制册文，亲诣灵武，传授天位。此玄宗与肃宗父子授受之始末也。按此时玄宗既已西幸，中原无主，其事势亦有不得不然者。但肃宗久在东宫，令德素著，使其拥储副之重，称制讨贼，天下人心，谁不归之，何假位号以为重！玄宗知之，亦必致命传位，不待灵武使者之至而后发册矣。乃当时大臣不知学术，不能以道事君，致使肃宗有自立之名，而奸邪小人，又从而构煽其间。至于西内劫迁，贻讥后世，殊可惜也。

卷之十八 唐纪

> **今评** 李亨在灵武即位自立，玄宗在既成事实面前，才派使臣前往传位，但仍不甘心放弃权力，仍要以"诰"的形式发号施令，各地官员仍要向他的"蜀都"朝廷上奏，俨然形成蜀郡与灵武两个朝廷，使肃宗甚为"戒惧"，不敢接受玄宗派人送来的传国玉玺和册封诏书。肃宗与玄宗的矛盾日益加剧，最后在宦官李辅国的策划下，终于将玄宗逼迁于西内甘露殿，使其幽居数年而卒。

上与李泌出行军，军士指之，窃言曰："衣黄者，圣人也。衣白者，山人也。"上闻之以告泌曰："艰难之际，不敢相屈以官，且衣紫袍以绝群疑。"泌不得已，受之；服之入谢。上笑曰："既服此，岂可无名称！"出怀中敕，以泌为侍谋军国、元帅府行军长史。泌固辞，上曰："朕非敢相臣，以济艰难耳。俟贼平，任行高志。"泌乃受之。

> **张居正讲评** 唐制，三品以上官，衣紫袍。先是肃宗为太子时，曾以京兆处士李泌为宾友。及自马嵬北行，遣使召至灵武，与之图议大政，旦夕不离。尝欲以为宰相，李泌不受。适一日，肃宗与李泌同出巡视军营，军中一时不能分辨，只见军士每指着肃宗、李泌，私相告语说："那穿黄袍的，是圣上；那穿白的，乃是山人李泌也。"肃宗要授李泌以官，正无方略，忽闻此言，因与李泌说："方今军旅艰难之际，卿既不受官职，朕亦不敢相屈，但将士耳目所属，若只服山人之衣，恐人心疑惑，可且穿一件紫袍，以便出入。"李泌不得已拜受，因衣紫袍入谢，肃宗即笑说："卿既穿了这样服色，岂可无官职名号。"因怀中取出一道敕命，以李泌为侍谋军国、元帅府行军长史。此时，皇子广平王俶为天下兵马元帅，故以李泌佐之，仍朝夕参谋军国大事。这是肃宗计用李泌。李泌原是隐士，不愿做官，仍固辞不拜，肃宗乃说："卿志在物外，本是布衣之交，朕非敢以官爵相臣。但今宗社未复，国步艰难，欲暂劳弘济，不得不假以职名。待逆贼既平，天下无事，那时任你辞职归山，以行高志，不敢复强矣。"李泌见肃宗如此说，方肯受职。后来两京平复，车驾还朝，李泌果然归隐，肃宗亦不苦留矣。夫肃宗在羁旅之中，而能屈己下贤，委曲任用如此，故能扫荡胡尘，光复神器。得贤者昌，信非虚语。至于李泌以奇谋大略，历事三朝，运筹帷幄，再襄大难，而又翱翔物外，不贪荣宠。考其平生出处，与汉之子房颇有相类，固一时之间气也。

> **今评** 肃宗屈己求贤，任用李泌为智囊，是历代帝王兴邦治国的又一典型事例。李亨当太子十八年期间，所亲近瞩目的文臣武将全被奸相李林甫杀害铲除；在灵武创建朝廷时，所聚文武官员不满三十人，皆无匡世之材。肃宗诚邀李泌前来相助，李泌不愿为官，仅以山野布衣相从。肃宗竟能屈尊求贤。李泌见肃宗如此真挚诚恳，也殚心尽力，襄助其收复两京。得贤者昌，确为一条兴邦治国的铭言。

房琯喜宾客，好谈论，多引拔知名之士，而轻鄙庸俗，人多怨之。北海太守贺兰进明诣行在，言于上曰："晋用王衍为三公，祖尚浮虚，致中原板荡。今房琯专为迂阔大言，以立虚名，所引用皆浮华之党，真王衍之流也。"上由是疏之。

张居正讲评　车驾暂驻的去处，叫做行在。板、荡，皆雅诗篇名，是说天下丧乱的意思。此时房琯自蜀奉册宝至灵武，肃宗见其仪度庄整，言语明畅；又闻他素有重名，遂倾心信任，委以政事。房琯平日喜接宾客，延揽豪俊；又好与人谈论，引拔当世知名的士人，而轻忽鄙薄那寻常庸俗的人，过于分别，不能包容，以此被他轻鄙的，都怨恨他。那时有北海太守，姓贺兰名进明者，素与房琯有隙，偶至行在朝见，遂奏肃宗说道："晋家只为轻徇虚名，任用王衍以为三公，秉执朝政。王衍祖尚老庄，崇事浮虚，专以清谈为事，不把国家政务在意，以致人心邪僻，法度废弛，中国丧乱，沦于夷狄，其祸如此。今房琯平日也只好谈老子浮屠，遗落世事，务为迂阔大言，高自称许，以窃虚名；他所引用的也都是这般样人，浮薄虚华，言过其实；无裨世用。琯在今日，正是王衍之流，若重用之，必误天下。"肃宗因贺兰进明之言，自是遂疏房琯，不甚亲信矣。然进明之言，实中房琯之病。可见延揽人才，讲求政务，虽是宰相之职，亦必综核精审，体验真切，循名而责实，察言而观行，使浮华之人，不得售其欺，迂阔之言，不得淆其听，然后可。不然，是蹈房琯之覆辙，而踵王衍之祸机也。万世而下，君之择相，与相之择人，皆不可不知。

今评　肃宗既听贺兰进明提醒房琯为人的严重缺点，对琯有所疏远；房琯察觉后，更大言不惭，自请充当收复两京的兵马统帅。这正迎合了肃宗不切实际、急于求成的奢望，于是任命房琯为收复两京的军事统帅之职。其实房琯是个书生，根本不知军事；结果在咸阳县东的陈涛斜交战中遭到惨败，几乎葬送了肃宗所惨淡经营的全部人马。这种君不择将、将不知战的行为，实皆为崇尚虚名所害。

上谓李泌曰："今郭子仪、李光弼已为宰相，若克两京，平海内，则无官以赏之，奈何？"对曰："古者官以任能，爵以酬功。汉魏以来，虽以郡县治民，然有功则锡以茅土，传之子孙，至于周、隋皆然。唐初未得关东，故封爵皆设虚名，其食实封者，给绢布而已。贞观中，太宗欲复古制，大臣议论不同而止。由是赏功者多以官。夫以官赏功有二害：非才则废事，权重则难制。倘使禄山有百里之国，则亦惜之以传子孙，不反矣。为今之计，俟天下既平，莫若疏爵土以赏功臣，则虽大国不过二三百里，可比今之小郡，岂难制哉。"上曰："善。"

张居正讲评

肃宗与李泌说道："近日安禄山之乱,全得朔方节度大使郭子仪与河东节度使李光弼二臣率兵破贼,立大功于国家。见今加升官阶至同平章事,都是宰相职衔,名位已极。若以后克复两京,平定海内,那时无官以赏之,为之奈何?"李泌对说:"以官赏功原非古制,盖古者设官分职,只要任那有能力的人,如其才堪为某官,方授以某官之职。至于有功之臣,则以封爵酬之,而不任以事。汉魏以来虽立郡县,任守、令以治民。然人臣立有功绩,则分茅胙土,封以国邑,使之世有其地,以传之子孙,至于后周及隋,亦莫不然。至我唐初开国时,止有关中之地,关东各路尚为群雄所据,未及版图,故一时封爵功臣,虽有国邑之号,皆是虚名。中间有食实封者,只是给以缯帛布匹而已,亦未有分土也。是自三代以来封建之法,至唐初而始废。贞观年间,太宗欲复古制,分封世袭,因大臣议论不同,其事遂止。自是以后,封爵不行,有功者多以官赏之。夫以官赏功有二不便:其人虽有功,然其才未必能称此官,而强以任之,必至于废弛职业,一不便也;官职太崇,则权势因之而重,或至骄纵难制,二不便也。不如以爵赏之,于事体为便。盖人一有爵土,则自保之念重,向使安禄山有百里之国,可以为世业,则亦谨守爱惜以传之子孙,必不谋反矣。可见赏功当以爵,而不当以官也。为今之计,俟天下既平,莫若分疏爵土以赏有功之臣,则虽国邑至大者,亦不过二三百里,只好比得今之一小郡而已,操纵指使唯朝廷所命,岂难制哉。若以官赏之,恐二者之患,不能免也。"肃宗闻李泌之言,深以为是。然赏功之典,实朝廷激劝大权。官为职业所系,固不可轻;而爵为名器所关,亦不可滥。肃宗之时,府库无蓄积,诸将出征皆给空名告身,以备赏功,至应募入军者,一切衣金紫,而官爵俱滥矣。李泌虽欲复封建之法,亦不能救也。论功辨才者,宜慎之。

今评 肃宗与李泌所计议的"疏爵土以赏功臣",目的是为削夺功臣郭子仪、李光弼的兵权。肃宗怕人家将来权重难制,预谋对策。果然两京收复后,局势还未稳定,肃宗就剥夺了郭子仪的兵权,以致造成洛阳再度沦陷,不得已再度起用,后来代宗继位,对郭子仪多次疑而罢用,后又不得不一再起用,皆源于肃宗与李泌的此次之谋。

十一月,广平王俶、郭子仪来自东京,上劳之曰:"吾之家国,由卿再造。"十二月,上皇至咸阳,上备法驾迎于望贤宫。上皇即日幸兴庆宫,遂居之。上累表请避位还东宫,上皇不许。

张居正讲评 广平王俶,是肃宗长子,即代宗。唐以长安为西京,洛阳为东京。咸阳是西京县名,县东有望贤宫,是天子游幸的去处。兴庆宫,是玄宗旧邸,改为宫,叫做南内。肃宗初在灵武,以长子广平王俶为天下兵马元帅,郭子仪为副元帅,统兵讨贼。至德二年九月,收复西京。十月,收复东京。十一月,肃宗在西京,广平王俶、郭子仪自东京来朝见。肃宗慰劳郭子仪说道:

肃宗

"自禄山叛乱，两京失守，我祖宗创造的基业几至丧亡。今日荡平逆贼，收复两京，朕之家国，危而复安，乱而复定，乃由卿等奋勇效忠所致，恰似替我重新创造一番，这等大功，社稷所赖，卿辈劳苦，实切朕怀。"这是肃宗归功臣下的意思。初，肃宗收复西京时，即遣使入蜀奉迎玄宗。十二月丙午，玄宗还至西京咸阳县，肃宗即备仪仗卤簿，亲往迎接于望贤宫中。那时肃宗虽已为天子，身上还着紫袍，下马趋拜，玄宗特取黄袍着他换了。次日，玄宗入都城，暂御大明宫，宣慰百官，告谢九庙。即日，幸兴庆宫，遂居之，盖退就南内，以避正殿也。肃宗屡次上表，请避天位，还居东宫，玄宗终不听从。盖其君臣父子之际，亦出于天理人情之至，而非由于矫饰矣。惜乎良心虽见于艰难厎定之初，而私意竟昏于宴安嬖倖之后。故郭子仪再造唐室之功，不能不夺于鱼朝恩之谮；上皇兴庆宫之养，不能不迁于李辅国之谋。夫小人谗说之害人国家，可畏也哉。

今评 肃宗对郭子仪的赞扬和表请玄宗复位就是矫饰的典型例子。郭子仪是收复两京的天下兵马副元帅，肃宗既赞他有再创唐室之功，言犹在耳，何以稍后在调集九节度军围攻相州之战时，就不让郭子仪担任元帅呢？而当相州之战受挫，为何又只拿郭子仪问罪，剥夺其兵权呢？肃宗迎奉太上皇玄宗回长安，当尊奉太上皇这出戏被炒得沸沸扬扬时，却又将其幽禁于西内，据载是李辅国所为。一个宦官，没有肃宗的旨意，敢在太上皇头上动土吗！

十二月，平卢节度使王玄志薨，上遣中使往抚慰将士，且就察军中所欲立者，授以旌节。高丽人李怀玉为裨将，杀玄志之子，推侯希逸为平卢军使。朝廷因以希逸为节度副使。节度使由军士废立自此始。

张居正讲评 平卢，即今永平、卢龙等处地方。乾元元年十一月，是时河北未平，适遇平卢节度使王玄志薨，肃宗只当别命重臣往代其任，方是朝廷体统；却只为用兵之后，恐一有处分，人心摇动，遂为姑息之政，差中使往平卢军中安抚慰劳将士。因访察军中将士要立何人为帅，即授以旌节。那时平卢部下的副将李怀玉，原是高丽人，平日与副将侯希逸为党，遂杀玄志之子，而推希逸为平卢主帅，以待朝命，朝廷不得已，因从其请，即以希逸为节度副使。自此以后，各镇将士观望成风，节度使若抚恤不周，失了众心，即为军士所逐；其部下将士以私恩小惠，邀结人心的，即共推以为主帅。其废其立，皆不由朝廷，只由军士，实自侯希逸始也。夫人君所以制驭海内，而统人群者，不过以威福予夺之柄，在上而不在下也。今乃以军士之向背为主帅为废立，由是偏裨士卒逐杀主帅，朝廷不治其罪，反以其位授之，而纪纲法度荡然无复存者矣。欲天下之不乱，其可得乎！然求其所以，不过一念之姑息所致也。有天下者其鉴诸。

> **今评** 侯希逸被所部军士推拥为平卢主帅,开创了军士废立节度使的先例,这是唐王朝因遭安史之乱,无能驾驭地方军镇所造成的。

代 宗

名豫。是肃宗长子,在位十七年。

> 代宗(726—779):初名俶,后改名豫,肃宗长子。宝应元年(762)即位次年,平定叛乱。在位十八年,乱后求治,多有成就。但酿成后来的藩镇割据局面。

六月,礼部侍郎杨绾上疏,以为:"古之选士必取行实,近世专事文辞。自隋炀帝始置进士科,犹试策而已;至高宗时,考功员外郎刘思立始奏进士加杂文,明经加帖括。从此积弊,转而成俗。朝之公卿以此待士,家之长老以此训子。其明经则诵帖括以求侥倖。又举人皆令投牒自应。如此,欲其返淳朴,崇谦让,何可得也!请令县令察孝廉,取行著乡间,学知经术者,荐之于州。刺史考试,升之于省。任各占一经,朝廷择儒学之士,问经义二十条,对策三道,上第即注官,中第得出身,下第罢归。又道举亦非理国所资,望与明经、进士并停。"或以为明经、进士,行之已久,不可遽改。事虽不行,识者是之。

> **张居正讲评** 唐时取人,有明经、进士两科。帖括,是就所书经中掩其两端,中间惟开一行,帖三字以试之,而括取萃会其义。今之科场出题试士,即其遗意也。广德元年六月,礼部侍郎杨绾上疏说道:"古时选举贤士,必取其有德行之实,方荐之于朝。近世以科目取士,专校文辞,不察行检。自隋炀帝时始设进士之科,然其初犹只试时务策而已。至我朝高宗时,考功员外郎刘思立始奏将进士加词赋、杂文二篇,以考其文艺;明经加试帖之法,以验其记诵。自此以后,天下之士,皆以声病记问为进身之阶,积弊相沿,展转成俗。在朝之公卿惟以此待天下之士,而不复观其志行;人家父兄长老惟以此训其子弟,而不复教以进修。其明经亦不全通经旨,只将那有司常帖的括取萃会为书,转相诵习,以求侥倖。又明经、进士每年入试皆令投文州县,自求应举,与古人辟举征聘之意甚相背戾。如此,欲其返淳朴之风,崇廉让之道,何可得也!请如汉魏以来举孝廉之法,令天下县令各察境内孝友廉洁之人,取其德行著于乡里,而学又能通知经术者,即荐之于本州;本州刺史就所习之经再加考试,升之于尚书省;任其精通一经,不必多占,朝廷选择儒学之士,使为主司,亦不必帖经及试杂文,只问本经大义二十条,对时务策三道。经义及策全通者,为上第,即便铨注官职;经义十条中通得七条,策通得二道者,为中第,即与出身候选;其不中此格者,为下第,罢归原籍。只用一科取士,其现行明经、进士皆当停革。又开元年间,曾设道举一科,乃异端之教,亦非治国所资,望与明经、进士并停,庶不失古人乡举里选之遗

意也。"此疏既上，下廷臣会议，或以明经、进士行之已久，若一旦遽革，恐士失所习，多有不便，其议遂寝。然有识之士，皆以绾言为是，惜其不行也。按杨绾之言，诚得古人兴贤举能之意，但人心不古，浇伪多端，文艺虽是虚名，犹有凭据。至于荐举行义，反开奔竞之门，其得失盖相当矣。若能于文艺之中而存尚实之意，亦未必不可以观人也。

今评 杨绾提出废科举、复古之孝廉，实际是倒退的，也是行不通的。

自丧乱以来，汴水湮废，漕运者自江、汉抵梁、洋，迂险劳费。三月，以太子宾客刘晏为河南、江淮以东转运使，以开汴水。时兵火之后，中外艰食，关中米斗千钱。百姓授穗以给禁军，官厨无兼时之积。晏乃疏浚汴水，遗元载书，具陈漕运利病，令中外相应。自是每岁运米数十万石以给关中。唐世称漕运之能者，惟晏为首，后来者皆遵其法度云。

张居正讲评 汴水，在今河南地方。江水、汉水，在今湖广地方。梁、洋，二州名，即今陕西汉中府及洋县地方。太子宾客，是东宫官名。唐时都关中，每岁漕运东南之粟，由淮入汴，由汴入河，由河入渭，以达京师。自天宝以来，经安禄山、史思明之乱，中原扰攘，汴水湮塞废绝，漕运粮米，都由江、汉二水绕从湖广地，以至梁州、洋州，迂远险阻，劳费数倍。代宗广德二年三月，以太子宾客刘晏素有心计，着他做河南、江淮以东转运使，兼领三道漕运。那时兵火之后田地荒废，年岁不登，京师内外米价腾贵，米一斗值钱千文。朝廷催科又急，百姓每耕种不及其熟，将那才结实的禾穗，拔取将来用手搓挪取米，以供给禁卫之军。就是宫中庖厨御膳，及六宫支用的，也只够得目前取用，更无多余蓄积，其匮乏如此。刘晏思量今日匮乏，实由汴水湮塞，漕运艰阻之故，于是将汴河故道疏通挑浚，依旧接淮达河，以便转输省劳费。又念此时元载为相，居中用事，若不关白，恐有牵制，乃投书政府，备细陈说漕运的利病，使其事理晓然明白，庶不惑于浮言，中外同心，彼此相应，然后疏浚之功可成。自是汴渠复通，每岁运东南之米数十万石以给关中，上下赖之。盖唐世称漕运之能者，推刘晏为第一，后来为转运使的都遵守他的法度而行，无所改变焉。

今评 刘晏管理财赋与那些专靠压榨百姓来充实国库的作法大不相同。他担任转运使后，便以恢复中断了十年之久的南北漕运为己任，立即奔赴漕运沿线考察访问，总结前人开凿河渠、办理漕运的经验，改革漕运的管理体制，将富商督运改为官运，禁止征发徭役运输，改用盐利收入雇募船夫运输。极大地减轻了百姓对漕运的负担，改善了唐代的国家财政。

时成德节度使李宝臣，魏博节度使田承嗣，相卫节度使薛嵩，卢龙节度使李怀仙，收安、史余党，各拥劲卒数万，治兵完城，自署文武将吏，不供贡赋。朝廷专事姑息，不能复制。虽名藩臣，羁縻而已。

张居正讲评 成德，即今真定府。魏博，即今大名府。相卫，即今彰德、卫辉两府。卢龙，即今永平府。这都是唐时藩镇之名。姑息，是苟安的意思。羁，是马络；縻，是牛缰：总是牵制的意思。这一段是史臣叙唐家藩镇跋扈事迹，见天子威命所以不行于河北的根由，以为后戒也。代宗时，成德节度使李宝臣，魏博节度使田承嗣，相卫节度使薛嵩，卢龙节度使李怀仙，这几人都是安禄山、史思明的将，后来安史败灭，归顺了朝廷。代宗无有远略，苟倖无事，就把他们分授为河北诸镇节度使。这几人原是背叛朝廷，曾经做贼的人，见天子柔弱，都强梁放肆，不守法度，收拾旧日禄山、思明余党，号召团结。每人拥健卒数万，整治甲兵，缮完城郭，凡文武将吏都自家私授，不请命天子；地方贡赋都自家私享，不供奉公家。朝廷既惮于振作，又畏其强悍，只是听其所为，专事姑息，不复能以法度制之。这几人虽叫做唐家藩臣，实不用其命令，不过寄一名分以羁縻之而已。按代宗即位之初，河北诸州皆已降服，若乘战胜之威，图经远之略，处置得宜，谁敢不兢兢奉命。况薛嵩辈残贼遗孽，方喙息虑死之不暇，而敢有他念乎！乃怵于仆固怀恩之邪说，分建贼帅，俾相党援，遂成藩镇之祸。河北之土地人民，迄于唐亡不复为国家所有；失在苟一时之安，而不知流患若是之深远也。然则审庙谟，揽威柄，固明主所当时时加意者哉。

今评 当年代宗忙于应付吐蕃侵扰京畿的威胁，没有可供调遣的军队和勇将去收拾安史降将，造成藩镇的割据。

四月，以杨绾为中书侍郎，礼部侍郎常衮为门下侍郎，并同平章事。绾性清俭简素，制下之日，朝野相贺。郭子仪方宴客，闻之，减坐中声乐五分之四。京兆尹黎干驺从甚盛，即日省之，止存十骑。中丞崔宽第舍宏侈，亟毁之。上方倚杨绾，使厘革弊政；会绾有疾，七月薨。上悼痛之甚，谓群臣曰："天不欲朕致太平，何夺朕杨绾之速。"

张居正讲评 京兆尹，即今府尹。大历十二年四月，以太常卿杨绾为中书侍郎，礼部侍郎常衮为门下侍郎，并同平章事。史官因记说，杨绾为人清介简静，不嗜荣利，自奉俭素，能甘淡薄，以清德重望，为时所推仰。及拜相命下之日，在朝在野都互相庆贺，以为得人。勋臣郭子仪素颇奢侈，时方大宴宾客，盛张声乐，闻杨绾拜相，即将坐中音乐五分中减了四分。京兆尹黎干，平日仪卫甚盛，每出入常用百余人随从，至是即日减除，止留十骑。又御史中丞崔宽，宅舍宏侈，有踰常制，至是亦即拆毁。盖因杨绾素有清俭之名，今居宰相之位，故一时大臣之奢侈者，皆惕然严惮，改其所为，而相率效法之恐后也，其为人所畏服如此。代宗乘多难之后，用杨绾为相，方倚赖他将各衙门弊政，一一厘革，以复旧制。会绾有疾，至七月中遂薨。代宗痛悼之甚，对群臣说："想天不欲使朕致太平，若欲使朕致太平，何夺我杨绾之速耶！"夫以当时在朝之臣，多贪婪纵肆，各处藩镇因而效尤，僭侈无度，一时风俗纪纲，败坏极矣，一闻相杨绾，人心回响，恪守礼法，不惟风俗移易，而纪纲亦且振兴。可见政本重地，所用得人，其效捷于影响如此。任人者可不慎哉。

今评 唐自玄宗天宝以来，崇尚奢靡，朝风败坏，此后虽历经战祸，奢靡之风仍愈演愈烈。代宗在平叛胜利后，开始推行过一些禁奢侈、减税收、恤苦安民的措施。他在身体力行的同时，又任用质性贞廉、车服简朴、俭德行于海内的杨绾为相。结果在上层官僚中引起震动，风气为之大变。

平卢节度使李正己，拥兵十万，雄据东方，邻藩皆畏之。是时，田承嗣、李宝臣、梁崇义相与根据蟠结，虽奉事朝廷而不用其法令，官爵、甲兵、租赋、刑杀皆自专之。上宽仁，一听其所为。虽在中国名藩臣，实如蛮貊异域焉。

张居正讲评 李正己原是平卢的偏将，旧名怀玉，因与军士逐了节度副使侯希逸，代宗就除他做节度使，赐名李正己。是时，各镇皆拥重兵，然惟正己军力最盛，拥兵十万，雄据一方。那诸镇与他邻近的，恐被他侵害，无不畏惧。李正己又与魏博田承嗣、成德李宝臣、山南梁崇义结为婚姻，相与党助，就如大树的根，据地蟠结，彼此纠缠，牢不可破，声势日盛，越发纵肆了。虽说奉事朝廷，却不用其法令，凡官爵之叙迁，甲兵之攻战，租赋之出纳，刑杀之重轻，件件自专，都不请命朝廷。代宗是个宽仁之君，一听所为，不与计较。以是名虽为中国藩臣，其实如蛮夷外国一般，不复知有朝廷矣。这一段是记唐时藩镇之横如此。夫人君之所恃以制驭臣下，使不敢窥伺者，惟有纪纲而已。李正己以偏将逐主帅，乱法坏纪孰甚焉，代宗不能讨其专擅之罪，又授之兵柄，赐以美名，由是各镇士卒逐主帅，主帅凌天子，纪纲堕夷，威福倒置，而唐室遂不竞焉，则肃、代之姑息为之耳。故帘远堂高之防，履霜坚冰之渐，不可不慎也。

今评 藩镇割据之祸始于"河朔三镇"，从河朔扩大到中原、江淮、岭南、剑南。这都是代宗的姑息政策所致，也是唐朝后期政治腐败、内轻外重的军事制度发展的必然结果。

德　宗

是代宗长子。在位二十六年。

> 德宗（742—805）：名李适，代宗长子。779年即位。在位初推行两税法，大力改革财政。后期姑息藩镇，重用宦官，805年中风病逝。

　　初，至德以后天下用兵，诸将竞论功赏，故官爵不能无滥。及常衮为相，思革其弊，杜绝侥倖，四方奏请，一切不与；而无所甄别，贤愚同滞。崔祐甫代之，欲收时望，推荐引拔，常无虚日；作相未及二百日，除官八百人。前后相矫，终不得其适。上尝谓祐甫曰："人或谤卿，所用多涉亲故，何也？"对曰："臣为陛下选择百官，不敢不详慎。苟平生之未识，何以谙其才行而用之。"上以为然。

【张居正讲评】　　自肃宗至德以来，天下用兵，诸将皆争论功绩以邀爵赏，往往有市井佣贩，一立军功，即授金紫，官爵冒滥极矣。及常衮为相，欲革其弊，爱惜名器，杜绝侥倖，凡四方使职衙门有所奏请论荐，一概停止，不肯轻与；却不就中间分别品第，致使贤人愚人一同淹滞。及崔祐甫代之，欲矫常衮之弊，多收拾一时有名望的人为朝廷用，推荐引拔，常无虚日；作相未满二百日，所荐人才，除授官职者至八百人。盖常衮为官冗滥，矫之于前，却失于太刻；祐甫为贤愚同滞，矫之于后，又失于太宽，所以用人之法，终不得停当。又祐甫引荐太多，中间或有相知，致人谤议。德宗问祐甫说："人多说卿所用之人，皆亲戚故旧，此言因何而出？"祐甫对说："臣待罪宰相，为陛下选择百官，要得贤才称职，不得不详悉谨慎，若是平日不相识的人，何以熟知其才行而用之；必是知之素真，方敢荐用，所以不免涉于亲故耳。"德宗以其言为然。按祐甫所言，不为无见。然宰相用人，只要有至公无私之心，其心诚出于公，则虽不避亲故亦公也，若其心一涉于私，则虽举所不知，亦不免于私矣，而况于亲故乎。然则开诚心，布公道，固相天下者之要图也。

【今评】 唐太宗和武则天曾明确宰相推荐百官的两条准则：一是任贤不避亲，一是荐贤不让人知。崔祐甫任用了很多亲故，这不符合第二条准则。岂不是为了树恩图报？幸而崔祐甫很快病逝，没有出现"朋党"之祸。

　　内庄宅使上言，诸州有官租万四千余斛，上令分给所在充军储。先是，诸国累献驯象，凡四十有二，上曰："象费豢养而违物性，将安用之！"命纵于荆山之阳，及豹、貀、斗鸡、猎犬之类，悉纵之；又出宫女数百人。于是中外皆悦，淄青军士，至投兵相顾曰："明主出矣，吾属反乎！"

张居正讲评 内庄宅使，是在内管庄宅的官。豹、貀，都是兽名。淄青，是平卢节度使部内地方。淄，即今临淄县。青，即今青州府。德宗初年，励精图治，凡所为的事，都当于人心。时内庄宅使奏："内庄宅积有诸州官租一万四千余斛。"德宗见各处军饷不足，庄宅所积有余，就将此租分散各处军士，以充粮饷。又先年外国屡献驯象，共有四十二只，德宗说："象食兼牛马，费刍养无算；且生于炎方，其性又不习于北土；乃数十为群，饲之内厩，将安用之！"命悉放于荆山之阳；并其他所畜禽兽，若豹、貀、斗鸡、猎犬之类，在内苑供玩好者，尽数放之。又以宫女太多，一时放出数百人。夫散私蓄以给军储，纵禽兽以适物性，出宫女以恤人情，这都是帝王的盛节。德宗初政，乃兼有之，于是中外人心莫不欢欣喜悦，以为太平之治庶几可睹。至如平卢李正己部下淄青军士，乃习于悖乱，不服王化的，闻朝政如此，也都弃了兵甲，彼此相顾说道："明主出矣，我辈尚可仍前反叛乎！"夫德宗即位未及期月，而能使中外颂戴，不疾而速，强暴革心，不怒而威如此，若能率由此道，终始不渝，则贞观之风亦岂难致乎。奈何恤民之政方行，聚敛之法继立，卒令百姓困穷，盗发都邑，而播迁之祸不旋踵矣。诗曰："靡不有初，鲜克有终。"斯可为万世鉴也。

今评 倘若德宗能高瞻远瞩，因势利导，正是一个治国安邦，再现三祖唐风的好机会。但他有始无终，既不懂经国之道，又自负经纶之智，猜忌浮躁，不能任用贤相名将，却喜欢奸佞小人，轻用庸臣之言，耗尽了国家与人民的财力也未能削平藩镇叛贼，反自陷窘境，险些丧国。

先是刘晏、韩滉分掌天下财赋，晏掌河南、山南、江淮、岭南，滉掌关内、河东、剑南；至是，晏始兼之。上素闻滉掊克过甚，故罢其利权，出为晋州刺史。至德初，第五琦榷盐以佐军用，及刘晏代之，法益精密。初岁入钱六十万缗，末年所入逾十倍，而人不厌苦。大历末，计一岁征赋所入总一千二百万缗，而盐利居其大半。以盐为漕佣，自江淮至渭桥，率万斛佣七千缗；自淮以北，列置巡院，择能吏主之，不烦州县而集事。

张居正讲评 山南，即今湖广郧、襄等府。江淮，即今南直隶江浙等处。岭南，即今广东。关内，即今陕西。河东，即今山西。剑南，即今四川。缗，是穿钱绳子。先是代宗时，用吏部尚书刘晏为转运使，户部侍郎韩滉判度支，分掌天下财赋。自关以东河南、山南、江淮、岭南各路漕运钱粮，都属刘晏分管。其关内、河东、剑南各路属韩滉分管。至是以韩滉为太常卿，用刘晏兼判度支，并关内三路皆以属之。盖德宗素闻韩滉聚敛民财，掊克太甚，故嗣位之初，即罢其利权，仍出为晋州刺史，而专任刘晏，使之总领天下财赋。刘晏有心计，综理钱谷最为得法。肃宗至德初年，以第五琦为转运使，始榷税各处食盐以

佐行军之用；及刘晏代之，盐法益加精密。起初行盐法，一岁中所入官钱不过六十万缗，及其末年比之旧额增多十倍。然处置有法，未尝掊克小民，故人亦相安，无所厌苦。代宗大历末年，总计一岁各项征税所入共一千二百万缗，而盐利逾六百万，居其大半，都是刘晏所致。又见盐法内钱粮有余，即挪借为漕运脚价，以省民间之费。自江淮起运至渭桥入仓，大率每粮一万斛用脚价七千缗，俱在榷盐内取给，用度饶足，而民不知劳。又自淮以北，于沿河地方列置巡察衙门，选择有才干的能吏为知院官，专管漕运。漕舟所至，并未尝烦扰州县百姓，而事无不集。其区画之善如此。按唐室理财之臣以晏为称首，即后世盐法漕运之详，亦皆其所创遗也。国家生财自有大道，惟是躬行俭德，戒奢靡，节赏赉，生之众而食之寡，为之疾而用之舒，则惟正之供，自足以充有经之费，公私俱利，而上下相安，固不必为巧术以夺民也。

今评 刘晏把第五琦开创的食盐官运官销制，改革为民产官督商销制，即由朝官在盐场统一收购，经加价加税后，再让盐商自由运销（有私销限价规定），这就杜绝了各地方官吏垄断食盐，以盐权牟取私利自肥的腐败行为，使盐利收入尽入国库。食盐是人人必须购食的商品，全国几千万人口年均摊六百万缗盐税，人均只有几十文钱，这对大多数来说不会感到厌苦。刘晏利用巨额盐利的盈余雇佣船工运输漕粮，具有舒养民力的积极作用，使农民有承受盐贵的能力。刘晏是把财赋、盐利、漕运等作为一根链条进行全盘考虑的，确实是一位卓越的理财家。

李正己畏上威名，表献钱三十万缗；上欲受之恐见欺，却之则无辞。崔祐甫请遣使慰劳淄青将士，因以正己所献钱赐之，使将士人人戴恩；又诸道闻之，知朝廷不重货财。上悦，从之。正己大惭服。天下以为太平之治，庶几可望焉。

张居正讲评 德宗即位之初，锐意太平，不似代宗姑息，一时藩镇闻风震悚。平卢节度使李正己，自来专制一方，不供贡赋，至是畏惧德宗之威，乃上表献钱三十万缗，先以货财窥视朝廷的意向。德宗欲受之，恐谓朝廷好利，反见其欺侮；欲却之，又恐显示拒绝，难于措辞。乃与宰相崔祐甫商议，祐甫对说："朝廷举动四方所观，今固不可受之以堕其计，亦不可直却之以疑其心。请遣一使臣，往淄青慰劳正己部下将士，就将正己所献的钱赐之，使彼中将士人人感上恩德；又使各藩镇闻之，知朝廷不重货财，一以破奸雄之计，一以收天下之心，计莫便于此矣！"德宗悦祐甫之言，即行其计。正己知朝廷有人，乃大惭服。是时，天下闻之，都说德宗英明果断，将大有为，太平之治庶几可望焉。按祐甫此言，能通达国体；曲中几宜，使强臣悍将帖然心服，可谓善于谋国者。然惟德宗初志清明，能虚心任贤，推诚尽下，故祐甫得行其言如此。其后信用卢杞，一致朱泚

之变,再激李怀光之逆,乘舆播迁,宗社几危。故此一德宗也,任祐甫则几以兴,任卢杞则几以亡。人君用人听言,可不慎哉。

今评 李正己向朝廷献钱三十万缗,可能带有试探性质,但朝廷作出了巧妙而得体的处理。这是朝廷与藩镇之间一次政策性斗争,形势极有利于朝廷的统一事业。可惜德宗缺乏明君之道,不数年反把国家弄得大乱。

卷之十八 唐纪

卷之十九

唐 纪

德 宗

　　唐初，赋敛之法曰租、庸、调，有田则有租，有身则有庸，有户则有调。玄宗之末，版籍浸坏，多非其实。及至德兵起，所在赋敛，迫趣取办，无复常准。赋敛之司，增数而莫相统摄，各随意征科，自立色目，新旧相仍，不知纪极。至是，炎建议作两税法：先计州县每岁所应费用，及上供之数而赋于人，量出以制入。户无主、客，以见居为簿；人无丁、中，以贫富为差；为行商者，在所州县税三十之一，使与居者均，无侥利。居人之税，秋、夏两征之。其租、庸、调、杂徭悉省，皆总统于度支。上用其言，因敕令行之。

张居正讲评　这一段是记唐时设制两税赋法缘由。版籍，即今黄册。主，是土居。客，是流寓。唐时人丁，以十六岁为中男，二十一岁为成丁。度支，是总理财政之官。唐初，赋敛之法叫做租、庸、调。每丁授田百亩，计亩起科，上纳田粮，谓之租，即今之地粮也。每人一丁一年有二十日在官差使，若免了差使，每日折绢三尺，谓之庸，即今之丁银也。每户各随其所出，上纳绫、绢等项，谓之调，即今之门银也。当时粮差只有这三样，再无别项科派，行了百余年。至玄宗之末，法久弊生，版籍已渐坏了，所载田地户口，多非实数。及至肃宗至德年间，兵戈纷扰，用度烦费，各处追征钱粮，催督紧急，当时取办又无一定之法，添设许多钱粮衙门，如盐铁度支、转运等使，都不相统摄，各人任意征科，自立名目；旧管衙门派了一番，添设衙门又派一番，新旧相仍再无休息，非复唐初租庸调之制矣。至是宰相杨炎建议，改为两税之法，先算各州各县每年应该存留费用若干，又算起运上供钱粮该用若干，而后取之于民；量其出之多寡，以为入之轻重，户不分土著、流寓，只查见居何州县，即上册寄籍；人不分成丁、中男，只审其家之贫富以为差等；为行商者，所在州县估其货物，三十分中抽取一分，使与居民

德宗

一样应役，不得傥倖便利。至于居民赋税，分为秋、夏两季追征，故谓之两税。其租、庸、调旧法，并后来加派杂徭，尽为罢革。天下财赋，都着度支总领，别项添设使职不得专制，其所议如此。德宗以为便民，即于登极改元赦令中，即将此条开载，命各处守臣查核百姓丁产等级，通行此法。由是两税定赋，遂为历代相沿通制，以迄于今矣。

今评 杨炎创立的两税法，是唐代赋税制度与财政制度的重大改革，后世多沿袭其制。两税法将租庸调三项内容改为地税和户税两大类。它把以人丁为本的剥削制改为按财产多少征税，既增加了赋税的合理性，也减轻了封建国家对农民的人身控制，是一种历史的进步。两税法也扩大了纳税面，使原来不负担国家赋税的不课户及逃亡客户等均需按家庭拥有的财产纳税，增加了国家的收入，对解决财政困难有利。两税法是根据国家财政支出额而确定征收税额，摊派给各地征收，它确立了初步的预算体制；收支由中央与地方共同构成，明确划分数额，有巩固中央集权，削弱地方割据的倾向。

卷之十九 唐纪

使司：指转运使治事的官署。转运使系唐初设置，主管漕政，后与主管工商税收的度支使及管理农业税收的户部，合称三司，成为唐朝中央政府总理财政的最高机构。

初，安史之乱，数年间，天下户口什亡八九，州县多为藩镇所据，贡赋不入朝廷，府库耗竭。中国多故，戎狄每岁犯边，所在宿重兵，仰给县官，所费不赀，皆倚办于晏。晏有精神，多机智，变通有无，曲尽其妙。常以厚值募善走者，置递相望，觇报四方物价，虽远方，不数日皆达使司，食货轻重之权，悉制在掌握，国家获利而天下无甚贱甚贵之忧。

张居正讲评 县官，指朝廷说。不赀，是无量的意思。觇，是窥视。德宗时，刘晏为转运使，专理财赋。初，安禄山、史思明作乱，数年之间，兵戈扰攘，百姓死亡逃窜不可胜数，天下户口十减其八九，税粮无从出办，又州县多为藩镇所据，贡赋都自占用，不供给朝廷，所以府库之财，日加耗竭。且中国多事，每有征讨；又戎狄岁岁犯边，各处调重兵屯宿防御，军饷都仰给于朝廷，所费不可限量，凡一应军国之费，都只靠着转运使刘晏一人经理。然刘晏素有精神，能理烦治剧，又多机识，能随机应变，凡天下财货，有无通融都设法区处，曲尽其妙。常谓公私所以不足，只是物价未平，或甚贱甚贵，莫能流通故耳。乃多用工食雇募善走之人，沿途设递相望不绝，使窥探四方物价，星夜传报，虽在远方，不数日都达转运使司。一应粮食货物，如某处多余则官为之疏通，使不至太贱；某处缺少则官为之接济，使不至太贵，一轻一重之权，皆在其掌握之中。自是利归于官，既可以佐国家之用，而物价常平，天下亦无甚贱甚贵之忧，盖公私俱便矣。

今评 刘晏在成功地改革漕运和盐政的同时，又针对天下食货公私不足和物价不平进行治理。他治理物价不平的办法,是从调查了解各地物产的丰歉贵贱入手,并建立了一套调查了解市场信息的制度,积极为之疏通理顺。这是封建社会总理财政的卓越创见,对现代发展市场经济亦有启迪作用。

晏常以为:"办集众务,在于得人,故必择通敏、精悍、廉勤之士而用之;至于句捡簿书,出纳钱谷,事虽至细,必委之士类;吏惟书符牒,不得轻出一言。"常言:"士陷赃贿,则沦弃于时,名重于利,故士多清修;吏虽廉洁,终无显荣,利重于名,故吏多贪污。"然惟晏能行之,他人效者终莫逮。其场院要剧之官,必尽一时之选。故晏没之后,掌财赋有声者,多晏之故吏也。

张居正讲评 句捡,是查理。符牒,即文书。刘晏为转运使时,常以为办集众事,在于得人,故其经理财赋,必选择一般通达敏捷、精力强悍又廉洁勤励的人,方肯委用。至于查理文书、收放钱粮有干系要紧处,事虽至小,必委那读书出身的士人掌管;其左右掾吏只令书写文牒,不许轻出一言,有所干预。所以然者为何?晏常说:"士人所志远大,爱惜名节,一陷赃私贿赂,犯了清议,即沦弃终身,不为时用;他看得名重似利,故多务清修,纵使居财货之地,不肯便去干染。吏胥资革原卑,虽苦行廉洁,也终不得显荣;他看得利重似名,故多有贪污,若使掌管钱粮簿书,定是有弊,所以只用士人,不用吏胥。"然其理财之法,惟晏能行之,他人效之者终莫能及。其船场、巡院要紧繁剧之官,晏俱加意拣择,必尽一时之选,不肯轻授一人。故自晏之后,但是掌管财赋有名的人,多是他旧日属官,其能用人如此。按刘晏用人之法,不止可施于理财,即帝王治天下之道,亦不外此。然士人固多为名,亦由上人爱重他,故不肯苟且;吏胥固多为利,亦由上人轻贱他,故无所顾惜。如两汉之时,经术吏治相兼进用,往往有起自刀笔为名臣者。可见人才之用无常,全在上之人所以鼓舞作兴者何如耳。此又用人者所当知也。

今评 刘晏所谓的吏好利而贪,士好名而廉,也不尽然。其实士之为官而贪者大有人在,甚至官做得越大贪贿越多。

晏又以户口滋多,则赋税自广,故其理财常以养民为先。诸道各置知院官,每旬月,具州县雨雪丰歉之状白使司,丰则贵籴,歉则贱粜,或以谷易杂货供官用,及于丰处卖之。知院官始见不稔之端,先申,至某月须若干蠲免,某月须若干救助,及期,晏不俟州县申请,即奏行之,应民之急,未尝失时,不待其困弊、流亡、饿殍,然后赈之也。由是民得

安其居业,户口蕃息。

张居正讲评 知院官,是各道掌巡察的官。买谷米叫做籴,卖谷米叫做粜。不稔,是谷不熟。史臣记说刘晏理财,不是敛民以足国,以为财用不足皆户口消耗之故,若户口滋多,则生之者众,赋税自广,何患不足,故其理财常以养民为先。于诸道各设知院之官,使时时巡察州县利病,每旬月,必开具州县雨雪丰歉之状关白使司,如丰处谷米有余则增价而籴,使不积于无用;歉处谷米不足则减价而粜,使不苦于艰食;或歉处多杂货,就将谷米易买之彼中,以供官用;或丰处少杂货,就将所易的于彼处卖之,其有无相济,变通不滞如此。又以民之饥荒,朝夕待哺,若待其申请而后济之,则展转废时,民不沾惠,乃令知院官先时巡察,才见某州某县有凶荒不熟的端绪,便预先酌量分数申报使司,某处须蠲免几何,某处须救助几何,晏即预为经理。至期,不待州县申请,就奏行蠲免救助,应民之急未尝后时,不待其困弊、流亡、饿殍,然后赈恤之也。自是民得安居乐业,无流离死徙之患;户口日益蕃息,比初时增了三分之一,而赋税渐广,国用充足矣。夫自古言利之臣,莫不以聚敛为富国,以蠲助为病国,卒之国与民两受其病。晏独以养民为先,通其有无,时其蠲助,使天下沾实惠,而国亦未尝不足,可谓知理财之要矣。有天下者,慎无剥民以富国哉。

今评 从西汉到唐代已有"常平仓"之设,任务是平籴平粜,维持社会粮价的稳定。刘晏基于理财以养民为先的认识,大力改革推行"常平法"。刘晏对贵买贱卖的"常平法",表面上似乎对官家无利,需要付出一定费用,实则使百姓避免了粮食太贵或太贱的危害,使社会安定,最终保证了国家赋税日益增多。刘晏堪称裕民富国的理财家。

扬子:今江苏扬州市。

晏于扬子置十场造船,每艘给钱千缗。或言:"所用实不及半,虚费太多。"晏曰:"不然,论大计者,固不可惜小费,凡事必为永久之虑。今始置船场,执事者至多,当先使之私用无窘,则官物坚牢矣。若遽与之屑屑较计锱铢,安能久行乎!异日必有患吾所给多而减之者,减半以下犹可也,过此则不能运矣。"其后五十年,有司果减其半;及咸通中,有司计费以给之,无复羡余,船益脆薄易坏,漕运遂废矣。晏为人勤力,事无闲剧,必于一日中决之,不使留宿。后来言财利者皆莫能及之。

张居正讲评 扬子,即今直隶仪真地方。锱,是八两。铢,是半分。史臣记刘晏为转运使,于江、汴、河、渭各造运船,在扬子地方置十处官场造船,每船一只给与料价钱千缗。或曰:"造船所用实不及五百缗,恐虚费太多。"刘晏说:"不然,费用固当节省,然论大计者不惜小费,人凡举一事,必须为永久之虑，不要只算目前。今创立船场，执事人役众多，必先使他私用宽裕，不至窘急，则所造官物自然坚固完实。若屑屑计较于锱铢之微，使之无所利赖，必不乐就，且弊孔定不能革，徒使官物不得坚好，安能久行乎！后日掌漕运的必有患吾所给太多而减之者，若但减得一半以下犹可支持，若过一半则不能运矣。"刘晏没后五十年，有司果将造船之费减了一半，至懿宗咸通年间，有司估价犹以为多，乃计算他造船一只实费多少，照数给与，无复羡余。由是所造之船越发脆薄易坏，不能行远，而漕运之法遂废，果如刘晏之言也。刘晏为人勤敏强力，掌管天下钱粮，事务丛集，他不论事之优闲繁剧，必于当日决遣，不使留至明日；文移上下绝无停滞，吏胥人等无由作弊，因他才力过人，万事处置得法。一时国课充足，公私两便，后来言财利者皆不能及也。盖唐时善理财者莫过于刘晏，故史臣记其事独详。至于论大计不惜小费之语，真经国之远猷，万世所不可废也。盖天下之事，要图经久坚完，财必不可省，要图目前节省，事必不能就。世有动大众，兴大役，而以费半功倍，炫一时之功者，而不知其成易坏，则其费愈多，不惟无益而且有损者也。为国者可不察哉。

今评 漕运是关系当时国脉民命的大事，每年从江南向关中运送的数十百万石粮米，完全倚仗木船载运，可见造船问题是个重要环节。刘晏"论大计不惜小费"，看似浪费了一点，实际是从漕运的长远大计考虑的。

　　子仪为上将，拥强兵，程元振、鱼朝恩谗谤百端，诏书一纸征之，无不即日就道，由是谗谤不行。尝遣使至田承嗣所，承嗣西望拜之曰："此膝不屈于人若干年矣！"李灵曜据汴州作乱，公私物过汴者皆留之，惟子仪物不敢近，遣兵卫送出境。

张居正讲评 　　汴州，即今河南开封府地方。史臣记唐自安史之乱，宗社几亡，赖郭子仪克服两京再造唐室。那时大盗虽除，中外多事，子仪身为大将，总统兵马，功烈既高，声势又重，权倖小人如程元振、鱼朝恩等，平素嫌他不来附己，嫉妒他的功业，早晚在天子面前百般谮毁，说他强梁难制，恐为国患，天子心中不能无疑。然子仪忠顺小心，朝廷但有片纸召他无不即日起程，不敢时刻淹缓，与其余将帅拥兵倨傲者不同，由是天子知子仪纯心为国，无有他念，程元振、鱼朝恩虽终日谗谤，毕竟不听信他。是时藩镇跋扈，魏博节度使田承嗣最称强悍，子仪尝遣使至承嗣处，承嗣西望之，指其膝谓使者说："此膝不屈于人久矣，今日特为令公下拜耳！"又汴宋留后李灵曜，窃据汴州作乱，凡公私财货经由汴梁过者，都强夺留下，不肯放行，惟有子仪的物货乃不敢近，且遣兵护送出境，以防他盗。盖由其忠诚之至，无感不通。故上为主所信，而谗间者沮其谋；下为众所归，而强暴者服其德。不徒以其功绩之茂也。

德宗

今评 郭子仪曾多次因宦官在天子面前谗言而被罢贬,但他始终忍辱负重,贬而无怨,忠心扶唐。郭子仪的忠诚确为时所敬仰。但田承嗣、李灵曜对他的敬仰则与众不同,这两个跋扈的藩镇主要是慑于郭子仪的兵威。

校中书令考凡二十四,月入俸钱二万缗,私产不在焉;府库珍货山积。家人三千人,八子、七婿皆为朝廷显官;诸孙数十人,每问安,不能尽辩,颔之而已。仆固怀恩、李怀光、浑瑊辈皆出麾下,虽贵为王公,常颐指役使,趋走于前,家人亦以仆隶视之。天下以其身为安危者殆三十年,功盖天下而主不疑,位极人臣而众不疾,穷奢极欲而人不非之,年八十五而终。其将佐至大官,为名臣者甚众。

张居正讲评 中书令,是宰相职名。唐时考课之法,一年一考。颔,是点头。口傍为颐。颐指,是以口指使。史臣又记说郭子仪历事三朝,为中书令极品官,凡经二十四考,其久如此。官高禄厚,每月俸钱所入多至二万缗,其田庄房产所入还不在此数内,所以他府库中珍货堆积如山。家中人口多至三千,有八子、七婿,都做朝廷显官;诸孙数十人,每至子仪处问安,人多不能尽辩,只点头而已。当时领兵大将如仆固怀恩、李怀光、浑瑊辈,起初都在子仪麾下为偏裨小校,后来由子仪任用提拔,各以才能树立功业,皆为节度使、副元帅,封户数百,贵为王公。虽是这等贵盛,子仪还照先日颐指役使,令奔走趋命于前,如仆隶一般;即家人见此三人,亦以寻常仆隶视之,不觉其为王公也。是时子仪忠诚孚于人心,勋业盖乎宇宙,天下之势,悬衡在他一个人身子上,有他则天下安,无他则天下危,如此者将至三十年。唐祚所危而复安不至中绝者,子仪之力也。凡人勇略震主者身危,子仪则功盖天下而主不疑;凡人处高位者多惧,子仪则位极人臣而众不疾。晚年勋爵崇隆,子孙贵盛,其所自奉虽若穷奢极欲,然人亦皆视为宜然,不以为非也。年至八十五,竟以令终。其麾下将佐后来相继立功,至大官为名臣者甚众,不特浑瑊等数人而已。夫自古人臣建大功于国,苟非遇明昌之代,鲜有不蹈危疑之灾者。唐之中叶,肃、代及德,暗陋多忌,一时建功之臣若建宁之与定大计,光弼之荡除巨憝,皆鲜克令终,甚者父子不保,其时可知也。乃子仪忠义天值,一以至诚不二之心,始终不渝,卒至见信猜忌之主,安定国家,完名令终,可为万世人臣之矩范矣。

今评 说唐朝皇帝对郭子仪"功盖天下而主不疑",实不尽然。

初,上在东宫,闻监察御史陆贽名,及即位,召为翰林学士,数问以得失。时两河用兵久不决,赋役日滋,贽以兵穷民困，恐别生内变，乃上奏，其略曰："克敌之要，在乎将得其人；驭将之方，在乎操得其柄。将非其人者，兵虽众不足恃；操失其柄者，将虽材不为用。"又曰："将不能使兵，国不能驭将，非止费财玩寇之弊，亦有不戢自焚之灾。"又曰："无纾目前之虞，或兴意外之患。人者，邦之本也。财者，人之心也。其心伤则其本伤，其本伤则枝干颠瘁矣。"

张居正讲评 两河，是河南、河北地方。德宗初为太子在东宫时，即闻监察御史陆贽的才名。及即位，召为翰林学士，在禁中侍直，常常访问他以朝政得失。那时两河藩镇朱滔、王武俊、田悦、李纳连兵拒命，朝廷调各路兵马讨之，相持数年，胜负不决。军饷之费每月至一百余万，赋税差役日日滋多，民间不胜其苦。陆贽见师老财匮，人心不安，恐别生内变，乃上疏陈奏，其大略说："国家用兵，欲克敌制胜，不在兵之多寡，要紧在将得其人；朝廷驾驭将帅之方，又在操得赏罚之柄，以鼓舞激劝之。将非其人，则调练无法，调度失宜，兵虽多亦不足赖；操失其柄，则赏不当功，罪不当罚，将虽才亦不为用。"又说："主将若不能驱使兵士，朝廷若不能驾驭将帅，必至旷日持久，不能成功；不但虚费钱粮，养成危乱，且恐法度不行，终为大害，就如火一般，若不收敛戢灭，光焰一起反自焚烧，其灾非小。"又说："当今事体，不要只益兵讨贼，图解眼前的近忧；还恐或兴起意外的祸患。盖百姓是邦家的根本，必百姓安然后国安。财货是百姓的心，必轻徭薄赋，然后得民心之归向也。若征科太急，剥削太甚，则必伤民之心；民心既伤，则邦本不固，卒有异外之变，必土崩瓦解，不可收拾。譬如树木，其根本既伤，其枝条必皆颠瘁，无复生意矣。然则欲固邦本，岂可不救人心；欲救人心，岂可不轻赋役哉。"按陆贽此言，极为切要。盖将兵之权，由于将将；足兵之道，本于足民。二者内修外攘之大机也。德宗当强臣跋扈之时，以猜忌待群下，既无御将之权，而横征暴赋，竭泽以渔，又敛万民之怨，卒致播迁之患。非不幸也，可以为永鉴矣。

今评 781年对藩镇用兵，军费浩大，德宗又强征暴敛，长安骚动，百姓怨恨。陆贽正是针对当时军政决策上的失误和隐患而提出警告的。

又论关中形势，以为："王者蓄威以昭德，偏废则危；居重以驭轻，倒持则悖。王畿者，四方之本也。太宗列置府兵，分隶禁卫，大凡诸府八百余所，而在关中者殆五百焉。举天下不敌关中之半，则居重驭轻之意明矣。承平渐久，武备浸微，虽府卫具存，而卒乘罕习。故禄山窃倒持之柄，乘外重之资，一举滔天，两京不守。是皆失居重驭轻之权，忘深根固柢之虑。陛下追想及此，岂不为之寒心哉。今朔方、太原之众，远在山东；神策六军之兵，继出关外。今关辅之

德宗

间架：间架税。德宗建中四年（783）所征收之房屋税，为赵赞等人建议，税民房架作为军费补充。规定按屋宇两架为间，上等每间税钱二千，中等一千，下等五百。次年，在奉天宣布停止征收。

间，征发已甚，宫苑之内，备卫不全。万一将帅之中，有如朱滔、希烈，或负固边垒，诱致豺狼，或窃发郊畿，惊犯城阙，未审陛下复何以备之！陛下倘过听愚计，所遣神策六军李晟等及节将子弟，悉可追还；明敕泾、陇、邠、宁，但令严备封守，仍云更不征发，使知各保安居。又降德音，罢京师及畿县间架等杂税，则冀已输者弭怨，见处者获宁，人心不摇，邦本自固。"上不能用。

张居正讲评

陆贽又与德宗论关中形势，说道："王者虽以尚德为要，然必积蓄威力使人心詟伏，然后恩德可以宣布。若专用恩惠，偏废了威，则纪纲不振，而国势危。王者虽以四海为家，然必自居于重，以驭其轻，使天下之势在己，就如持着刀剑把柄在手，才得宰割方便；若轻重倒持，则必受制于人，而事势逆。夫王者建都所在，乃四方根本，必根本坚固，乃可以控制四方。故天下大势，当使王畿重，四方轻。昔太宗既定大业，于各路设置折冲诸府统率官兵，分属京师禁卫，总计天下诸府共有八百余所，而在关中畿辅之地者乃有五百。举天下之兵不及关中一半，使京畿之势常重，四方之势常轻，其居重驭轻之意明矣。自后承平渐久，武备浸微，虽府卫之名犹存旧制，而兵马缺乏，不复练习。至于玄宗崇尚边功，强兵劲卒尽在北边，于是天下大势偏重在外，京师反轻了，就如倒持刀剑，以把柄递与人的一般。于是安禄山窃倒持之柄，乘外重之资，一旦举兵叛逆，其势汹涌，恰如洪水滔天，东西两京相继失守。所以致此者，皆因畿辅空虚，禁兵单弱，失居重驭轻之权，忘深根固本之虑。故意外之变起于仓卒，征兵四方急不能救，前事不远可为明鉴。陛下若追思及此，岂不为寒心哉。今拱护京畿止有朔方太原诸镇，守卫宫阙止有神策六军，自两河用兵以来，先后调遣马燧、李怀光统率朔方、太原之众，远在山东；李晟、马燧、哥舒曜统神策六军之兵，继出关外。关辅之间，征发兵粮，搜括太甚；官苑之内，禁军尽出，守卫多缺，腹心之地空虚至此。万一各镇将帅中，有如朱滔、李希烈之辈，生心不轨，或是负固于边垒，诱引蕃夷合谋入寇，或是窃发于郊畿，乘虚作乱，惊犯城阙，那时京畿无出征之师，仓卒又不能入援，不知陛下将何以备之！祸机所伏，真可为寒心也。陛下倘误听臣之愚计，所遣神策六军将士李晟等，并近日节将子弟召遣东征者，尽数取回，以守卫宫阙。明诏泾原、陇右、邠宁三镇只着严备封守，再勿调发，使知各保安居，皆有固志。又降恩诏，将京师及畿内各县近日所添间架等项杂税，尽为停罢，庶乎民之已输纳者可消怨望；兵之未调发者又得宁居。人心不摇，则根本牢固。四方藩镇从容图之，当渐次可平也。"陆贽此言，于当时事势甚为切当。德宗方锐意用兵，竟不能用。夫居重驭轻之势，在王畿固所当先，而防微虑患之机，在禁地尤为至要。士庶之家，门户堂室犹当严谨，况人主九重之居，而守卫不全，岂不深可虑哉！然当时所谓禁兵，自调征外虽列名尺籍，日给官饷，其实身居市井，自不知兵，虚名而已。以故泾原叛卒，称兵向阙，召禁军无一人至者，而车驾遂出奔矣。使早从陆贽之言，以根本为计，岂至是哉。

今评

陆贽所论及的"居重驭轻之道"实际上是封建国家中央集权统

治的核心问题。陆贽从总结唐朝前期内重外轻的历史经验出发，联系到德宗面临轻重倒置的严峻形势，提出应赶快强化关中兵力。但德宗既不懂历史这面镜子，又不知天下之大患，对陆贽的精辟忠告置若罔闻，终于使唐王朝再一次险遭颠覆。

上与陆贽语及乱故，深自克责。贽曰："致今日之患，皆群臣之罪也。"上曰："此亦天命，非由人事。"贽退，上疏，以为："陛下征师日滋，赋敛日重，内自京邑，外洎边陲，行者有锋刃之忧，居者有诛求之困。是以叛乱继起，怨讟并兴。陛下有股肱之臣，有耳目之任，有谏诤之列，有备卫之司，见危不能竭其诚，临难不能效其死；臣所谓致今日之患，群臣之罪者，岂徒言欤！"

张居正讲评 洎字，解做及字。怨讟，是怨谤。德宗时，因淮西节度使李希烈反叛，召泾原等道兵马讨之，泾原节度使姚令言统兵至京，其军士亦乘间作反。那时京师禁兵只有空名在籍，召之并无一人至者，德宗仓卒无计，遂出奔奉天以避之。姚令言就迎先任卢龙节度使朱泚为主，据了京师。朱泚日夜围攻奉天，德宗在围城中与陆贽说致乱根由，引为己过，深自切责。陆贽对说："今日之患，陛下固当引以自责，然使在位群臣各效其职，其祸必不至此。以臣看来，都是群臣之罪。"德宗又说："国家治乱亦有定数，先年，术士桑道茂预知朕有离宫之厄；说奉天有天子气，今日朕逃难至此，可见天数已定，非尽由于人事也。"贽退而上疏，说道："祸福之来，未有不因人事感召者。陛下三年之间，锐意讨贼，两河之役一时并兴，今日征师于泾、陇，明日征师于邠、宁，既无虚日；今日赋商钱僦质，明日税间架、陌钱，又无宁时。所以内自京邑，外及边陲，行军者委身于敌，有锋刃之忧；居家者输财于官，有诛求之困。人心汹汹，蚌孽日生，致叛乱之谋相继而起，怨谤之语杂然而兴。当是时，谁不知非常之变近在目前，只陛下不闻耳。夫朝廷设立群臣布列左右，正欲其事事尽言，人人尽职，持其危而扶其颠耳。今陛下大之则有股肱之臣，近之则有耳目之任，居言路则有谏诤之列，任兵戎则有备卫之司，平居高爵重禄未尝乏人，乃至见天下之危，皆闭口不言，谁能先事而竭其诚悃？当大难之冲又袖手无措，谁能临事而致其死力？至使乘舆播越，君辱国危，国家何负于臣，而泄泄若此。臣所谓致今日之患，皆群臣之罪者，信非徒言也。"按当时群臣非惟不能谏，不能死，实导之；其重敛也，以韦都宾、赵赞等；其禁兵不至也，以白志贞等；至欲以百口保朱泚之不反，则卢杞之罪尤有不胜诛者。然以贽之恳疏，而德宗犹不悟，复信杞言以激李怀光之变。唐祚之不振，其君臣皆不得辞其责矣。

今评 陆贽上奏的良苦用心是想让德宗自清君侧，追究宰相卢杞和禁军指挥白志贞的渎职罪。但德宗却听不进去，竟以天命为辞加以搪塞，这既推卸了自己的责任，也袒护了卢杞和白志贞的罪过。

"臣闻理或生乱,乱或资理者,有以无难而失守,有因多难而兴邦。今生乱失守之事,则既往而不可复追矣;其资理兴邦之业,在陛下克励而谨修之。何忧乎乱人,何畏乎厄运!勤励不息,足致升平,岂止荡涤妖氛,旋复宫阙而已。"

张居正讲评 理,是治。妖氛,是邪气,以比当时乱臣。陆贽疏中又说:"治乱之机,每相为倚伏,故有当治平之时,不期于乱,而或以生乱者;有遭危乱之祸,不期于治,而或以资治者;有因国家无难,而反失其守者;有因国家多难,而反以兴邦者。盖太平无事之时,君心怠肆,人事多不能修,故天降之祸,致生乱而失守;艰难多事之时,君心警惕,人事不得不修,故天降之福,致资理而兴邦,其机在人而不在天,此无足疑者。今日之患,正坐生乱失守之弊,其事已往,不可复追矣。其资理兴邦之业,则在陛下惕然自奋,以天命为必可回,以治平为必可复,兢兢业业,克励而谨修之,则转祸为福,捷于影响。寇兵虽炽,寻当伏诛,何忧乎乱人;大运虽危,寻当复泰,何畏乎厄运。且自此而益加勤励,勉勉不息,所以资理者在是,所以兴邦在是,升平之业,致之有余,岂但荡除邪秽,旋复宫室,仅仅守其故常而已哉。此臣所以断然谓天命由人,而重有望于陛下也。"夫德宗惑于术士之言,方谓人不可胜天,而贽疏中专以克修人事为主,诚不易之论矣。然人君当患难在前,其克修也易;当太平无事,其克修也难。故资理兴邦之业,在中主亦可庶几;而生乱失守之事,虽英君犹或不免焉。此复隍之戒,日中之忧,所以必于丰泰之时也。有制治保邦之责者,尚鉴于斯。

今评 德宗把祸乱归因于天命,实是懦夫的消极思想;陆贽劝德宗治乱在人为,才是难得的忠臣谏诤。

李怀光性粗疏,自山东来赴难,数与人言卢杞、赵赞、白志贞之奸佞,且曰:"吾见上,当请诛之。"既解奉天之围,自矜其功,谓上必接以殊礼。或以怀光之言告卢杞,杞惧,言于上曰:"怀光勋业,社稷是赖,贼徒破胆,皆无守心,若使之乘胜取长安,则一举可以灭贼,此破竹之势也。今听其入朝,必当赐宴,留连累日,使贼入京城,得从容成备,恐难图矣!"上以为然。诏怀光直引军屯便桥,与李建徽、李晟刻期共取长安。怀光自以数千里竭诚赴难,破朱泚,解重围,而咫尺不得见天子,意殊怏怏,曰:"吾今已为奸臣所排,事可知矣!"遂引兵去,至鲁店,留二日乃行。

【张居正讲评】 德宗以朱泚之乱,出幸奉天,贼兵攻围经月,城已将陷,那时得朔方节度使李怀光领兵入援,大败贼兵,奉天围解。怀光自山东来赴难时,思量这祸乱之由:皆因卢杞为宰相,处置乖方;赵赞领度支,赋敛繁重;白志贞掌宿卫,卖放禁军,遂使贼徒倡乱,车驾蒙尘,都是这三人所致。恨其欺君误国,心甚不平,途中常与人说:"这三个是奸佞小人,我这一去若见了天子,必然奏请诛之。"及解奉天之围,自矜其功,指望朝廷召入行在,待以殊礼,却不知已有人将他路上的言语,说与卢杞知道。卢杞大惧,即设一计,奏德宗说:"怀光功业乃社稷所倚赖,贼徒为怀光所败,已惊惧破胆,虽逃入长安,亦皆无固守之心,若使乘胜进取长安,则一举可以灭贼,而神都克复在即矣。今若听其入朝,须当赐宴犒劳,留连累日,使贼入京城,得以从容设备,恐难图矣。"卢杞之言,虽似有理,其实是怕怀光入朝说他罪过,故假此疏远之。德宗不悟其诈,只道他说的是,即诏怀光不必入城朝见,直引军进屯长安城外便桥地方,与各镇节度使李建徽、李晟连兵讨贼,刻期共取长安。怀光自以从数千里外竭忠远来赴难,破了朱泚,解了重围,如此劳苦有功,而离行官咫尺之近,不得一见天子,心中快快不乐,说:"我今已为奸臣所排陷,自此以后必不见信于朝廷,事可知矣。"遂引兵去,至奉天东南鲁店地方,逗留二日方行,盖已无心为国矣。夫当时奉天之围,真危急存亡之秋,怀光间关破贼,保车驾于围城之中,其功可谓大矣。德宗乃以卢杞之言不使一见,竟至于激反,岂不误哉。然卢杞之奸佞阴险,不独于怀光为然,如忌张镒之忠直,欲出之于边镇,则曰凤翔将校班秩已高,非宰相幸臣不能镇抚;忌颜真卿之德望,欲陷之于贼营,则曰真卿三朝旧臣,名重海内,人所信服。可见小人欲倾陷君子,若直指以为恶人,主未必肯信,必是阳称其美,以行排陷之计,然后听者不觉而堕其计中耳。此人主所当审察也。

【今评】 据史载,若李怀光晚到奉天(今陕西乾县)三日,德宗必为贼擒。怀光有如此大功,德宗却在咫尺之间不予接见,可见其昏庸。

上问陆贽以当今切务。贽以向日致乱,由上下之情不通,劝上接下从谏。又曰:"《易》,乾下坤上曰泰,坤下乾上曰否,损上益下曰益,损下益上曰损。夫天在下而地处上,于位乖矣,而反谓之泰者,上下交故也。君在上而臣处下,于义顺矣,而反谓之否者,上下不交故也。上约己而裕于人,人必悦而奉上矣,岂不谓之益乎!上蔑人而肆诸己,人必怨而叛上矣,岂不谓之损乎!"

【张居正讲评】 乾、坤、泰、否、益、损都是《易经》上卦名。德宗在奉天城中,思寇兵难退,贼臣尚据长安,乃召翰林学士陆贽,问当今拨乱反治,何者最为切务?陆贽以祸乱之兴必有由致,向日致乱,由上下之情不通,今日之务,莫有切于通上下之情者。因劝德宗接下从谏,凡文武群臣朝见的时候,必

特加延接，备询得失。至于上疏建言的皆曲赐嘉纳，惟取其有益于治，虽犯颜逆耳亦不必计也。又奏说："圣人作《易》别卦取象，皆有深意。乾卦在下，坤卦在上，合而名之曰泰卦。坤卦在下，乾卦在上，合而名之曰否卦。巽卦在上，震卦在下，叫做益卦，其象辞说，损上益下，民悦无疆。艮卦在上，兑卦在下，叫做损卦，其象辞说，损下益上，其道上行。夫乾，阳卦，其象为天，为君。坤，阴卦，其象为地，为臣。天在下，地处上，似于尊卑乖错，却反为泰者，盖天气下降，地气上升，则万物化生，就如君臣交而庶政谐和的一般，所以取通泰之义。君在上，臣处下，似于尊卑之义为顺，却反谓之否者，盖上泽不下流，下情不上达，则治道壅隔，就如天地闭而万物不生的一般，所以取否塞之义。损上益下，如何反谓之益，盖上能省约自己用度，轻徭薄赋，使民生家给人足，那百姓每必欢忻感戴，乐出所有以奉君上，这是君民两得其利，安得不谓之益乎。损下益上，如何反谓之损，盖上若蔑视下民，横征暴敛，唯图肆行己志，那百姓每必生怨咨，甚者至于背叛，这是君民两受其害，安得不谓之损乎。夫明于损益之义，则必散财得民，而君民之情可通矣。明于否、泰之义，则必虚己接下，而君臣之情可通矣。上下之情既通，将使和气充塞，万邦咸谧，何寇盗之足虑哉。"盖德宗天性严忌，以法绳下，不肯虚怀延访，与群臣相亲，故郡邑之志，不达于朝廷，朝廷之情，不通于殿陛，其上下之不交甚矣。又立间架、除陌之法，厚敛小民，聚天下之财，以充琼林、大盈二库，真所谓损下以益上者，是以群臣疑阻，众庶离心，逆贼内讧，强藩外叛，国之不亡者幸耳。否、泰、损、益之机，此非其大验耶。陆贽究祸乱之由，反复开陈如此，不特一时之急务，诚万世君道之大端也。

<kbd>今评</kbd> 自负与猜忌，是德宗性格的痼疾。陆贽劝谏德宗"接下从谏"，可谓对症下药之不朽良言。

贽以人君临下，当以诚信为本。谏者虽辞情鄙拙，亦当优容以开言路；若震之以威，折之以辩，则臣下何敢尽言。又曰："臣闻仲虺赞扬成汤，不称其无过，而称其改过；吉甫歌诵周宣，不美其无阙，而美其补阙。"又曰："为下者莫不愿忠，为上者莫不求理。然而下每苦上之不理，上每苦下之不忠。若是者何？两情不通故也。下之情莫不愿达于上，上之情莫不求通于下，然而下恒苦上之难达，上恒苦下之难知。若是者何？九弊不去故也。"

<kbd>张居正讲评</kbd> 仲虺，是商汤的臣。吉甫，是周宣王的臣。阙，是过失。陆贽因德宗以推诚待下为悔，又恶谏官彰己之过，恐其猜忌益深，言路益塞，故上疏说道："人君临御臣下，既赖之为股肱耳目，则当视之为腹心，一以诚信为本，无所猜防，乃是一体之义，正不当以推诚为失而悔之也。至于人君行政少有差失，为臣者分当谏诤，虽其词情鄙俗拙直，亦须曲谅其心，优容嘉纳，以开敢言之路。若是人君怀不信之心，而有拒谏之意，震之以雷霆之威，折之以

聪慧之辩,则臣下人人自危,谁敢尽言,以犯不测之怒,后虽欲闻其过失,何可得哉。"又说:"人君所以拒谏者,只是恶人说他的过失。盖不知过失人所必有,亦自不妨,只要知而能改耳。故仲虺作诰以美成汤,曰:'惟天锡王勇智,改过不吝。'吉甫作诗以诵周宣,曰:'衮职有阙,惟仲山甫补之。'夫仲虺不称汤之无过,而称其改过;吉甫不美宣王之无阙,而美其补阙,则过之不必讳亦明矣,而人君又何以拒谏为哉。"又说:"人臣以身许国,莫不愿忠于上,人君以身临民,莫不求至于治,其相须亦甚殷矣。然而下每苦上之不得其理,上每苦下之不尽其忠,这是何故?盖因上下之分,大相隔绝,两情不得相通故也。夫下之情莫不愿达于上,上之情莫不求通于下,其相遇宜甚易矣。然而下恒苦上之难达,上恒苦下之难知,又是何故?盖因上下之间,各有所失,其弊有九,不能尽去故也。"夫君臣本以义合,有了一弊,便为害义而不相合,况九弊不去,如之何能使两情之相通哉。然则为君为臣者,固当各去其弊,而感倡之机,又在人君以诚信为本而已。

今评 德宗见到陆贽的"劝上接下从谏"的奏疏后,很不以为然,于是陆贽又上奏章,婉转规谏,对君主待人以诚信为本的精义作了完备的解释。

"所谓九弊者,上有其六而下有其三:好胜人,耻闻过,骋辩给,眩聪明,厉威严,恣强愎,此六者,君上之弊也;谄谀,顾望,畏愞,此三者,臣下之弊也。"又曰:"谏者多,表我之能好;谏者直,示我之能贤;谏者之狂诬,明我之能恕;谏者之漏泄,彰我之能从。有一于斯,皆为盛德。"上颇采用其言。

张居正讲评 愎,是刚狠。愞,是柔怯。陆贽疏中又说:"君臣之情不通,固由于九弊之不去,然所谓九弊者,上之人有其六,下之人有其三。何谓上之六弊?一是好胜而不肯下于人;二是耻闻过而忌于直谏;三是骋辩给而折人以言;四是眩聪明而虞人以诈;五是厉威严而不能降情以接物;六是恣强愎而不能引咎以受规。这六件是君上的弊。何谓下之三弊?一是谄谀以阿君之好;二是顾望以希君之宠;三是畏愞以避君之威。这三件是臣下的弊。君有此六弊,则日尊于上而不肯顾其下。臣有此三弊,则日卑于下而不敢通于上。堂陛之间,交相疑忌,两情何由而通,天下何由而理。然则欲求治者,必通两情;欲通两情,必去九弊而后可也。"又说:"人君纳谏不违,非以彰过,适足增美。故谏者之多,由我乐谏以来之也,岂不表我之能好;谏者之直,由我奖谏以励之也,岂不示我之能贤;谏者之不实,至于狂诬,由我能容之也,岂不明我之能恕;谏者之不密,至于漏泄,由我能用之也,岂不彰我之能从。四者有一于此,皆为盛德之事,传之天下,载之史册,人君所以继成汤之改过,绍周宣之补阙,而显令名于无穷者,皆自此而得之矣。然则谏亦何亏于圣德,而顾欲讳之哉。"此疏既上,德宗感其言,颇采用之。按陆贽此疏,所以救德宗猜疑之失,而广其纳谏之路者,可谓恳

切而著明矣。至所谓两情、九弊、四盛德之说，又可为万世之药石，不独为德宗发也。《易》曰："上下交而志同。"《书》曰："古从谏则圣。"自古及今，未有君臣乖疑，言路壅塞，而可以致治者。后世人君能以诚信感人，使臣下得毕志尽言，而无所疑惧，则两情通，九弊去，而盛德之事全矣，何太平之不可致哉。

今评 陆贽所论君臣关系中存在的"九弊"、"四盛德"，是围绕着纳谏而说的，其中的主要矛盾方面是君主。

陆贽言于上曰："今盗遍天下，舆驾播迁，陛下宜痛自引过以感人心。昔成汤以罪己勃兴，楚昭以善言复国。陛下诚能不吝改过，以言谢天下，使书诏无所避忌，臣虽愚陋，可以仰副圣情，庶令反侧之徒革心向化。"上然之，故奉天所下诏书，虽狂将悍卒闻之，无不感激挥涕。上又以中书所撰赦文示贽，贽上言，以为："动人以言，所感已浅，言又不切，人谁肯怀！窃以知过非难，改过为难，言善非难，行善为难。假使赦文至精，止于知过言善，犹愿圣虑，更思所难。"上然之。

张居正讲评 陆贽在奉天城中，奏德宗说道："今逆贼充斥遍满天下，车驾流离播迁，未还京邑，存亡安危，在此一举。向时朝廷行政用人，委有过误，所以人心离叛，祸乱遂成。陛下今欲拨乱反治，须是痛自引过，明告天下，以感动人心，方可转移。昔成汤遇七年之旱，祷于桑林，以六事自责，故能表正万邦，式于九围，王业勃然而兴。故虽贤圣之君，亦不以罪己为讳。楚昭王为吴兵所败，国灭出亡，国中父老送之，昭王说：'父老可都回去，我虽失国，尔辈何患无君。'那父老感其善言，相与从之，遂复宗社。故虽败亡之君，一有善言，亦可以保国。今日之事，不过劳陛下一言而已，何惮而不为乎。陛下果能不吝改过，以言谢天下，使赦书诏令，痛为引咎自责之辞，无所避忌，臣虽愚陋，竭其思虑，亦可以撰拟诏章，仰副圣情，庶使反侧之徒，变其凶顽之心，而归向圣化也。"德宗是其言，后来奉天所下诏书，都是引过罪己，安抚人心的说话，各处藩镇，虽狂悖之将，凶悍之卒，听见诏书中的说话，无不感激流涕，投戈解甲，谢罪归降，而天下遂定矣。盖此时因改元肆赦，以故陆贽预有此请。德宗遂将中书省撰进赦文，与陆贽看，令其参酌详定。陆贽见赦文条款，多循旧套，不能动人，因奏说："朝廷平日无实惠及人，有事之时，只靠这几句言语动人，其所感已浅矣。若言语又只泛常，无痛切之实，则人亦将以故事视之，谁肯归服。故今所下赦文，不得不过为罪己之辞也。"因将改革事条，开具以进。又说："凡人有过失，能自家知道不为难，惟是知过而能改方是难事。言语辞令说得好不为难，惟是件件都能行方是难事。假使今日赦文，极其精切，亦止于知过言善而已，犹望圣虑更思其所难。过不止于能知，而期于能改；善不止于能言，而期于能行。庶乎人心可感，而太平可望矣。"德宗亦以为然，是以当时诏书感人如此之深也。按奉天赦文，实

出陆贽之手,至今读之,犹能使人感动。况其时强藩梗化,未必有心造逆,或为逸邪所间,或为将校所推,不能自明,激而为变,一旦见人主开诚悔过,其忠义之心,固自有感发兴起者,所以一闻诏令,相率纳款。唐之宗社,几亡而复存者,陆贽之力也。

【今评】 历代帝王常把"罪己诏"作为自己的遮羞布,成效很低。陆贽出于拨乱反正的需要,至诚地辅佐德宗规划罪己诏,一举获得了成功,可称得上是政治家的大手笔。

上于行宫庑下贮诸道贡献之物,榜曰琼林、大盈库。陆贽以为战守之功,赏赉未行而遽私别库,则士卒怨望,无复斗志,上疏谏之。上即命去其榜。

【张居正讲评】 行宫,是天子驻跸的所在。庑,是两边围廊。榜,是房屋上悬的牌额。德宗在奉天,攻围既解,贡献稍丰,乃于行宫两庑之下别造二库,将各道贡献之物积贮其内,以为私藏,因题其额:一边叫做琼林库,一边叫做大盈库。陆贽以为昨在重围之中,诸将卒外御凶贼,内守孤城,五旬之间,死伤无算,卒赖其力,以收战守之功。今日财货稍余,正宜与士卒同利,乃赏赉未行,遽私别库,恐士卒从此怨望,不复有死斗之志,天下事尚未可知也。乃上疏,言:"天子至尊,不当复崇私货;士卒嗜利,不可使有怨咨。"反复千余言,甚为剀切,德宗始大悟,即令撤去其榜,示以不复私蓄,以安众心。夫人君以四海为家,其所操自有大体,所享自有大利,非惟不当私蓄,亦有不必私者。唐自天宝后,王𬭚等岁进额外之钱,积大盈库以供人主燕私,遂使万乘之贵,下同有司之守,亏体诲盗,为鉴不远,正德宗所宜深省也;而又踵行于大难甫夷之日,何其谬哉。然是时犹能听贽谋,其后为裴延龄所惑,至分建六库,以便己私,而贽且以力谏罢矣,岂非其贪鄙之性,可制于忧患,而不可挽于安乐欤。诚万世所当戒也。

【今评】 从文字记载上看,陆贽似好切谏,德宗亦有纳谏之意。但事实上德宗只令人将匾额除去,而未立即将贡物赏赐给将士,可见仅为掩人耳目罢了。昨天他还在向守城将士声泪俱下许诺战后给与重赏,一旦解围,就把将士们的浴血功绩抛诸脑后。患难关头尚且如此忘义贪利,天下太平当可想而知。

萧复尝言于上曰:"陛下践阼之初,圣德光被。自用杨炎、卢杞浊乱朝政,以至今日。陛下诚能变更睿志,臣敢不竭力。倘使臣依阿苟免,臣实不能!"又尝与卢杞同奏事,杞顺上旨,复正色曰:"卢杞言不正!"上愕然,退,谓左右曰:"萧复轻朕!"遂命复充山东西、荆湖等道宣慰、安抚使,实疏

之也。

德宗在奉天时，以萧复为宰相。萧复为人忠诚正直，不肯阿顺取容，已为德宗所不喜；一日又奏德宗说："陛下即位之初，圣德昭明，光被海宇，天下想望太平。自从用杨炎、卢杞为相，炎则专以报复恩仇为事，杞又荧惑上听，排陷忠良，浊乱朝政，激成祸变，至今未已，天下皆知是此两人所致。今陛下诚能变更睿志，推诚纳善，图济艰难，臣敢不竭力辅导，以期匡复。若使臣依阿承顺以图苟免，不顾国家利害，则臣实不能也。"又曾与卢杞同在御前奏对，那卢杞所言都窥探德宗意旨，就顺那一边说去，全不管道理何如。萧复见其阿谀，即正色奏说："卢杞所言，不是正理！"德宗愕然而惊，退朝与左右说："萧复在朕前面斥卢杞，显然是轻朕！"至是乃托言迁幸以来，恐江淮远方传闻过失，欲遣重臣抚慰，乃命萧复以宰相职衔充山南东西、荆南等道宣抚，安慰使，着他巡历江南一带地方，宣布朝廷德意。委任虽重，其实是出之于外，以疏远之也。夫大臣事君，惟匡救为难，若要阿谀顺旨，谁不能为，况上可以结主之欢心，下可以保己之禄位，揆之人情，亦孰不愿。但朝廷设公卿辅弼之臣，君德治道视之以为隆汙，宁令阿意从欲，陷主于不义乎？古之大臣，所以忘身徇国，不惜苟免者，正以是耳。德宗乃以为轻君而斥之，忠邪倒置如此，欲求治安，其可得乎！

【今评】萧复奏事耿直，有话直说，有些忠言逆耳。德宗不识忠耿报国之臣，加以排斥，可见不能用贤。一个君王尚在流亡途中就如此贬忠谏之臣，若回到京师，谁还敢诤谏呢！

上在道，民有献瓜果者，上欲以散试官授之，访于陆贽。贽上奏，其略曰："自兵兴以来，财赋不足以供赐，而职官之赏兴焉；青朱杂沓于胥徒，金紫普施于舆皂。当今所病，方在爵轻，设法贵之，犹恐不重，若又自弃，将何劝人！若献瓜果者亦授试官，则彼必相谓曰：'吾以忘躯命而获官，此以进瓜果而获官，是乃国家以吾之躯命同于瓜果矣。'视人如草木，谁复为用哉！"

散试官，是有职衔而不管事的官。青朱、金紫，都是官员服色。胥、徒、舆、皂，都是衙门中役使的人。德宗既解奉天之围，李怀光恃功怨望，又率众作乱，先遣其将赵升鸾入奉天约为内应。浑瑊知其谋，急请德宗幸梁州以避之。德宗在路上，有百姓以瓜果献者，德宗感其意，欲以散试官授之，问于陆贽。陆贽上疏，其大略说道："国家所重者在名器，祖宗时未尝轻以与人。自兵兴以来，财赋缺乏，不足以供赏赐，乃权以官爵酬之，而职官之赏兴焉。其后滥施无度，日甚一日，穿青衣朱者纷杂于胥徒，拖金纡紫者遍及于舆皂，名器之亵莫甚于此。今日之病正坐爵轻，朝廷设法以贵之，尚恐流弊已久，不能使重，况又自弃其法，将何劝人。且前此所授，犹谓其有死战之功也然且不可，今

若献瓜果者亦以此授之，则彼有功者必相谓曰：'我辈竭力排难，忘了躯命，仅得此官，他只进些瓜果也得此官，是国家以我辈躯命止值一瓜果矣。'视人如草木，后虽欲用人，谁肯复为用哉，此臣所以断谓其不可也。"按古之官人者，论定然后官之，任官然后爵之，自一命以上，非其人则不轻授，其重如此，士犹有轻之而不乐就者。后世或以入粟拜官，或以有功代赏，或以恩泽累赐，市井小夫，朝游里巷，而夕被章服，是朝廷先自轻之，欲人知所重而乐为用也，不亦难乎。陆贽此言，可谓切中时弊。诚万世人君所当省也。

今评 陆贽的谏阻，抨击切中时弊，论说精辟，比喻深刻，值得后世主政者滥置官职、官比兵多现象的警戒。

卷之二十

唐 纪

德 宗

陆贽在翰林，为上所亲信，居艰难中，虽有宰相，大小之事上必与贽谋之，故当时谓之"内相"。然贽数直谏，忤上意，卢杞虽贬官，上心庇之。贽极言杞奸邪致乱，上虽貌从，心颇不悦，故刘从一、姜公辅皆自下僚登用，贽恩遇虽隆，未得为相。

张居正讲评 史臣记陆贽为翰林学士，日侍左右，为德宗所亲信。德宗在艰难危急之中，全仗陆贽谋划，虽有刘从一等为宰相，及遇军国大小事务，德宗必与陆贽商议。盖当时中书、门下两省，有宰相佐理万机，而陆贽以学士入直禁中，参预密勿，其任与宰相等，故当时称之为"内相"。虽是这等信用，然陆贽以道事君，不肯阿谀，遇事有不可，每每直言匡谏，致忤上意。卢杞为宰相专事容悦，为主上所喜，后虽因李怀光上表迫胁不得已贬其官，然德宗心里还庇护他。陆贽极言卢杞奸邪不忠，酿成祸乱，德宗外面虽勉强依从，心颇不悦，道他说得不是。故刘从一以吏部郎中，姜公辅以翰林学士，皆自下僚登用为宰相，陆贽恩眷礼遇虽隆于二人，而未得为相，以其直谏忤旨故也。夫德宗在艰难之中，事事倚仗陆贽，非不知其忠，但以其直言违拂而惮之，遂忘其忠。见中外人心汹汹，皆为卢杞乱政，亦岂不知其佞，但以其甘言承顺而悦之，遂不觉其佞耳。可见任贤勿二，去邪勿疑，信非圣人不能也。要之直臣之事君，譬如药石，一时虽觉苦口，终赖之以保身；佞臣之事君，譬如美味，一时虽觉爽口，终因之以致病。所以古之帝王舍己从人，虚心任下，不拒逆耳之言，不罪拂意之谏，正为此耳。若德宗者，真可为明戒也。

今评 张居正评论德宗是用贤不专，存有二心；既贬奸臣犹加庇护，实不疑也。德宗的这种心态，当然毫无君德可言，完全是小人妒忌心肠，市侩习气。

李晟家百口及神策军士家属皆在长安，朱泚善遇之。军中有言及家者，晟泣曰："天子何在，敢言家乎！"泚使晟亲近以家书遗晟，曰："公家无恙。"晟怒曰："尔敢为贼为间！"立斩之。军士未授春衣，盛夏犹衣裘褐，终无叛志。浑瑊帅诸军屯奉天，与李晟东西相应，以逼长安。

张居正讲评 这一段是记李晟为国排难，不顾其家的说话。初，朱泚既据长安，河北行营节度使李晟闻车驾播越，急引神策军从河北入援奉天。那时晟家属百口及神策军士家属都在长安城中，朱泚欲以计诱之，乃以金帛存恤其家，待之甚厚。然晟一心为国，绝不以家为念，军中有言及家者，晟即涕泣而告之说："我辈受朝廷厚恩，就使国家无事，犹当公而忘私，今天子在何处，尚敢言其家乎！"泚尝使晟吏王无忌婿持家书诣晟营，谓晟说："公家俱平安无事。"晟大怒说："今万乘蒙尘，我为臣子恨不能一举灭贼，以雪国愤，敢顾其家；汝乃与贼为反间乎！"立命军中斩之。是时军势孤危，钱粮欠缺，军士未得春衣，盛夏犹披裘褐。晟能与下同苦，以忠义感发其心，所以士皆奋激，终无叛志。晟既矢心破贼，屯军东渭桥，而浑瑊又帅诸军西屯奉天，两军为掎角，东西相应，以逼长安，于是军威稍振，始有恢复京师之望矣。按是时，朱泚、李怀光连兵，声势甚盛，车驾再迁，人情扰扰。晟以孤军处二强寇之间，内无资粮，外无救援，而人心益奋，气不少衰，卒成恢复之业者，徒以一念忠义有以激之也。向使晟有一毫私家之念，人谁不解体乎！若晟者可以为纯臣矣。

今评 张居正评赞李晟为纯臣。纯在什么地方？纯在急从河北千里回军勤王，稳定了关中形势；纯在毫无私家之念，不为敌寇诱惑所动；纯在不惧敌强我弱，矢志破贼；纯在能以忠义激发将士，共雪国愤；纯在能与部下同甘共苦，克服困难。最终成为这一时期挽救危局的关键人物。

上欲为唐安公主造塔，厚葬之，姜公辅表谏。上使谓陆贽曰："唐安造塔，其费甚微，非宰相所宜论。公辅正欲指朕过失，自求名耳。相负如此，当如何处之？"贽上奏，以为："公辅任居宰相，遇事论谏，不当罪之。"上意犹怒，罢公辅为左庶子。

张居正讲评 德宗南幸梁州，长女唐安公主病没，德宗欲造塔厚葬之。宰相姜公辅以车驾蒙尘，兵食不给，乃糜费钱粮以事无用，因上表论谏。德宗怒其忤旨，遣使问陆贽说："唐安造塔，其费不多，似无关系，非宰相所宜论谏。公辅乃上表陈奏，岂真为国家惜费，不过欲指朕之过失，显得他直言无隐，以自求名耳。朕拔擢公辅，倚为腹心，乃负恩如此，必不可容。卿谓当如何处置？"德宗此意，盖欲加之以罪也。陆贽乃上奏，以为："公辅任居宰相，凡国家政事不论大小，都是他的责任。所以遇事论谏，不敢曲隐，似宜优容，不当深罪也。"德宗闻此言，虽勉强曲从，而怒犹未解，竟罢公辅为左庶子。夫宰相辅佐人主，以绳愆纠谬为职，只当论理之是非，不当计事之大小。况造塔之役，一则崇尚异端，违圣王之典训；一则虚费财力，竭百姓之脂膏。真所谓作无益以害有益者。其事虽微，而关系则甚大，为公辅者岂得无言。德宗不能嘉纳，乃以指过求名恨之。夫人臣事君，惟恐不能将顺其美，岂忍指君之过以求名。惟是暗惑之主，讳其过行，故深忌而不欲闻耳。公辅之守正不阿、陆贽之惓惓开导，皆可以为后世法。

今评 德宗在流亡的艰危途中，提出要为死去的女儿造塔和厚葬，本属荒唐。姜公辅谏阻之，而德宗竟以"指过求名"为词，加罪于姜公辅，真是暗惑之君。

卷之二十 唐纪

贽上奏，其略曰："以一人之听览而欲穷宇宙之变态，以一人之防虑而欲胜亿兆之奸欺，役智弥精，失道弥远。项籍纳秦降卒二十万，虑其怀诈复叛，一举而尽坑之，其于防虑，亦已甚矣。汉高豁达大度，天下之士至者，纳用不疑，其于备虑可谓疏矣。然而项氏以灭，刘氏以昌，蓄疑之与推诚，其效固不同也。秦皇严肃雄猜，而荆轲奋其阴计；光武宽容博厚，而马援输其款诚。岂不以虚怀待人，人亦思附；任数御物，物终不亲！"

张居正讲评 陆贽见德宗欲追寻贼党，防虑太深，故因其问及，上疏谏之。其大略说："今车驾蒙尘，人心未定，凡有涉险远来者，正宜开诚优纳，不复猜疑，方是君人之道。若欲以一人之聪明而穷宇宙间之变态，以一人之防范而胜亿兆人之奸欺，则其势必不可穷，其力必不可胜。用智愈精，失道愈大，甚非所以收拾人心也。臣请以往事喻之：昔楚霸王项籍与汉高祖共起兵灭秦；项籍是个多疑的人，未到关中坑了秦卒二十万，恐其怀诈复叛，乃于新安城南一举而尽坑之，其防患如此之密。汉高祖是个明爽远量的人，凡天下士来归者，皆纳用之而不疑，其备虑如此之疏。然而项籍卒败于乌江，汉高祖卒代秦而有天下，这是何故？盖项氏蓄疑而不能任人，人亦以疑应之，安得不灭；高祖推诚而善任人，人亦以诚应之，安得不昌，其效自不同也。又有秦始皇为人严肃雄猜，以刀锯鼎镬待天下之士，宜人之不敢犯矣，然燕太子使荆轲假说献燕图籍，直到秦庭行刺，秦皇几不能免。汉光武为人宽容博厚，无所猜防，宜人之易欺矣。然隗嚣使马援来谒光武，觇其动静，援见光武度量恢弘，即知帝王有真，倾心献其诚款。若此者，岂不以光武开虚心以待人，故人皆愿为依附，秦皇任术数以御物，故物终

不敢相亲,亦自然之效也。夫观高祖、光武之所以兴,秦皇、项籍之所以亡,则陛下今日惟当推诚虚纳以收人心,何可过为防虑,蹈秦项之覆辙哉。"按陆贽此言,非特救德宗之失,实万世人君之要道也。盖四海至广,人君以一身临之,非宽弘不能容物,非诚实不能感人。况虚怀者亦未尝不察天下之隐,推诚者亦未尝不烛天下之奸,正不必屑屑猜防,而后可以得天下之情伪也。古之帝王所以范围一世者,皆不出此,不独汉高、光武为然。君天下者可以知所务矣。

今评 陆贽把"蓄疑与推诚"问题与历史经验相结合,而作出的"役智弥精,失道弥远"的观点,虽是针对德宗的痼疾而说的,但值得后世治国者借鉴,也值得那些惯于以权术处世者戒。

又曰:"陛下智出庶物,有轻待人臣之心;思周万机,有独驭区寓之意;谋吞众略,有过慎之防;明照群情,有先事之察;严束百辟,有任刑致理之规;威制四方,有以力胜残之志。由是才能者怨于不任,忠荩者忧于见疑,著勋业者惧于不容,怀反侧者迫于及讨,驯致离叛,构成祸灾。愿陛下以覆车之辙为戒,宗社无疆之休。"

张居正讲评 区寓,犹言海宇。陆贽又奏说:"蓄疑、推诚之效,往古既有明鉴矣。若乃陛下以至圣之德,固宜坐致太平,而乱犹未弭,化犹未洽者,盖亦有故焉。良以陛下睿智首出于庶物,便以为人莫己若,而有轻待人臣之心;思虑周及于万机,便以为无恃于人,而有独御海宇之意;谋可以兼包众略,往往虑及于意外,而有过慎之防;明可以照烛群情,往往视及于未形,而有先事之察;以严厉绳束群臣,即谓任刑可以致治,而不思尚德;以威武制服四方,即谓用力可以胜残,而不肯施惠。由是有才能者以上之不任而怨心生,怀忠荩者以上之见疑而忧心生,建功业而震主者即恐其不容,怀反侧而狐疑者又迫于见讨,上下相疑,衅端日长,以致中外离叛,构成祸灾,原其所以,皆一念猜忌之心为之也。陛下若能追咎以往之失,开诚布惠,以消群疑,譬如前面的车已覆了,后面的车不复蹈其辙迹。如此,则人心回向,而大难可平,实宗社无疆之休也。"盖德宗以聪察太过,致失人心,故陆贽以此为言。

今评 张居正评述德宗的过失是"聪察太过",致失人心。这里所说"聪察太过",即自负与猜忌太严重。陆贽诤谏,正是欲正其自负之心,纠其防范之术。

上谓陆贽曰:"浑瑊、李晟诸军当议规划,令其进取。"贽以为:"贤君选将,委任责成,故能有功。"乃上奏,其略曰:

"锋镝交于原野,而决策于九重之中,机会变于斯须,而定计于千里之外,用舍相碍,否臧皆凶。上有掣肘之机,下无死绥之志。"又曰:"君上之权,特异臣下,惟不自用,乃能用人。"

张居正讲评 掣肘是牵挽其手臂,不得自如的意思。绥是战车上所执的索。死绥,是死战而不退的意思。德宗以浑瑊、李晟统领重兵将向长安,乃与陆贽说:"浑瑊、李晟两人统兵在外,若不设个方略与他,恐一时进止难定。今当议其规划,遣使宣谕,着他遵奉行事,庶免临期有误。"贽以为:"国之安危,系于一将,惟恐不得其人;既得其人,便当委任责成,方可成功。若一一从中制之,则将权轻而不得展布,责其成功难矣。"乃上奏,其大略说:"兵势无常,不可遥度,惟在为将者,因时制宜,临敌决胜而已。今锋镝之变,远在原野,而欲决策于九重之中;机会之乘,变在顷刻,而欲定计于千里之外。则一用一舍,动相阻碍,或否或臧,皆蹈凶危。且上挠下柄有掣肘难运之机,则下苦中制,无效死勿去之志,败军之祸,往往坐此,关系非细故也。"又说:"君上之权,与臣下迥别。臣下为人所用,君上主于用人,惟推诚任下,不好自用者人乃乐为我用。若阃外之事,屑屑焉欲以一身专之,则不惟事多窒碍,亦失君上之权,恐非所以奔走天下之士也。夫自古国家用兵,未有大将受制于内而能立功于外者。所以古之贤君专务择将,既得其人则假以便宜,重其事权,曰闻以外将军制之,是以人乐为用而功易成。后世文网日密,议论日多,使手足不得展布,何以责其成功。汉时冯唐谓文帝虽得廉颇、李牧弗能用,亦是此意。"陆贽之言,将将者所宜深察也。

今评 德宗所说的要给进攻长安的军队制定规划,实际是想躲在山南的避难所里指挥千里之外的大军作战,这无疑是一种瞎指挥,是十分危险的。

庚寅,李晟大陈兵,谕以收复京城,遂引兵至通化门外。泚兵大至,晟纵兵击之,贼败走;再战,又破之。贼众大溃,姚令言帅余众西走,晟屯于含元殿前,令诸军曰:"晟赖将士之力,克清宫掖,长安士庶,久陷贼庭,若小有震惊,非吊民伐罪之意。"晟大将高明曜取贼妓,尚可孤军士擅取贼马,晟皆斩之,军中股栗。公私安堵,秋毫无犯。六月,晟遣掌书记于公异作露布上行在曰:"臣已肃清宫禁,祗谒寝园,钟虡不移,庙貌如故。"上泣下曰:"天生李晟,以为社稷,非为朕也。"

张居正讲评 通化门,是长安城门。股栗,是战惧之状。安堵,是安静不扰的意思。掌书记,是节度使幕下掌文书的官。露布,是报捷的表文,不用实封,露布于外,要使人都看见。虡(jù),是悬钟的架。兴元元年,以李晟为副元帅进讨朱泚,屯兵长安城外。至五月庚寅日,李晟大陈兵马,传布号令要刻日收复京城,遂调集各路官军,进至通化门外。朱泚之兵前来迎敌,李晟纵兵击之,贼遂败走,官兵乘胜追至光泰门,与之再战,又大破之,贼众大溃。朱泚与其将姚令言帅率败残之兵,出长安西走。李晟遂屯兵于含元殿前,因传令诸军说:"晟赖众将士之力,收京城,扫清宫掖,想这长安士庶久陷贼庭,幸得复圣朝,人人有乐生之望,若官军不知敛戢,稍有震惊,便非朝廷吊民伐罪之意。"李晟以此戒谕将士,使之遵守。适其部下大将高明曜取贼兵中妓女,商州节度使尚可孤军士擅取贼马,李晟便都拿来斩首示众。于是军中畏其威令,莫不战慄,官府民居安堵如故,秋毫无犯。远坊居民有经一宿方知官军入城者,其纪律严正如此。六月中,李晟命掌书记官于公异作露布表文,报捷于行在,中间叙说:"臣已扫荡贼氛,肃清宫禁,敬谒祖宗陵寝,宗庙之中钟虡不移,列圣庙貌犹如旧日。"这几句话是铺张恢复之功,以慰安朝廷的意思。德宗正在梁州见了这露布,且喜且悲,因泣下说:"天生李晟,乃是为再造我唐家社稷,非为朕也。"由是德宗驾还长安,天下遂定也。按德宗初以朱泚之乱幸奉天,继以怀光之叛幸梁、洋,山东河北群盗纵横,车驾间关险阻,命令不通,国之不亡者如线耳。一旦剪灭逆寇,克复神京,李晟之功可谓大矣。德宗徒知奖赏之于有事之时,而不能保全之于无事之日,卒之罹谗畏谷,几于不免,岂劝劳作忠之道哉。

【今评】 李晟之功与当年郭子仪收复长安一样,是又一次再造唐室帝业。无德无能的德宗正是靠了这些忠臣和倚仗世袭皇位的关系,才得以返回京城。但德宗先是不能容郭子仪,后来对李晟也是猜忌不信,确实有悖于"劝劳作忠"之君道。

时连年旱、蝗,度支资粮匮竭,言事者多请赦李怀光。李晟上言:"赦李怀光有五不可。"马燧自行营入朝,奏称:"怀光凶逆尤甚,赦之无以令天下,愿更得一月粮,必为陛下平之。"上许之。八月,燧帅诸军至河西,河中军士自相惊乱,怀光不知所为,乃缢而死。燧自辞行至河中平,凡二十七日。

【张居正讲评】 河西,即今陕西朝邑县。河中,是李怀光屯兵的地方,即今山西蒲州。德宗虽已克复长安,而李怀光反于河西,尚须征讨。那时连年旱、蝗,财赋无所出,度支钱粮缺乏,不足以供军需。于是言事者多请下诏赦李怀光,许其自新,庶可息兵省费。李晟上疏,言:"怀光罪恶滔天,法所必讨,且赦之有五不可:一、恐乘我不备,忽惊同州;二、恐赦怀光必以晋、绛等地还之,令浑瑊无所往;三、恐起吐蕃诸夷窥觎之心;四、恐朔方将士应叙奉天旧功,赏不满望;五、恐罢诸道兵赏典不行,又生怨谤。"疏中究极利害,言之甚详。会河东行营副元帅马燧亦自太原入京,并面奏:"怀光凶逆尤甚,此而可赦,则威灵益屈,何以令天下。且其势已垂亡,臣愿更得一月粮,必为陛下平之,不足虑也。"德宗乃许

德宗

之。八月，燧帅诸军至河西县。是时河中饥荒，又大将杀戮殆尽，军无统纪，一见燧军至，即自相惊乱，望风而降。怀光计无所出，乃自缢而死。河中于是悉平。自燧辞朝至河中平，凡二十七日，果不出一月之外也。按德宗奉天之围赖怀光而解，不为无功。使是时待之以恩礼，御之有道，则不惟保全功臣，亦岂贻忧宗社。奈何惑于卢杞之奸，使其咫尺不得见天子，而怨望日深，嫌疑日积，所以酿成叛逆之谋，有自来矣。至此虽幸荡平，而天下已受其毒。小人之害人国家，可畏也哉。

今评 张居正认为李怀光从功臣变成叛逆，主要是由于德宗处置失当，惑于卢杞之奸邪。其实李怀光也有他自身的原因：他自恃功高，被卢杞作梗，未见天子，便赌气积怨而去，气量实在太小。

上使问陆贽："河中既平，复有何事所宜区处？悉条奏。"乃上奏，其略曰："福不可以屡徼，幸不可以常觊，臣姑以生祸为忧，未敢以获福为贺。"又曰："昔讨之而愈叛，今释之而毕来；昔以百万之师而力殚，今以咫尺之诏而化洽。是则圣主之敷理道，服暴人，任德而不任兵，明矣。"上乃诏："诸道与淮西连接者，宜各守封疆，非彼侵轶，不须进讨。李希烈若降，当待以不死，自余将士百姓，一无所问。"

张居正讲评 徼，是求。觊，是望。淮西，即今河南汝宁府地方。轶，是冲突的意思。贞元元年，李怀光既平，此时还有李希烈占据淮西，未归王化。陆贽恐有希旨生事之人，请乘胜讨之者，将使各镇自疑，激成他变，乃上疏论奏。其大略说："方今朱泚、怀光相继诛灭，中外人心孰不称贺，殊不知战胜乃社稷大福，只可偶一得之，不可屡屡徼求。用兵本有大幸，只是适然而遇，不可常常觊望。若由此不已，别生事端，使蓄疑负罪之人，不信朝廷诏令，兵连祸结，其害方深。臣且以生祸为忧，未敢以获福为贺。"又说："往时河、朔、青、齐同谋拒命，朝廷曾征讨数年，愈不能屈，及降奉天赦文一释其罪，即皆去其伪号，纳款归降。往时以百万之兵，力尽而不能服，今日以咫尺之诏，化行而不敢外，可见圣王之敷布治道，怀服暴人，唯当以德为先，而不当以兵为尚，明矣。今大难既平，正群凶观望之时，只当乘此施惠以安其心。彼淮西穷寇，可不讨而定矣，何用纷纷多事为哉。"此奏既上，德宗即从其言，乃诏诸道节度使与淮西地方境界连接者，都只各守封疆，彼如不敢侵犯，不须进讨。李烈希若能悔罪求降，朝廷当以不死待之，其部将士百姓并系胁从，皆当一体赦宥，无所追问。德宗能用陆贽之言，果然各镇藩臣安心向化，李希烈孤立无与，兵势日蹙，遂为其部下所杀，而淮西亦平矣。大抵人君治天下，有威有惠。当王纲委靡，所以整肃之者，利用威；及国势强盛，所以绥怀之者，利用惠。如天道春生秋杀，各随其时，相济而非相戾也。陆贽之言，可谓深识时务者也。

今评 张居正对陆贽主张不用武力解决淮西问题表示很赞赏，认为是

"深识时务者"。还对陆贽提出的"任德而不任兵"的观点提出修正补充说:"人君治天下有威有惠",威惠之为用"各随其时,相挤而非相庋也"。陆贽用和平手段解决淮西问题是识时务的,可取的,也是成功的。但不分具体情况,一概强调对所有强藩叛乱者都以"任德而不任兵"对待,则是片面的,就成了肃宗、代宗时期对藩镇姑息政策的继续。

关中仓廪竭,禁军或自脱巾呼于道曰:"拘吾于军而不给粮,吾罪人也?"上忧之甚,会韩滉运米三万斛至陕,李泌即奏之。上喜,遽至东宫,谓太子曰:"米已至陕,吾父子得生矣!"时禁中不酿,命于坊市取酒为乐。又遣中使谕神策六军,军士皆呼万岁。时比岁饥馑,兵民率皆瘦黑,至是麦始熟,市有醉人,当时以为嘉瑞。人乍饱食,死者复五之一,数月,肤色乃复故。

张居正讲评 唐都关中,其军饷皆仰给东南之粟。德宗当兵荒之后,漕运不继,仓廪匮竭,禁军不得粮食,或自脱去巾帽,呼叫于道路说:"朝廷拘禁我每于军中,而不给粮食,恰似犯罪的人一般。"其势几欲为乱,德宗闻之,甚为忧惧。适江淮转运使韩滉运米三万斛至陕,李泌急奏知德宗,以宽其忧。德宗乃大喜,即亲至东宫与太子说:"韩滉已运米至陕,军士得粮,可无他变,吾父子今日才得生矣。"时禁中乏米,不曾造酒,乃取坊市上酒入宫中,饮之为乐。又遣中使传谕神策六军,使知米至,以安其心。军士亦大喜,皆呼万岁。先是连年饥馑,兵民饥饿日久,无不瘦黑者,至是麦始熟,稍可充饥,市中间有醉酒的人,当时便比之为祥瑞,盖叹其希有而幸其仅见也。然人久馁之余,乍得饱食反为所伤,死者复五分之一。至数月后,人肌肤颜色才得复旧,盖当时疲弊之状如此。记曰:"国无六年之蓄,曰急;无三年之蓄,曰国非其国。"德宗之时,其窘乏至朝不及夕,观其父子相慰之言,其情亦可悲矣。而天下以醉人为祥瑞,则闾阎困穷之状,又可想见,亦安在其为国乎。后世人君于仓廪盈溢之时,常念军无储饷,于宫闱宴乐之际,常思市无醉人,则所以约己裕民者,自不容己,国何患其不足哉。

今评 张居正告诫"人君于仓廪盈溢之时,常念军无储饷,于宫闱宴乐之际,常思市无醉人",提倡"约己裕民"之策,这也是治国的一项基本国策,古今都当如此。

以李泌为中书侍郎、同平章事。泌与李晟、马燧、柳浑俱入见,上谓泌曰:"自今凡军旅粮储事,卿主之;吏、礼委延赏;刑法委浑。"泌曰:"不可。陛下不以臣不才,使待罪宰

相。宰相之职不可分也，非如给事则有吏过、兵过，舍人则有六押；至于宰相，天下之事咸共平章。若各有所主，是乃有司，非宰相也。"上笑曰："朕适失辞，卿言是也。"

> **张居正讲评** 吏过、兵过、六押，是各官职掌的事务，唐时吏部兵部拟选文武官员，皆过门下省审驳，用给事中二员分管，叫做吏过、兵过。中书省又有舍人六员，佐宰相判案，分押六曹之事，叫做六押。贞元三年中，以陕虢观察使李泌为中书侍郎、同平章事。此时功臣李晟为中书令，马燧为侍中，又有张延赏、柳浑同平章事，都是一时宰相。德宗欲以宰相分判六曹，一日，李泌与李晟、马燧、柳浑俱入朝见，德宗谓李泌说："自今以后，凡军旅粮储之事，卿宜专管，吏、礼二部事务委张延赏专管，刑名法律委柳浑专管，庶各有分职，得以尽心料理，不至异同。"李泌对说："不可。陛下不以臣为不才，使之待罪宰相。宰相之职不可分也，不比门下省给事中则有吏过、兵过，以分掌文武之选。中书舍人则有六押，以分掌六曹之事。至于宰相，辅佐人主责任重大，天下事务无大无小都要同心商量，共成化理，若各有专管乃是有司之职，非宰相之体也。"李泌此言甚知大体，德宗亦悟，乃笑说："朕适才失言，卿言是也。"于是宰相分判六曹之举，遂不果行矣。考之周官，坐而论道，谓之三公。作而行之，谓之六卿。故汉文帝问钱谷决狱之数，陈平以为各有主者。乃论宰相之职，在上佐天子理阴阳，外抚四夷诸侯，内亲附百姓，使卿大夫各得其职。李泌之言，盖出于此。可见人主之职在于任宰相，宰相之职在于任庶官，庶官皆得其人，则政事无不理，而相道得矣。为君相者皆不可不知。

> **今评** 此节主要论宰相总理百官之地位，甚为确当，是身为宰相的张居正有为而发的。

上复问泌以复府兵之法。泌请："铸农器，给牛、种，分赐缘边军镇，募戍卒，耕荒田而种之。关中土沃而久荒，所收必厚。戍卒因屯田致富，则安于其土，不复思归。旧制，戍卒三年而代，及其将满，下令有愿留者，即以所开田为永业。家人愿来者，本贯给长牒续食而遣之。不过数番，则戍卒皆土著，乃悉以府兵之法理之，是变关中之疲弊为富强也。"上喜曰："如此，天下无复事矣。"

> **张居正讲评** 长牒，是官文书，即今之长单。续食，是路上的口粮。土著，是土居的人。唐初府兵之制，兵皆土著，无事则散耕于野，更番上京，以备宿卫；有事征发，则命一卫将统之以行，事毕则各散归农。将不得握兵，而士不失常业，其法本善。但其徭役日烦，剥削日甚，以此府兵渐弱，多至逃亡。开元间，张说乃请募壮士充宿卫，号为旷骑。及李林甫又奏诸军皆募人为之，于是府兵之法荡然无存，下陵上替之患实坐此矣。德宗曾与李泌论及府兵，

慨然有修复之志，至此，复问泌以复之之法。泌以为欲复府兵，必须土著，欲存土著，必须屯田。乃请："多铸农器，并给耕牛、谷种，分赐沿边军镇，召募戍卒，开垦荒田而种之。夫关中土厚易生，又久荒之余地力未竭，诚及时屯种则收获必多，立可致富；戍卒因屯田而致富，则安于其土，不复有归志矣。旧制，戍卒三年一更代，今宜及其满时，下令有愿留者，即以所开田与为永业，其宗族有愿来者，又令原籍官司给长单，所过郡县给口粮以至戍所。夫有田以为常业，有宗族以为依附，则皆视戍所为乐土，谁肯去之，不过数番，戍卒皆土著矣。既为土著，则人有固志，法可举行，然后效国初之制，一一以府兵之法治之，是使关中之疲弊一变而为富强也。欲复府兵，舍此岂有他法哉。"德宗乃喜曰："天下只因废了府兵，所以至今多事。果如卿言，则国无养兵之费，将无握兵之虞，而关中又得居重之意，天下无复事矣。"按唐制，惟府兵为近古，盖太宗亲定天下精思熟计而制之，后虽不能无弊，只宜酌量时势补其偏而救其失，奈何举其法而尽废之，使市人纳贿充数，不能受甲，甚且召之不至，而祸乱从此炽矣。德宗虽喜泌言，而终不能复，亦其积习之势然也。后世欲为守成之令主，则无务为一切目前之功，而轻变祖宗之法哉。

今评 张居正借李泌欲复府兵之法为题，抨击了改变府兵制为募兵制的害处，认为募兵制开创了藩镇拥兵"下陵上替之患"，"藩镇祸乱从此炽矣"。告诫"后世欲为守成之主，切勿轻变祖宗之法"。这个认识有些保守。

十二月庚戌，上畋于新店，入民赵光奇家，问："百姓乐乎？"对曰："不乐。"上曰："今岁颇稔，何为不乐？"对曰："诏令不信，前云两税之外悉无他徭，今非税而诛求者殆过于税。后又云和籴，而实强取之，曾不识一钱。始云所籴粟麦纳于道次，今则遣致京西行营，动数百里，车摧牛毙，破产不能支。愁苦如此，何乐之有！每有诏书优恤，徒空文耳！恐圣主深居九重，皆未知之也！"上命复其家。

张居正讲评 贞元三年十二月庚戌日，德宗偶出畋猎，至长安城外新店地方，至百姓赵光奇家内，问光奇说："如今百姓每安乐不安乐？"光奇对说："不乐。"德宗说："今年各处丰稔，想民间衣食不乏，何为不乐？"光奇对说："闾阎之间，赋役轻省，百姓才得乐生。今朝廷诏令不信于民，差赋繁重，百姓如何得安乐！且如前日诏书中一款说，自秋夏两税之外，再无别项差徭，今非两税正额，而分外诛求者比之两税其数反多。又一款说，今年丰收，令各处行和籴之法，收买民间粟麦，及至和籴时被官吏人等作弊，只是强取于民，不曾有一文钱到手。起初说，所籴粟麦都只随便纳于沿途仓次，今又着自备车牛解送京西行营，动辄数百里，车摧牛毙，将产业破尽不能支持，愁苦无聊至于如此，纵稍有收成，亦不得实用，何乐之有！每次降下诏书，开载优恤条件，有司全不奉行，不

德宗

过成一空文而已,百姓何由得沾实惠!恐圣主深居九重之中,此等情弊皆不得知之也。"德宗闻光奇之言,为之感动,命将光奇本家徭役尽为除免,以示体恤之意。按光奇之言,说尽民间疾苦,自古人主苟知百姓穷苦未有不念者。惟是苛刻有司不肯仰体德意,将朝廷诏令视为虚文,故有名为蠲免,而实照旧征收,名为赈贷而实不见一钱者。所以君忧劳于上,而民不怀;民愁怨于下,而上不知,以至人心离叛。法令不行,而土崩瓦解之势成矣。愿治之主,于此宜留意焉。

今评 对赵光奇所述的民间疾苦,张居正认为是由于官吏未能体察皇上的德意,是官吏任意贪赃枉法害民所为,"所以君忧劳于上,而民不怀;民愁怨于下,而上不知。宜留意焉。"这有点为德宗掩饰。

四年,上从容与泌论即位以来宰相,曰:"卢杞忠清彊介,人言杞奸邪,朕殊不觉其然。"泌曰:"人言杞奸邪而陛下独不觉其奸邪,此乃杞之所以为奸邪也。倘陛下觉之,岂有建中之乱乎!"上曰:"建中之乱,术士豫请城奉天,此盖天命,非杞所能致也!"泌曰:"天命,他人皆可以言之,惟君相不可言。盖君相所以造命也。若言命,则礼乐刑政皆无所用矣。纣曰:'我生不有命在天',此商之所以亡也!"

张居正讲评 贞元四年,李泌自陈衰老,请更除一宰相,协理机务。德宗难其人,未行简命,因从容与泌评论即位以来所用的宰相,说:"卢杞为人,本是忠清彊介之士,人却说他奸邪,以朕观之,但见其才行可用,殊不觉其奸邪,卿以为何如?"泌对说:"人臣之奸邪使人主得而觉之,其奸犹未甚也。今天下皆言杞奸邪,而陛下独不觉其然,这是他才足以饰诈,智足以欺人,以致于误国殃民,而陛下不觉其为奸。倘陛下觉之,则必更置贤相,思患预防,岂有建中年间播越奉天之乱乎?"德宗说:"建中之乱,三年前术士桑道茂预知朕有离宫之厄,说奉天有天子气,请建城以备之,此盖天命已定,非杞所能致也。"泌对说:"天命二字,在他人皆可言之,独人君与宰相不可言。盖人君主治于上,宰相辅治于下,操纵阖辟,惟其所为威福予夺,皆自上出,是乃所以造天下之命者也。若凡事只委之于天命,则凡礼乐、刑政之属,出于人所经划以为治天下之具者,一切可以不用矣,岂有是理哉!昔纣为不道,其臣祖伊告以民心弃绝之故,纣曰:'民虽欲亡我,我之生独不有命在天乎!'卒不听,竟以此亡其国,可见人君必不可言命。陛下正宜以此为戒,不可复蹈亡国之辙也。"按建中之乱,三尺童子皆知卢杞致之,而德宗竟不悟。至于事定之后犹委之于天命,非独德宗之昏迷甚也,亦由杞之有邪,其才辨足以惑人主之听闻,其弥缝足以蔽人主之观视,居之似忠清,行之似彊介,使人主一堕其术中,即终其身而不觉,此其所以可恨也。然则亲贤讲学,虚心观理以培养其鉴别之原者,岂非明主之要务哉。

【今评】 德宗对卢杞始终不悟其奸,到底是认识问题呢,还是臭味相投呢?德宗与李泌的谈话中有一段话可资参考。他说:"卢杞小心谨慎,凡是我说的话都言无不从,又没有学问,不能与我辩论,所以我现在还想念他。"

八年四月,以尚书左丞赵憬、兵部侍郎陆贽并为中书侍郎、同平章事。陆贽请令台省长官各举其属。未几,或言于上曰:"诸司所举皆有情故,或受货赂,不得实才。"上密谕贽:"自今除改,卿宜自择,勿任诸司。"贽上奏,其略曰:"今之宰相则往日台省长官,今日台省长官乃将来之宰相,但是职名暂异,固非行举顿殊。岂有为长官之时则不能举一二属吏,居宰相之位则可择千百具僚;物议悠悠,其惑斯甚。"

【张居正讲评】 台省长官,即今部院之长。贞元八年四月,以尚书左丞赵憬、兵部侍郎陆贽并为中书侍郎、同平章事。陆贽建议,以人才众多,恐所知有限,请令台省长官各择属官贤能者举荐于朝,以待擢用,德宗已允其请。未几,有人言于德宗说:"诸司长官所举属吏,皆有情出,或受其货贿而荐之,往往不得真才。"德宗因密谕陆贽说:"自今除改官员,卿宜自加选择,不必委任诸司。"陆贽上奏,其大略说:"本朝以台省长官简拜宰相,今日之宰相,原是往日台省长官;今日台省长官,乃是将来之宰相,但是职名暂异,固非所行所举顿有不同。岂有为长官之时,不能知一二属吏之贤否而举用之,及至居宰臣之位,即能尽知千百具僚之贤否而选择之乎!今乃以诸司所举皆为不称,而欲专任宰相,则进言者之过也。物议悠悠,各生异见,其惑乱人心愈甚矣,可不察哉!"按陆贽之言,虽出于至公,然宰相职在用人,若非专任,则有不得行其职者。故必以考课之务,责之铨曹;以举荐之方,责之僚长。而为相者,虚心以察之,秉公以用之,则庶几各尽其职,而人才未有不得,天下未有不理者矣。用人者其知之。

【今评】 张居正认为宰相职在用人,对于各僚长所荐举之人,亦当"虚心以察之,秉公以用之,则庶几各尽其职"。此乃老宰相的高见。

十年,上性猜忌,不委任臣下,官无大小必自选而用之,宰相进拟,少所称可;及群臣有一谴责,终身不复收用。陆贽上奏谏,其略曰:"以一言称惬为能而不核虚实,以一事违忤为咎而不考忠邪,是以职司之内无成功,君臣之际无定分。"上不听。

德宗

> **张居正讲评** 史臣记德宗为人性多猜疑忌刻,惟恐臣下欺之,不肯倾心委任。凡官员迁除,不问大小,必自择其当意者而用之。宰相有所推举,少有称意许可者。至于群臣稍有过失,一被贬黜,则终身不复收用。以此人才淹滞,上下交疑。陆贽乃上奏谏之,其大略说:"人主进用一人,当论其平生,而不可取其一言之偶合。黜远一人,当谅其心术,而不宜责其一事之偶差。今一言称旨便以为能而任用之,曾不核其虚实;一事违忤便以为咎而摈弃之,曾不考其忠邪。则彼见用者,付任必至于逾涯;而职司之鳏旷日多,安得有成功。见黜者,罪责必至于过当,而君臣之嫌怨日深,安得有定分。其于理乱之故关系不小,不可不慎也。"德宗竟不能听。夫人君耳目有限,聪明易蔽,若非简任宰相,付以进退人才之责,而欲自选而用之,则不惟真才遗佚,且争进称惬之言以希宠用,而幸进之门开矣。至于以罪见黜者,亦当论其所犯何如?若果怙终故犯,罪固难赦;若出于过误及有功罪相准者,亦宜湔涤瑕垢,许令自新;若概从摈弃,则悔过者无由自补,而用人之途隘矣。德宗只因性多猜忌,所以犯此二病,终身不悛,而国亦几于不保。后世人君宜痛鉴之。

> **今评** 德宗的猜忌思想作风自属不良,开了倖进之门,佞臣肆行;但有些忠臣受其影响,变忠为奸,也是值得重视的不良历史现象。

九月,裴延龄奏:"左藏库司多有失落,近因检阅使置簿书,乃于粪土之中得银十三万两,其匹段杂货百万有余,此皆已弃之物,即是羡余,悉应移入杂库,以供别敕支用。"延龄每奏对,恣为诡谲,皆众所不敢言,亦未尝闻者,延龄虚之不疑。群臣畏延龄有宠,莫敢言。

> **张居正讲评** 这一段是记户部侍郎裴延龄欺君罔上的事。贞元十年九月,裴延龄因德宗好聚私财,欲迎合上意,乃奏说:"左藏财货库司册籍不明,年月渐深多有混失,近因逐项检阅,各置簿书以便查清,乃于粪土之中得银十三万两。又有匹段杂货百万有余,此皆历朝遗失之物,委弃已久,原非正数,即是羡余,尽应移大内库,以供朝廷别敕支用。"这是延龄欺罔德宗,其实库中无此物,不过那移正数,虚张名目以惑上耳。延龄每奏对,必恣为诡谲之辞,凡可以饰诈希宠者,无所不至。有众人所不敢言,及世所未尝闻者,延龄皆肆然为之,略无忌惮。是时在朝之臣,明知其欺,只因德宗宠信延龄,恐以言取祸,竟莫敢抗言其非者。按唐自丧乱以来,府库久竭,兼之朱泚尽发帑藏以恣兵费,安得复有羡余。延龄明欺其主而不畏,德宗明受其欺而不问。陆贽他日劾奏延龄,谓其"愚弄朝廷,有同儿戏"。夫人主一为贪欲所蔽,遂被小人愚弄,一至于此,可不戒哉。

> **今评** 历史事实是,裴延龄根据德宗的贪欲要求,将国库每月进账的十三万两白银和百万匹缎,虚报为是扔在粪土垃圾堆上的废

物,将其移转于皇帝的大库内。德宗的贪欲满足了,裴延龄升官了,管理国库的官员都不敢上奏,只好再去愚弄百姓,充实国库。

十一月,陆贽上书极陈延龄奸诈,数其罪恶,其略曰:"延龄以聚敛为长策,以诡妄为嘉谋,以掊克敛怨为匪躬,以靖谮服谗为尽节,可谓尧代之共工,鲁邦之少卯也。迹其奸蠹,日长月滋,移东就西,便为深绩;取此适彼,遂号羡余。愚弄朝廷,有同儿戏。"又曰:"昔赵高指鹿为马,臣谓鹿之与马物类犹同;岂若延龄掩有为无,指无为有。"书奏,上不悦,待延龄益厚。

张居正讲评 共工,是尧时的奸臣。尧说他静言庸违象恭滔天,遂放之于幽州。少卯,是春秋时鲁国的奸臣。孔子说他有五大恶,为人之奸雄,遂诛之于两观。赵高,是秦二世时的奸臣,指鹿为马以欺二世,卒至亡秦。贞元十年十一月,陆贽因裴延龄屡肆欺罔,德宗不能察,群臣不敢言,乃上疏极论延龄奸诈之状,历数他平日的罪恶。其大略说:"延龄在户部本无一善可取,但以聚敛百姓为经国之长策,以诡诈妄诞为事主之嘉谋;以掊克财货、丛积天下之怨于一己,为忘身徇国;以搜发阴私、献谮行谗于君侧,为尽节事君。其文诈饰非,欺君误国,近世罕有。可谓尧时之共工,鲁邦之少正卯,流之诛之,不足以尽其辜也。陛下不加显戮,反为容掩,所以他志意愈放,险诈愈深。据其奸蠹,日长月滋,如事迹本无所见,只将东边的移过西边,便做他的功绩。钱粮原无余剩,乃把这一项抵做那一项,便说是国家羡余。以此愚弄朝廷,如同儿戏,其欺罔不臣如此。"又说:"昔赵高欺罔秦二世,指鹿为马,自古言人臣奸诈者,皆以赵高为最。然以臣观之,鹿与马都是畜类,形质虽是不同,实在尚有其物,岂如延龄悦空为奸,将有的掩之以为无,无的指之以为有,以此欺蔽聪明全无影响,其奸诈尤甚于高哉。"陆贽此奏可谓切直,奈何德宗惑于延龄之奸,反嗔怪贽言,而待延龄益厚。夫君子事君惟恐顺君之欲,而小人事君惟恐不投君之欲。故君子之言虽有明验而不用,小人之奸虽至败露而不悟。延龄之事德宗,知其欲聚财货,便言左藏有羡余十余万;知其欲构大木,便言同州有美材数千;知其欲闻外事,便攻发人阴私,日兴逸谤,投间抵隙,若穿窬然,幸其一中则牢不可破,宜贽言之不能入也。故人主贵正心寡欲,使臣下无可窥之端,则佞人自远,正人自进,而太平不难致矣。

今评 张居正告诫说:"人主贵正心寡欲,使臣下无可窥之端,则佞人自远,正人自进。"这是良臣的心愿。

陆贽以上知待之厚,事有不可,常力争之。所亲或规其

德宗

太锐,贽曰:"吾上不负天子,下不负所学,他无所恤。"裴延龄日短贽于上。赵憬之入相也,贽实引之,既而有憾于贽,密以贽所讥弹延龄事告延龄,故延龄益得以为计,上由是信延龄而不直贽。贽与憬约至上前极论延龄奸邪,上怒形于色,憬默而无言。贽罢为太子宾客。

【张居正讲评】 德宗在奉天时,事无大小,皆咨谋于陆贽,后又简命为相,眷倚甚隆。贽感德宗知遇之厚,矢心图报,凡德宗所行事稍有不当,即力谏之无所避讳。其亲友或劝贽稍自隐默,不宜直强如此。答说:"吾受朝廷之恩,若雷同不言,岂不负了天子。读圣贤之书,若忍默苟容,岂不负了所学。吾所为正言不阿者,期上不负天子,下不负所学,以尽吾责而已,他如死生荣辱,原非所恤也。"是时,裴延龄因贽指陈他罪恶,心甚恨之,日在德宗前言贽之短。又赵憬之入相,本由贽所引用,其后因事恨贽,反将贽所讥弹延龄的事密告延龄,使延龄得以预为弥缝,多方营解,故德宗反信延龄而不以贽言为是矣。方贽未上本时,与憬约至德宗前极论延龄奸邪,期共斥之,憬已许诺。及至上前,见德宗嗔怪陆贽,怒形于色,憬即默然无言,竟背其约,所以贽势益孤,而德宗之猜疑益甚,遂罢贽相为太子宾客。按陆贽事德宗,前后论谏数十百篇,讥陈时病,切中事情,可谓不遗余力。德宗在危难时则能听之,及祸乱已平,宠信逸邪,逐之若弃梗。贽诚不负德宗,德宗负贽矣。然则任贤勿二,去邪勿疑,固愿治者所当时时加意也。

【今评】 从陆贽罢相的表面上看,好像是陆贽和裴延龄进行斗争而失败的,其实完全是德宗所为,是德宗惯用权术驾驭臣下的必然结果。

初,上以奉天窘乏,故还宫以来,尤专意聚敛。藩镇多以进奉市恩,皆云"税外方圆",亦云"用度羡余",其实或割留常赋,或增敛百姓,或减刻吏禄,或贩鬻蔬果,往往私自入,所进才什一二。李兼在江西有月进,韦皋在西川有日进。其后常州刺史裴肃以进奉迁浙东观察使,刺史进奉自肃始。及刘赞卒,判官严绶掌留务,竭府库以进奉,征为刑部员外郎,幕僚进奉自绶始。

【张居正讲评】 凡物折则成方,转则成圆,税外方圆,犹言常税之外,别自转折以致财货也。西川,即今四川。刺史,是州官,即今知府。浙东,是浙江之东。观察使,是各道掌巡察安抚的官。观察使之下置有判官,以其在幕中从事,故谓之幕僚。初,德宗在奉天城中,资粮匮竭,至采芜根而食之,极其窘急,故还宫以来,一意以聚敛为事,比前尤甚。各处藩镇揣知德宗之意,多进奉财货,希图恩宠,皆说是"税外方圆",又说是"用度羡余",巧立名色以欺朝廷。

卷之二十 唐 纪

其实或将正赋割留,或将小民增敛,或将官吏俸禄减刻,或将地产蔬果贩卖,往往挟朝廷之名,百般掊聚,以实私囊,所进奉者什分中才一二分而已。是时李兼在江西逐月有进,韦皋在西川逐日有进,德宗皆累加褒宠,所以效尤愈众,习以成风。其后常州刺史裴肃以进奉骤升浙东观察使,州刺史职卑乃亦进奉,则自裴肃始。及宣歙观察使刘赞卒,判官严绶署掌留务,倾府库所有以进,遂召入为刑部员外郎。幕僚之职益卑乃进奉,则自严绶始。按奉天之乱,本以人心离叛,纪纲陵夷所致。德宗念此时之艰难,则当深思其故,薄税敛以安人心,惜名器以振纪纲,庶几培元气而存国体。奈何益专聚敛,使天下皆剥民脂膏以希恩泽,与税间架、陌钱何异?且又不问其所从来,而概以要职酬之,比之授散试官抑又甚矣!迷而不复,一至于此,国之不亡,岂非幸乎!

今评 张居正尖锐抨击德宗的聚敛行为,竟发展到纵容天下官吏借进奉之名剥削民脂民膏和公然酬赏进奉者以官职的严重地步,"迷而不复,一至于此,国之不亡,岂非幸乎!"这确是治国的痛切之言。

十九年,初,翰林待诏王伾善书,山阴王叔文善棋,俱出入东宫,娱侍太子。叔文谲诡多计,与王伾相依附。叔文因为太子言:"某可为相,某可为将,幸异日用之。"密结翰林学士韦执谊、陆淳、吕温、李景俭、韩晔、韩泰、陈谏、柳宗元、刘禹锡等,定为死友。

太子:指顺宗,名李诵(761—806),德宗长子。805年即帝位。任用王叔文等改革政治,因患风疾不能理政,让位于太子李纯,在位仅约半年,次年病逝。

张居正讲评 山阴,即今浙江山阴县。死友,是朋友交结之厚,以死相许的意思。贞元十九年,初,德宗在位久,顺宗为太子在东宫,有等小人乘时构党,密图权幸。时翰林待诏王伾善书写,山阴王叔文善弈棋,两人各以技艺得出入东宫,侍奉太子,以为娱悦。叔文为人谲诡多计,与王伾交结,相为依附。叔文尝乘间与太子评论朝臣,某人可为宰相,某人可为大将,希后日太子用之,以植己党。又密结翰林学士韦执谊,及当时朝士有名而求速进者左司郎中陆淳、左拾遗吕温、进士及第李景俭、司封郎中韩晔、户部郎中韩泰、侍御史陈谏、监察御史柳宗元、刘禹锡等,定为死友,日与游处,纵迹诡秘,莫有知其端者。大抵小人欲窃天下之柄,必自托于知名之士,相与固结以为羽翼。伾及叔文睍德宗昏耄,太子柔懦,阴植党类,规权遂私,而一时倖进之士,皆挠节从之,互相推奖,日夜汲汲,如狂卒之收利权,揽兵柄,肆行于顺宗之朝,若无人然。非宪宗监国,相继贬黜,其祸将不知其所终矣。用人者其慎之。

今评 司马光和张居正对王叔文、王伾等在东宫的活动是持否定态度的。其实,这是太子李诵召集王叔文、王伾在东宫酝酿改革活动。顺宗即位后立即任命王叔文等着手改革,由于新政遭到宦官和保守派官僚的攻击,归于失败,史称"永贞革新"。